合作金融
思想学说史

岳志 著

上海远东出版社

图书在版编目(CIP)数据

合作金融思想学说史/岳志著.—上海：上海远东出版社，2016
ISBN 978 - 7 - 5476 - 1224 - 8

Ⅰ.①合…　Ⅱ.①岳…　Ⅲ.①合作金融-经济思想史-研究-世界
Ⅳ.①F831.9

中国版本图书馆 CIP 数据核字(2016)第 283313 号

合作金融思想学说史

岳　志　著

责任编辑/李巧媚　　封面设计/李　廉

出版：上海世纪出版股份有限公司远东出版社
地址：中国上海市钦州南路 81 号
邮编：200235
网址：www.ydbook.com
发行：新华书店　上海远东出版社
　　　上海世纪出版股份有限公司发行中心
制版：南京前锦排版服务有限公司
印刷：上海市印刷二厂有限公司
装订：上海市印刷二厂有限公司

开本：710×1000　1/16　印张：16.25　字数：236
2017 年 1 月第 1 版　2017 年 1 月第 1 次印刷

ISBN 978 - 7 - 5476 - 1224 - 8/F · 597
定价：49.00 元

代 序

　　岳志先生是较早的西南财经大学金融学院的硕士和中国金融研究中心的博士。几十年来，他始终致力于对合作金融的思考和研究，发表了不少文章，著述颇丰，是国内少有的从事这方面研究的资深专家之一。由于他的建树，我们在编著《百年中国金融思想学说史》时，专门留着专题，并聘请他撰稿。他写的《百年中国合作金融制度建设及展业的思想学说和主张》(见该著作第三卷第六章)质量高，其广度和深度，是国内领先的。现他将这部分的内容以专著的形式出版，我不仅保护和尊重他的知识产权，而且点赞他在原基础上的前进——"合作社本质论和方法论"。

　　当代，合作金融的思想学说、形式在发展。互联网金融、普惠金融均赋有相互合作的含义和宗旨，也能够说，它们是新的合作金融模式之一。

　　合作金融事业需要理论推动。在此，我倡导金融实际部门、金融学术界继续坚持这方面的研究。为了承前启后，继往开来，我乐意把上个世纪曾经发表的文章《怎样研究合作金融》(原载于《金融理论与实践》1994 年第 4 期)附上，以为序。

怎样研究合作金融

　　研究合作金融，至少应研究三个问题：(1)它产生的经济基础——分析它产生的必要性和可能性;(2)它存在的理性认定——确立它存在的特殊性和现实性;(3)它变动的趋向——预见它的发展变化。

一、它产生的经济基础

德国是合作金融的发源地。我国第一家城市信用合作社是 1919 年 10 月 27 日由复旦大学薛仙舟倡导办起来的,薛先前在德国学习研究合作金融。

当代,西方合作制(含合作金融)发展很快,可以说成倍增长,如住宅合作、医疗合作、旅游合作、信息合作、文化合作、服务合作、基金合作。为什么发展很快,概括地说:客观需要,合作制自身的优点,政策和有关部门、组织的推动。进一步说,其必要性是:①反抗剥削,保护自己,提高经济地位的需要;②与资本斗争,求生存的需要;③发展经济,进行技术改造的需要。其可能性是:①合作制能提高效率、增强实力、网罗各方、扩大影响,优于个体单干;②政府政策上支持,如减免税收、享受优惠;③工会和社会福利部门倡导。

二、它存在的理性认定

合作金融是不是一个独立的经济范畴,在经济学、金融学中有没有它应有的位置,需要在理论上认定。而这样的认定要注意指出它的性质或特征。

(一) 合作金融不同于集体金融

1. 产生的历史条件不同:合作金融产生于资本主义条件下,集体金融产生于社会主义条件下。

2. 经营的目的不同:合作金融以"自我服务"为经营目的,集体金融不是或不完全是"自我服务",它要以盈利为目的。

3. 管理的方式不同:合作金融强调每一个"人"即参与者在组织中的"合作"作用,因而在管理方式上,要侧重体现"人人为我,我为人人";集体金融不强调人的"合作"作用,因而在管理方式上,侧重于"选举、代理、聘任"。

4. 组织的性质不同：合作金融不是独立的所有制形式；但在社会主义制度下，集体金融确立为所有制形式，即社会主义公有制形式之一。

(二) 集体金融不同于股份金融

股份金融在我国已经产生并获得发展，它表现为以股份的方式筹集资本，成立组织。人们通常认为这也是集体所有制的金融组织，其实这二者应有不同：

1. 集体金融是一个不太规范的概念，几个人在一起达成协议相互融通资金，如农村的"抬会"，也可以说是"集体金融"。而股份金融是一个规范的概念，它必须按股份制的章程组织、运行。

2. 股份金融要体现"入股自愿，股权平等，风险共担，利益共享"，而集体金融不一定体现这一点。

3. 股份金融在股权能转让的条件下，股东是不确定的，而集体金融的当事者是确定的。

4. 股份金融必须"按资分配"，而集体金融不一定"按资分配"。

(三) 城市信用合作社不同于农村信用合作社

1. 设置的区域不同：农村信用合作社是按行政区划设置的，基本上是"一乡一社"；城市信用合作社是按经济区划设置的，不受行政区划约束。

2. 服务的对象不同：农村信用合作社服务的对象主要是乡镇企业和农民，既服务于生产，又服务于生活；城市信用合作社主要服务于集体和个体经济，服务于生产、流通。

3. 管理体制不同：农村信用合作社归农业银行管理，向农业银行上缴存款准备金；城市信用合作社归人民银行管理，向人民银行上缴存款准备金。

4. 资金结构不同：农村信用合作社的资金来源主要是储蓄存款，这种资金的成本高；城市信用合作社的资金来源除储蓄存款外，主要是企业、事业单位存款，其资金成本低。

5. 经营方式不同：农村信用合作社的经营方式必须适应农业生产的季

节性需要和农民能接受的融资方式;城市信用合作社,一般说来没有季节性问题,由于面对的是集体、个体经济和城市居民,一般说来,他们的金融知识、金融意识较强,因而其经营方式可选择的余地大。有人把它概括为"四灵",即"机构灵巧,信息灵通,经营灵活,办事灵便"。

由于城市信用社不同于农村信用社,因而可以说它是一种新型的合作金融:(1)它突破了同一所有制的合作,发展到跨所有制合作;(2)它突破了"人"的合作,发展为"资"的合作;(3)它突破了只注重"人格"的经营方式,发展到注重"能力"的经营方式;(4)它突破了区域合作,发展到行业合作。

三、它变动的趋向

什么是"合作金融",需要讨论。国际合作联盟提出了六条基本原则:(1)自愿入社;(2)民主管理;(3)限制股金,坚持互助性质;(4)向社员分配盈余;(5)对社员进行合作教育;(6)在合作社之间开展协作。有人说,"凡是群众自愿集资组织起来,按照国际合作联盟提出的六条基本原则进行经营管理,在城乡集体、个体经济及个人之间融通资金的金融组织,不管它叫什么名称,都是合作金融"。这样的概括能否成立,可以讨论。看来,"合作金融"这一概念需要发展。

现在我国城乡信用合作社很多,根据 20 世纪 90 年代初的统计,城市信用合作社近 2 000 个,农村信用合作社 5.8 万多个。从它们的地位和作用说,能够划分为三种类型:(1)合作金融;(2)股份金融;(3)国有银行的基层机构。第一种类型存在于商品经济欠发达的地区,这些地区资金来源有限,资金运用多在于农民的生活和生产,其地位和作用主要是调剂居民之间货币收入的余缺,因而"合作"的成分体现得较充分。第二种类型存在于商品经济较发达的地区,这些地区资金来源充裕,资金运用多作用于商品的生产流通,其地位和作用不是调剂居民之间的货币收入的余缺,而是调剂企业之间货币资金的余缺,并且其中相当部分还具有投资的性质,因而"合作"的成分体现得不充分。第三种类型存在于大中城市、城市郊区和部分农村地区。这些地区的城市和农村信用合作社在服务的对象上、经营管理的层次上以及人事的安排上与国有银行大体相同，如：（1）同国有银行一样，接受企事业单位甚至政府的资金来源；（2）同国有银行一样，向企事业单位（其中包括国有企、事业单位）甚至政府供给资金；（3）同国有银行一样，办理联行往来；（4）同国有银行一样，进行干部任免和职工聘任等。这就是说，其地位和作用相当于国有银行的分支机构。

　　既然当前的"合作金融"有这三种类型，就应当"区别类型，分层改革"：对第一种类型的信用合作社，要保持和发展它的合作性质，在经营管理上要加强服务；对第二种类型的信用合作社，要保持它的股份合作制的性质，在经营管理上既要提供服务，又要盈利；对第三种类型的信用合作社，要把它们改革为"银行"，这类银行的名称尽管可称为"合作银行"，但它基本上已丧失了"合作"的性质，在经营管理上，应比照商业银行的方式进行。

①

---

① 曾康霖，中国转轨金融理论先驱，著名金融学家、金融教育家，中国转轨时期金融改革理论缔造者与践行者，中国现代金融学科建设的擎旗人和推动者。2013 年获得"中国金融学科终身成就奖"。

目 录

代序 ⋯⋯⋯⋯⋯⋯⋯⋯⋯⋯⋯⋯⋯⋯⋯⋯⋯⋯⋯⋯⋯⋯⋯⋯⋯⋯ I
前言 ⋯⋯⋯⋯⋯⋯⋯⋯⋯⋯⋯⋯⋯⋯⋯⋯⋯⋯⋯⋯⋯⋯⋯⋯⋯⋯⋯ 1

第一章 传统合作金融的思想学说 ⋯⋯⋯⋯⋯⋯⋯⋯⋯⋯⋯⋯ 001
　第一节 关于合作金融活动起源的学说 / 003
　第二节 关于传统合作金融组织合会起源和作用的学说 / 007

第二章 现代合作金融制度建设及展业思想学说和主张 ⋯⋯⋯⋯ 023
　第一节 民国初期西方合作思潮在中国的传播 / 025
　第二节 北洋政府时期合作金融制度建设及展业思想学说和主张 / 045
　第三节 国民政府时期合作金融制度建设及展业思想学说和主张 / 058
　第四节 台湾合作金融制度的形成、发展和变异 / 074
　第五节 共产党人和革命根据地及边区的合作金融制度建设及展业思
　　　　 想学说和主张 / 077

第三章 1949—1978 年新中国改革开放前时期合作金融制度建设及展业思
　　　　想学说和主张 ⋯⋯⋯⋯⋯⋯⋯⋯⋯⋯⋯⋯⋯⋯⋯⋯⋯⋯ 091
　第一节 过渡时期合作化方针的理论依据与信用合作实践 / 093
　第二节 关于过渡时期合作社是否属于社会主义性质的争论 / 097

第三节 "大跃进"和"文革"时期错误理论指导下的错误实践 / 100

第四章 1978 年至今改革开放时期合作金融制度建设及展业
思想学说和主张 ················· 107
第一节 "把信用社真正办成合作金融组织"的方针与创新 / 109
第二节 计划经济向商品经济过渡时期合作金融理论的全面探索 / 114
第三节 市场经济体制时期合作金融制度理论体系的深入研究 / 133

第五章 当代国际上合作金融理论研究和制度建设的若干动态 ········· 179
第一节 当代西方发达国家合作金融机构的挑战与创新 / 181
第二节 西方经济学关于合作金融的研究 / 196

第六章 合作社本质论和方法论 ················· 213
第一节 合作社的本质论 / 215
第二节 西方经济学对合作社的研究方法 / 224

参考文献 ················· 240

后记 ················· 242

前　言

　　合作社是经济贫弱者的互助联合组织。在其产生后的 170 多年历史中，合作社引导人们团结互助，发展经济，使得世界上多数人都享受到合作社的好处。当代合作社可以说无所不在、无所不包，几乎所有国家和地区都建有合作社组织。一如国内有人评论的那样："合作社滋润了半个地球。"

　　每年七月的第一个星期六是"国际合作社日"。2016 年国际合作社日的主题为"合作社：践行可持续发展的力量"，强调合作社对实现消除极端贫困、缓解不平等、应对气候变化等联合国可持续发展关键目标的贡献。国际货币基金组织副总裁朱民说过："发展不均衡的金融体系会加剧经济的失衡和风险，不重视弱势群体的金融制度同样是不完善的。"可以说，只有商业性金融、政策性金融而没有合作性金融的金融制度是不完善的。弱势群体金融服务是一项可以促进社会稳定与世界和平的事业。持久的和平只有在大量人口找到摆脱贫困的方法后才会成为可能。改革开放以来，我国在消除贫困方面取得了举世瞩目的成就，在农村金融的改革和创新中，特别在"三农"金融服务、小企业信贷、小额穷人贷款等方面也取得了相当的成绩，但传统的合作制金融活动仍应居于重要地位，合作社也必然是扶贫机制创新的重要组织形式。

　　人类在金融方面的合作历史悠久。传统的民间互助性金融组织合会在远古时期就已存在。合作金融的思想学说源远流长。现代合作金融思想学说在我国的传播，至今已有百年。纵观我国百年来合作金融的思想理论和实践，现代合作金融事业从无到有，从政府严厉禁止到过分热心扶植，以至于信用合作社成为各类政府实现不同目标的工具,信用社的每次制度变迁都来自政府强制推行而非合作社社员的自主行为。合作社的发展历经曲折,山重水复,命运多舛,但最终迷途知返,回归本源并创新发展。

百年来合作金融制度建设及展业的思想学说和主张,虽不能说是百家争鸣,却也可谓五光十色,更时常带有阶级性色彩。民国时期,合作经济的理论来自西方国家的合作思想学说;新中国改革开放前,合作经济理论来自两个并存的理论体系:一是20世纪三四十年代从西方国家引入的合作经济理论,并一直延续到50年代中期;二是从当时苏联引入的社会主义合作思想,并且逐步取代了西方合作经济思想。在实践上,按照西方市场经济条件确立的合作社的组织管理原则逐步被按计划经济原则确定的信用合作社和人民公社所代替,并最终完全取消信用合作社的基本属性,与人民公社"一大二公"原则相适应;改革开放以来,合作金融理论研究系统地运用市场经济原理和国际通行的合作原则来探索合作金融制度的特性及其在当代金融市场中的确切地位,正本清源,确立了我国合作金融机构改革发展之路。

在当代,合作学者想使合作运动脱离初期的社会改造的理想而作为单纯的经济制度或企业形态加以研究,有关合作经济组织和效率的研究一直是西方主流经济学家最有兴趣的主题之一。相关理论至今虽未形成严谨的体系,但一系列实证研究成果已引起广泛关注。在20世纪70年代的现代经济学文献中,主要体现在利用新古典经济学方法来定义合作组织的性质、收入分配的规则,并运用边际主义的方法来研究合作组织的资源配置效率和激励问题。80年代以来,随着博弈论被运用于经济学研究,合作组织理论的研究也出现新的特征。非合作博弈理论为经济学家研究合作生产和合作组织的效率提供了新的视角,特别是所谓的"可自我执行的协议"(self-enforcing agreement)的博弈理论,成为研究合作组织均衡性的重要手段。

合作社在与其他经济组织的竞争中生存和发展,其优势在于低廉的交易成本、民主管理以及所有者与顾客同一所产生的激励机制,因此既具有小企业灵敏高效的优势又通过层层联合兼有大企业连锁优势的独特体制。但是,合作社越是发展壮大,越显露出内在的一些缺陷,如规模越大,社员民主管理越弱，对合作社也越不关心；规模越大，内在的交易成本也越高，灵活高效的优势也越弱。合作社发展中出现的这些矛盾已引起各国合作社工作者和经济学者的广泛关注。

在当代全球化的竞争环境中，合作金融机构面临着新的挑战。一种被称为小额信贷的商业金融机构正成功地快速渗透到合作金融机构的传统活动领域，它们以营利为目标，却成功地借鉴了合作社"以人为本"的理念和经营方式。如著名的孟加拉格莱珉银行（Grameen Bank），其创办人尤努斯（Muhammad Yunus）就说过："银行家通常所看到和关注的，不是借款人这个'人'，不是这个'人'与生俱来的求生潜能和创造力，而是他们的富有程度及现有财产量。而格莱珉银行则关注'人'，即作为贷款人的'人'，和作为员工的'人'。"

另外，在目前的互联网金融大潮中，一种颇符合合作制宗旨，也与传统的标会相类似，主要为小微企业和广大民众服务，并被誉为"普惠金融"的互联网金融机构——P2P网络贷款的飞跃式发展，不光对合作银行，甚至对商业银行也都带来了较大冲击。

或许应该相信合作社的顽强生命力，或许应该相信一位长期在德国合作银行从事第一线工作的海姆特·格斯阿迪特先生在"合作学国际讨论会"上讲的一段鼓舞人心的话：

"迎接今日这种挑战，调整我们国家的合作金融组织的结构和经营方式以适应经济的需要，是我们现在和将来的任务。可以肯定，在合作金融组织历来具有的社员民主的帮助下，我们的所有努力都会成功！"

第一章

传统合作金融的思想学说

第一节　关于合作金融活动起源的学说

一、合作信用是最古老的信用形式

人类的合作行动，从人类产生之日起就已存在。人类在金融方面的合作，则是随着商品货币关系的产生而出现的。在原始社会瓦解时期，随着生产力的发展和剩余产品的出现，人类社会第一次出现了私有财产制度，商品货币关系也随之发展起来。一部分人手中形成了一些闲置的商品和货币，为人们在货币方面的余缺调剂提供了现实基础。国内外学者在研究人类最初的交换活动和商品、货币、信用关系的起源时，在认识上大体是一致的。

马歇尔（Alfred Marshall）在分析原始时期货币进化时说，物品的交换，在个人所有权远没有和家族、村庄或部落所有权明显地划分开来之前，就已开始。把东西给了别人，别人收到后给予报酬；一个人帮助另一个人，其条件是过些时候将会得到等价的东西。较为具体的债务关系如：一个人可贷给别人某数量的谷物，在下一次收获时就可能得到较多的归还量；或者有人想远行，借用别人的马匹或船只而被要求日后以一定数量的同样劳务来偿还；等等。但衡量收受的确定数量的观念，无论是关于在一次交易中完成的交换，还是以劳动或物品的形式来偿还过去的帮助即"信用"支付，都是逐渐形成的。同时，一种方便的、"通用"的交换媒介，在原始时期的各家族集体之间，以及由这种集体扩大而成的部落之间的交易中，也在不知不觉的过程中逐步产生了。货币产生后，以货币表示的价值代替了按习俗表示的债务。①

诺斯（Douglass C. North）的研究认为，交易可分为原始人（史前社会）以及现代人的交易行为。在史前社会即原始社会末期，人们的交易是基于礼仪

---

① 马歇尔. 货币、信用与商业. 北京：商务印书馆，1986：268—269.

的、习俗的、宗教的以及个别市场的偶然性交易。这些交易建立在习俗、宗法、宗教关系的基础之上。[1]

石毓符在研究中国货币金融史时指出，原始社会瓦解时期，私有财产确立以后，社会逐渐分化出富人和穷人，富者生活有余而穷者不足，这就会发生借贷行为。上古时的借贷对象都是日用必需品，如粮、布、农具等，所以说信用远在货币产生之前就已存在。后世虽有了货币，但实物的借贷仍然存在。借贷行为也不一定全都附有利息条件，亲友之间的通融常常没有利息，但仍然是一种借贷行为。[2]

根据中外学者对原始社会人与人之间交易行为的研究，发现原始时期存在的简单、偶然的货币信用交易，主要存在于家族、村落内部。这种交易无论是无利息的，还是有利息的，都必然建立在习俗、宗法、宗教关系的基础之上，历史上的宗法关系和宗教教义提倡助人和互助，这些交易行为都必然带有互相帮助的性质，所以它是合作信用的萌芽，或者说，互助合作式的货币借贷是一种最古老的信用形式。[3]

郑启福在研究中国合会起源时认为，我国合会作为一种民间互助形式，源于古代的民间互助习俗。而互助合作的历史，甚至可以追溯到人类社会产生之始。因为人类一方面需要食物来维持自身的生存，另一方面又需要抗御来自自然界的灾害和动物的侵袭。在这两种情况下，人类的互助就产生了。可见，在一定意义上，互助合作既是人类的本能，也是人类社会存在和发展的必要条件。[4]

诺斯将现代人的交易分为人情式的交易和非人情式的交易。人情式的交易也是以交易者的宗法关系为基础的，这种交易是简单、重复和地域性的。人情式交易的局限性是其不能适应商品交换进一步扩大的需要，因此非人情

---

[1] North. Institutions, Institutional Change and Economic Performance. Cambridge University Press, 1990：34.

[2] 石毓符. 中国货币金融史略. 天津：天津人民出版社,1984.

[3] 岳志. 现代合作金融制度研究. 北京：中国金融出版社,2002.

[4] 郑启福. 中国合会起源之考辨. 湖北经济学院学报,2011(2).

式交易便随着远距离贸易的发展而不断发展起来。由于信息不对称、信息不完全,就需要契约制度的发展。古巴比伦法典、古罗马法典便应运而生。公元前 18 世纪古巴比伦的《汉穆拉比法典》和公元前 5 世纪至公元 12 世纪陆续形成的罗马法,对奴隶社会中买卖、租赁、合伙、寄存、可以实物偿还的借贷以及财产继承、债权债务、损害赔偿、诉讼手续等进行了系列的规范,表明奴隶社会中奴隶主、商人、小商品生产者之间存在着经常的货币借贷行为。在封建社会,货币借贷关系得到了更广泛的发展。

　　奴隶社会和封建社会的货币信用关系中,存在两种信用形式。一是以宗法关系和宗法式农民自然经济为基础,属于人情式的互助合作信用;二是以简单的商品生产和商品交换为基础的非人情式的商业性信用,其中主要是高利贷信用。高利贷信用在奴隶和封建社会逐步发展成为基本的信用形式,与此同时,合作信用也始终相伴而存在。我国封建社会广泛存在的民间合作金融组织——合会,就是以宗法式农民经济为基础的资金互助形式。世界上的许多国家,也都存在过类似的组织。

二、传统合作金融活动的特征

　　从传统合作信用的产生及其组织活动特点看,合作信用具有以下三个基本特征:[①]

　　1. 情感因素是构成合作信用关系的基本要素之一。互助合作式的货币借贷无论是发生在亲友之间还是发生在乡邻之间,情感关系都是这种借贷关系产生和维系的直接基础。

　　2. 以低利率为特征的特殊的价值运动形式。合作信用作为信用关系的一种,首先遵循信用的一般规律,即以偿还和付息为条件的借贷。但由于合作信用中的情感因素,合作信用的付息采用了低利的形式。在前资本主义社会,合作信用与高利贷信用尽管处于同样的社会经济环境,却长期以远低于

---

① 岳志. 现代合作金融制度研究. 北京:中国金融出版社,2002.

高利贷利率的利率存在。

3. 低交易费用的营运过程。合作信用无论是简单的、偶然的借贷行为，还是有一定组织的合会形式，由于其以宗法关系为基础，营运地域小，信息成本低，其交易成本必定是低廉的。低交易费用是合作金融组织这一最古老的信用形式至今仍然具有生命力的根本原因。

第二节 关于传统合作金融组织合会起源和作用的学说

一、关于合会起源的学说

合会是民间在金融方面自发的有组织的合作，历史悠久，地域广泛，不仅在我国长期存在，在世界其他国家亦大量存在。形式多样的各种合会，不仅在古代、近代社会存在，而且在银行制度高度发达的现代社会，仍然保持着持久的生命力。

合会又称"互助会""呈会""邀会"等，是中国传统的一种民间信用互助方式，一般由发起人（会首）邀请亲友若干人（会脚或会员）参加，按约定的时间举行，每次各缴一定数量的会款（会钱或会金），轮流交一人使用，借以互助。会首优先使用首期会款，以后依不同方式（如抽签、投标等），决定会员收款（得会）的次序，在每个会员都使用过会款后，一个合会即告结束。合会在传统经济生活中起到缓急相济、互通有无的互助作用，很大程度上帮助着人们解决生产和生活困难。然而，由于史料的缺乏，合会究竟起源于何时，众说纷纭，并无定论。

关于合会的起源时间问题，国外学者格尔茨（Geertz，1962）、阿登勒（Ardener，1964）等人认为，合会所代表的那种合作集中和利用资源的方式，远在货币产生之前就已经存在了。[1] 纳亚尔（Nayar，1986）认为早期合会所涉及的资源主要是劳动、粮食和其他器具等。[2]

在我国，关于合会的起源时间，漫无可考。民间有多种说法，如，"竹林七

---

[1] Clifford Geertz. The Rotating Credit Association：A "Middle Rung" In Development. Economic Development and Cultural Change，1962(3).

[2] C. P. S. Nayar. Can. Traditional Financial Technologies Coexist with Modern Financial Technologies：The Indian Experience. Savings and Development，1986(1).

贤创设说"。这种说法流行于苏、皖各地,概因这一带流行的合会多由 7～11
人组成。由 7 人组成的当地人称之为"七贤会",由此推测是晋代竹林七贤创
设了合会制度。其实,这一说法并不可靠,很可能是人们附庸风雅,借用了古
代竹林七贤之名。亦有"庞公创始说",因广东合会的会规中有"盖闻义会之
设,始于庞公"一语,故有此说。庞公系东汉襄阳人,名庞德公,与诸葛亮相
识,为一隐士。但陈寿《三国志》中的庞公传记,并未提有合会之事。因此,庞
公创设合会的说法亦未有史料相佐。还有"青苗法演变说",认为合会起源于
北宋王安石青苗法产生以后,由因利局、贷款局演变而来。因为青苗法与因
利局、贷款局都由官府或者公众团体主办,资金有限,且只限于有担保及靠近
城市的人民能得其实惠;贫苦人因找不到保人,居住于穷乡僻壤的因交通不
便,都得不到这种便利,而且其受高利贷盘剥得更厉害,融通资金的需要也更
迫切,因而贫困群众不得不自谋解决的方法。这种办法必须基于共同的需
要,本着自助互助的精神,在可能的范围内组织变相的因利及贷款事业,因而
中国民间的合会可能就此应运而生了。

民国学者王宗培认为,"合会在中国之起始,似在唐宋之间",并提出了两
种可能性:第一,合会"若自印度传来,则当出唐代印游者或印度商人之遗留
也";第二,合会起源于中国,因为旧式合会中有"新安会",俗称徽式会,并被
嘉禾会规尊称为"新安古式","而新安会之新安,其名称始于隋,约当西元第
七世纪初叶。然则新安会之定名,必定不先于西元第七世纪,似以唐朝为近
理焉"。同时,王宗培又结合合会是北宋青苗法演变而来的观点,推断合会在
中国的起始时间,应当在唐宋之间。[①]

姚公振则认为,合会"以起于隋代,较为可信"。他认为我国合会的方式
和规则,大多以"新安会"为蓝本,可见"新安会"是我国千百年来民间合会的
典型与根据,而安徽的新安郡名开始于隋代。因此,"新安会"起源于"隋代之
新安郡,当属可靠",合会"实可谓为当时农村经济合作组织之主要形态"。[②]

---

① 王宗培. 中国之合会. 南京:中国合作学社,1935.
② 姚公振. 中国农业金融史. 上海:中国文化服务社,1947.

而依杨联陞的研究,合会应该追溯至南北朝时期的"社"或"社邑"。[①]

郑启福在《中国合会起源之考辨》[②]一文中对合会的起源问题进行了深入的分析论证,认为我国的民间合会是人们在生产、生活中,经过长期的积累、发展和演变形成的一种金融互助形式,因此在考察合会起源时,必须把握其民间自然形成的特性。现有的历史文献资料表明,我国合会作为一种民间互助形式,源于古代的民间互助习俗。而互助合作的历史,甚至可以追溯到人类社会产生之始,因为人类一方面需要食物来维持自身的生存,另一方面又需要抗御来自自然界的灾害和动物的侵袭。在这两种情况下,人类的互助就产生了。纵观中国古代社会,劳动人民由于受到统治阶级的残酷剥削,生活比较艰辛,自身的经济力量极为薄弱,为了谋求生计以及应付生活中的突发事件,就必须与邻里、亲朋互相帮扶,从而逐步形成了中国古代社会的各种互助习俗,互帮互助也成为了中华民族的传统美德。随着社会的发展,古代的互助习俗在人们对土地共同崇拜的过程中演化出早期的自治互助团体——"社"。社祭活动早在殷商时期就已经出现,除了社祭之后的宴饮、娱乐活动之外,还会举行各种庆典,社日也因此逐步成为民俗节日之一。由此,社祭活动逐步由单纯的祭祀演变成一种集会,即"社会"。

史料表明,秦代开始出现传统"社"(如郡社、县社、里社等)之外的私社。这种民间私社在汉代得到了迅速发展,出现了各种各样的私社,包括以共同祭祀为目的而在里社之外结成的私社,出于某种需要按阶级或职业自愿结成的社,为某种特定目的而自由结成的团体等。这些私社与传统的"社"有了很大的差别:私社并非由全体民众参加,而是由具有某种共同目的的人们自愿组织起来的。因此,有学者认为,"社"从汉代开始获得了社会性的会社这一意义。在汉代种类繁多的私社中,有一种重要的互助团体——"僤",例如常乐僤、东僤、街僤、孝子僤、宗僤等,这些"僤"基本上是为了某种特定的目的而结合起来的团体,带有互助合作的性质。在这些"僤"中,有一种类似合会的

---

① 杨联陞. 佛教寺院与国史上四种筹措金钱的制度. 国史探微. 北京:新星出版社,2005.
② 郑启福. 中国合会起源之考辨. 湖北经济学院学报,2011(2).

民间互助团体——"父老僎"。与后世的结社相同,入僎者要出入相友,守望相助,并具有自愿结合、共同出资、轮流受益的特征,而这些特征和后世合会的实质内容已经相当接近。因此,在一定意义上,可以将汉代的"父老僎"等互助会社视为合会的早期形式。

随着经济和社会的发展,唐、五代时期,经济和生活方面的互助,已经成为相当数量会社的主要活动内容。敦煌遗书表明,当时民间的经济互助组织除了丧葬互助会社以外,还有巷社、亲情社、兄弟社、女人社等,其立社的主要目的是"结义相和,赈济急难,用防凶变","遇危则相扶,难则相救"。这些经济互助社,都有自己的公共积累,即"义聚",用以解决社人在日常生活中所遇到的重大困难。同时,这一时期出现了与后世合会基本相同的会社,据《新唐书·列传·循吏》中的"韦宙传"记载,韦宙在唐宣宗时"为永州刺史,……民贫无牛,以力耕,宙为置社,二十家月钱若干,探名得者先市牛,以是为准,久之,牛不乏"。这里记载的"社"已经体现了后世合会所具有的基本特征,即储蓄功能和信贷功能,而且其运作的方式与后世合会中的摇会基本相同:按期缴纳约定的资金,按抽签的方式确定获取资金的顺序,其区别仅在于这笔储蓄资金的用途受到限制,即最终都只能用于购置耕牛。可见,现代意义上的合会在唐代已经基本成型。

宋代是中国封建社会经济较为繁荣的时期,经济互助会社也相当发达,其中具有合会性质的会社也得到了进一步的发展。《钟相杨么佚事》记述,钟相"悯里人多贫困,乃倡设社会,以等差敛资,不足,则自出金以益之,人有缓急,皆往贷焉"。宋代流行于徽州的新安互助之社,源于当地民众"嗜储积"的风俗,其结社目的在于储蓄,并为将来的养老做准备。可见,宋代的经济互助会社,已经具有民间金融互助的功能,其本质上已经与后世的合会基本相同。

综上所述,郑启福认为:合会源起于中国古代的民间互助习俗,这种互助习俗逐步发展为古代的民间互助团体,然后经过长期的演变,才发展成为以民间储蓄、财产增值和经济互助为目的的合会;从殷周时期的"社",到汉代的"父老僎",演变为唐代的韦宙所结之社,再发展到宋代的"钟相之社""新安之社"。也就是说,作为民间金融互助形式的中国合会,雏形于汉代,成型于唐代,初步发展于宋代。

二、民间合会的组织形式

我国民间的传统合作金融组织合会,是自发的、松散的联合,各地称谓很不一致。太湖流域大部分地方俗称"合会"或"蟠桃",也有称"集会"或"做会"的;山东和江苏的北部各地,叫做"请会""聚会"或"集会";安徽、江西、湖南和广东叫做"打会";浙东称"纠会";湖北称"约会";云南称"赊会";等等,而且这些称谓也在不断变化。

合会是会员间救济性融资的组织,其方式简单,友谊浓厚,所以在中国能流动千余年之久而不灭绝,甚至在当代银行制度和信用合作社制度发达的环境里,合会仍在民间流行。我国的合会曾引起中外学者的广泛兴趣和重视。对于合会的组织过程,费孝通曾进行过详细的论述:

少量的钱可以不付利息,短期地向亲戚朋友借用。……但需要大笔款项时,向个人商借并在短期内归还常有困难。因此,兄弟之间或其他亲戚之间的互相帮助便不能满足需要。这样才产生了互助会。互助会是集体储蓄和贷款的机构,由若干会员组成,为时若干年。会员每年相聚数次。每次聚会时存一份款。各会员存的总数,由一个会员收集借用。每一个会员轮流收集使用存款。第一个收集人即组织者。一开始,他是该会的借款人。他分期还款,交一定量的利息。最后一个收集人是存款人。他最后收集自己那笔存款和利息。其他成员则依次收集存款,从存款人变为借债人。收款次序按协议、抽签或自报公议的办法决定。

这种互助会,经常是由于某人需要经济援助而发起组织的。参加互助会的成员被认为是对组织者的帮助。……通常组织这种互助会的目的或是为办婚事筹集资金,或是为偿还办丧事所欠的债务。这些也是筹集资金的可以被接受的理由。但如为了从事生产,譬如说要办一个企业或买一块土地,人们往往认为这不是借钱的理由。有了一个正当的目的,组织者便去找一些亲戚,如:叔伯、兄弟、姐夫、妹夫、舅父、丈人等。他们有义务参加这个互助会。如果他们自己不能出钱,他们会去找一些亲戚来代替。

会员的人数从 8～14 人不等。在村庄里,保持密切关系的亲属圈子有时较小。因此,会员可能扩展至亲戚的亲戚或朋友。这些人不是凭社会义务召集来的,而必须靠互利互惠。如果一个人需要经济上的帮助,但他没有正当的理由来组织互助会,他将参加别人组织的互助会。被这个社区公认为有钱的人,为了表示慷慨或免受公众舆论的指责,他们将响应有正当理由的求援。①

合会的主要形式有三种:轮会、标会和摇会。

1. 轮会。这是采用轮收法的会式。一个人在经济困难时,邀集几位亲友组织一个会,自己作会首,使亲友作会友,把他所需要的钱凑集起来,以后依预定的次序(收会次序一般在组织时由会首指定或由会友自相议定),确定会友的二会、三会直至末会。会款支付采用本利分年摊还法,所以收会有先后,各人每次所付的会款也有差异,先收者应付出一笔利息,而迟收者应收入一笔利息。其先后支付会金的多少是按期限相当的利率计算出来的。轮会发源于安徽徽州和浙江一带,也称"徽式会""新安会",但各地又有称"摊会""座会""认会""挨收会"等等。组会人数在 6～11 人不等,以 7 人或 11 人为最普遍,7 人组成的通称七贤会。会期一般为一年一转,但也有 11 个月、8 个月或半年一转的。

2. 标会。标会是由发起人邀请亲友邻居 10 人或 16 人为会员,各认缴会金一份,借给发起者。在每一定的时期内,由发起人出具会帖,召集全体会员标会一次。各人写字条投标,出利最高的人得会金。不过发起的人不写标条,亦不得利息,每次还钱一份,至末次还清时为止。

3. 摇会。其邀会手续与标会相同。每年举会次数各地不一。基本程序

---

① 费孝通. 江村经济. 南京:江苏人民出版社,1986:188—190.

是：每人按期出款若干，第一期集款为发起的会首借用，同时负每期收集会费的责任。集会时用抽签的办法决定用款者。每会员以用一次款为限，至会员每人都得款一次为止。此种办法，除会首外，用款越迟的人，所得的款也越多。例如会员 12 人，第一期每人出会费 10 元，会首得款 110 元。此后，每期用抽签确定得款者，未得款的人，每月出会金 8 元。

在世界其他国家，也有此种合会性组织。有的称之为储蓄信贷轮会、互助储蓄会等。这些储贷会不仅存在于非洲、美洲、加勒比海地区、东南亚和中东的许多国家，甚至还存在于早期的欧洲。它们在不同的国家有不同的名称。例如，在西部非洲，它们是 Tontines、Paris 或 Susus；在南非，它们是 Stokvels；在埃及，它们是 Gamiyas；在危地马拉，它们是 Cuchubales；在墨西哥，它们是 Tandas。在英国，有友爱会（Friendly Societies）；在美国，有节俭放款社（Provident Loan Societies）[1]。合会在日本称为"无尽"，韩国称为"契"（Key），印度称为 Chit，印尼称为 Arisan。同我国情况类似，国外合会组织也主要盛行于自然经济逐步瓦解、商品经济尚不十分发达的时期。

国外合会或储贷会也有不同的组织形式，其中，储蓄信贷轮会（Rotating Savings and Credit Association，ROSCA）是最主要的形式。

A 型，即轮会型，是最基本的形式。每个成员通常定期支付特定数量的款项作为会款，每次举会收集的款项由一个会员支配；如此重复进行直到每一个会员都收到这样一笔付款或"提款"。在最后一个会员得到这样一笔款项后，一轮循环即告结束，经协商后新的一轮又可以开始。如果轮流储贷会有 10 个成员，每个人每月缴存 10 美元，那么每个成员将轮流地在每月的集会上获得 100 美元的贷款，他们可用抽签等办法选出轮流获得贷款的成员，10 个月后每个人都将获得 100 美元贷款，这一循环也即告结束。轮流储贷会是一种最简单的组织形式，组织者没有从中得到什么报酬，其成员不能以竞争性的出价获得贷款，当然也不容许条例干预资金的分配和数额。

第一个成员获得的无息贷款是由其他成员提供的，最后一个获得贷款的

---

[1] 雷格伍德 J. 小额金融信贷手册. 北京：中华工商联合出版社，1999.

成员在之前不断向同伙提供贷款时,实际上进行了储蓄,其他人则在债务人和债权人的地位间交替变化。轮流储贷会就是这样一种组织,它不仅轮流获得贷款,也轮流进行储蓄。

B 型,与 A 型不同,其目的和持续时间是和每个会员获得事先商定的特定财产相联系的。

C 型,一个会员收集起事先约定的缴款而无须付出任何款项给其他会员,收到的款项由一个可信赖的会员保管直到事先约定的时候(即全部款项再分给缴款者的时候)为止。没有贷款活动发生,只是强调储蓄行为。如利比里亚瓦族人(Vai)的圣爱会(Saharyekahg)就是这种情形。

D 型,缴款是定期举行的,并向会员提供贷款,如果会员作保也可贷给非会员。借款人应支付利息(非会员支付更多),这些利息再被分付给缴款人。缴来的款项不能抽回,也不能进行分配。利比里亚克鲁族人(Kru)的耐克郎迪会(Nek Londi)属于这种类型,它与报道过的尼日利亚的伊格博地区一些形式相类似。

E 型,收款是定期进行的,不对会员支付。贷款也不在通常意义上发放,而是在钱收集起来之后经过一定时期基于某个特定会员的利益进行投资。这种投资可以用来经营一个商店或一个出租车企业等等。这样一轮一轮地重复进行,直到每个会员都得到这样的服务为止。这种类型的例子可以在利比里亚的毛诺族(Maon)和洛马族(Loma)那里找到。

这些会在实际运作过程中也是灵活多变的。一般地,个人会员每次缴款的数量是相同的,并且是事先决定的。但有时会员可自由缴纳事先确定的正常缴款额的数份,因而在一轮中便拥有获得数份提款的权利。此外,在尼日利亚的某些会中,许多会员可联合起来缴足一份款,或者在其他情况下,会员除了缴纳自己的份额外,再联合出数份。这样,相应的取款就要在有关会员间分配。

在加纳,拿拿米-阿克皮会(Nanamei-Akpee)的会员每次缴款的数量不是事先安排好的。得款人要记录特定时期每个会员缴纳的不同数额,这样,他才能在以后得到相应数额的资金。

还有一种会是耐克郎迪会的变种。缴款的多少是在每次缴款时由会员决定的。然而,在固定的间隔期(即季节性地),每个会员要缴纳通常缴款量的 3 倍。这当然是与该会的基本目标相符合的。该会是要通过增加贷款来增加收入,而增加贷款反过来说又只能通过定期增加储蓄来筹集资金。在尼日利亚也有类似的将款项季节性地增缴到两倍的情况,以便在特定时间享受款项的人不止一个。

目前方兴未艾的互联网金融中的 P2P 网络贷款与标会相似。P2P 信贷,指有资金并且有理财投资想法的个人,通过第三方网络平台牵线搭桥,使用信用贷款的方式将资金贷给其他有借款需求的人。P2P 网络贷款与标会相比:第一,本质上都是个人之间的借贷;第二,借贷完全基于信用,不依赖抵押金或担保;第三,利率是市场化的。在 P2P 网络贷款中,利率由风险定价机制决定;在标会中,利率随行就市,能体现参与者的信用风险状况。P2P 网络贷款利用互联网手段,突破了标会这种熟人社会网络的人格化交易特征,通过风险控制机制,使陌生人之间也可以发生借贷关系,是非人格化交易,因而借贷关系更为广泛。[1]

三、关于合会的经济和社会功能的不同意见

国内外多数学者充分肯定了合会的储蓄和贷款功能,认为民间土生土长的合会起着重要的经济作用。在没有现代信贷储蓄机构的农村地区,这些合会填补了空白。

(一)储蓄功能

合会的资金来源主要是会员缴款,使用借入资本的情况很少见。所以,合会的活动促进了节俭和储蓄。小额货币往往会在不经意间花掉,但通过合会的约定储蓄,小额货币可积累成一个可派用场的金额。相对于窖藏财宝等

---

[1] 谢平,邹传伟,刘海二.互联网金融手册.北京:中国人民大学出版社,2014.

其他储蓄来说,这种活动的结果更好。窖藏储蓄是取决于个人的愿望,在这些土生土长的会中它则是一种应尽的义务,从而能导致更多的储蓄。此外,窖藏储蓄是不增值的货币,而在这些会中所储蓄的钱经常是借出用于投资的。

目前,大部分发展中国家的经济学家不再坚持那些曾流行一时的陈旧观点,即发展中国家的农民不会进行储蓄。大量证据表明,在很多地区储蓄信贷轮会在促进城乡储蓄方面起了巨大的作用。埃塞俄比亚 1968—1973 年的发展计划指出,埃库巴斯年储蓄总额为 20 亿~25 亿比尔(折合 9 亿~11.5 亿美元),相当于当年国内生产总值的 8%~10%。这就是通常被认为毫无活力的低收入国家中,自发产生的储蓄信贷轮会令人叹为观止的成绩。在印度的克拉克邦,储蓄信贷轮会的存款占了银行存款的 20%。农村和城市的商业性的储蓄信贷轮会持有全国相当部分的现金。

(二) 贷款功能

对许多人来说,合会是他们获得所需款项的唯一途径,所以他们对约定储蓄有着内在的动力,这也是合会发展的主要动力。

在小农自然经济占统治地位的时期,合会资金主要用于非生产用途;在现代,合会资金被允许用于更广泛的用途。荷兰农业大学 F・J・A・波曼(F. J. A. Boman)研究发现,储蓄信贷轮会为企业家提供资本,让他们经营、购买股票和机器,购置或修理渔船和设备,或者开餐馆和零售商店。成员们通常把获得的贷款用于农业投资或经营零售商业,或者参加储蓄信贷轮会为孩子教育提供资金,充分体现了储蓄信贷轮会的进步作用。储蓄信贷轮会这种互助性的组织也许还能把资本从城市转移到乡村。城市储蓄信贷轮会成员购买农村的土地和房屋,慈善性组织把资金投入穷乡僻壤中的自助性计划和发展项目中。与普通放款人相比,享受这些合会的信用便利,其成本是合理的。

由于资本稀缺,信贷功能所带来的发展生产的机会显得特别重要。在这种情况下,某些抽签分配贷款或轮流获得贷款的制度就被竞价所取代。

在印度的某些地区,这种传统性组织已经演变成现代银行。它们有成文的规定、章程,有正规的记录、账户,还有本票等。在东南亚也能发现类似的进步。

在非洲,储蓄信贷轮会的进步较为缓慢。例如,在喀麦隆的巴班步,储蓄信贷轮会的集会仍然保留着传统的形式,商业活动和娱乐活动融为一体。但在孔塞巴附近,当地的储蓄信贷轮会则实行了拍卖制度,而且建立了肥料基金。

(三) 社会功能

由于存在上述可能产生的益处,合会便代表了一种社会保障形式。这种形式在缺乏全国性系统的时候,不能对之估价过高。有些合会是有公积金的,当贫穷的会员被允许从公积金中得到即时贷款,或者他被允许越过取款人的排列顺序,或特地要求立即进行一轮临时缴款的时候,合会就产生了社会保障功能。另一个社会功能产生于全体会员会议的欢宴。在乡村,会员把一次会议看成是加强同一地区居民团结的一种有效形式。合会的集会既是欢聚的场所,也是洽谈业务之地,这有利于促进社会稳定和会员的相互了解。由于合会组织对其成员具有内聚力,因此,在社会经济变革的某一时期内,这些组织具有调节公众生活的潜在机制,这对于迁居的城市工人尤其重要,在这种组织中形成的裙带关系很明显。在集会上,成员交换来自乡村的信息,帮助刚来的人找工作和住房,庆贺会员的成功,并解决会员间的纠纷或会员与非会员的争端。储蓄信贷轮会的成员轮流作"主",培养了经营货币和商品的能力,从而提高了自己的社会地位和声望。在我国浙江东部的农村地区,参加合会的企业家之间关系密切,实际上形成了一种紧密的社会网络。这种社会网络同时是信任关系的网络、个人信用网络、商业信用网络、信息网络和业务联系网络,网络成员之间的交往通常发挥一种协同效应和学习效应。由于我国对非正式金融组织的打击较为严厉,这种轮会目前以非公开的形式存在,但行之有效。根据波兰尼(Polanyi,1957)的嵌入(Embeddedness)理论,这种非正式金融活动是嵌入于社会网络和社会结构之中的。在其中,作为社会资本的社会关系和信任发挥着巨大的建设性作用。

虽然合会类的储蓄信贷组织具有独创性和广泛的适应性,村民和城市移民已成功地建立了这类组织,但发展中国家的政府官员、银行家和学者们对合会仍多有成见。[①] 加纳的政府官员把储蓄信贷轮会看成一种非常简单的组织,并把它看成是社会罪恶和危险的根源。在尼日利亚和喀麦隆,人们谣传储蓄信贷轮会是酗酒和炫耀挥霍的场所,充满着欺骗和贪污,一旦移民变得容易,违约行为变得更加普遍了。在中国,民间自发的金融活动往往被冠以"非法集资"之嫌而遭到打压。一些发展中国家的理论工作者对于这类传统组织在发展战略中的潜在作用也持怀疑态度,并指出合会组织存在的一些问题和缺陷:

第一,酒宴攀比。在得款者举办的宴会上,宴会的排场往往代表着体面和声望,于是就会出现攀比现象,后者的宴会要赶超前者,这种花费就显得有些浪费。

第二,道德风险。当会首接受会友的贿物并据此决定谁先得到会款时,腐败的危险就会蔓延开来。另外还有会首或分会首贪污公积金的问题。

第三,不尽公平。先得款的人得到贷款后不付利息并逐渐归还,而后得款者通过定期缴款筹集到的贷款资金却通常得不到利息。这导致争夺先得款权,增加了贿赂的危险和内部磨擦。

第四,资本不足。合会在满足会员不断增长的贷款需求时常显得无能为力。于是,有时会员在一个会里占几个份额,或者同时参加几个会,或者筹建适合于自己需要的新组织。合会资本不足也引起了试图用其他机构特别是信用合作社来取代它的愿望。信用合作社既松散灵活,又规范化和制度化,可以避免合会的一些缺陷。

四、关于合会的法律属性的不同学术观点

合会在世界许多国家和地区存在,在埃塞俄比亚、印度尼西亚、贝宁、印度和中国等不同文化的国度中流行不衰。其成功的基本原因在于合会组织的门户灵活,易于为人接近,组织形式简单,运作灵便,并且适合于多种需求。

---

① 阿登纳 S. 轮流储贷会的比较研究. 皇家人类学会杂志,1964(2):94.

在通常情况下，某个人需要资金，就可以发起组织一个会，这个人就成为会首，但有时会首是选举产生的。在一些传统的小型组织里，会首也起着记账员和掌管财务的作用，而在某些其他形式的会如耐克郎迪会里，职务是大家分担的。

合会门户是灵活的。有时合会门户是关闭的，即只有那些原先某一特定团体的成员才可以成为会员，例如同一个院落的成员，同一家族的成员，等等。因此，总的会员人数相对较少，会员个人之间都互相了解，他们直接召集会员开会，会首直接从各个会员那里收款和付款。有时门户也可以是开放的，任何人只要能缴纳规定的金额就可以加入，这就会导致会员人数相当地多，会员个人之间不能全部相互了解。会首可能甚至不认识所有的会员。全体会员大会也不能举行。这样，协会就分解成一些分会，每个分会有一个会首。于是，从每个分会会员那里定期收款就成了分会会首的职责。他们将收到的款项交给总会首，总会首决定某个分会在什么时候可以得到取款，并将款项交给那个分会的会首，分会会首再决定他这个分会里哪个会员得到这笔款项。无论如何，理想的情形是依据每个会员在特定时间对款项需求的迫切程度来决定获得款项的人。

会员的吸收通常都是在一轮循环结束的时候进行，但在耐克郎迪会里，在一轮中的任何时候都可以根据以往的条件吸收会员，即这个被吸收的会员要追溯支付各个会员从入会起到吸收他这个新会员时为止所缴纳的全部款项。这种方式和其他一些措施有助于增加这个会的资金。

合会成员的居住区域可以是跨村的，但多数为本村或邻村，有的甚至仅仅是由家族的成员组成，这种组织与大部分农民根本无法接近的正规金融机构形成了鲜明对比。由于农村居民受地理限制、传统习俗形成的心理障碍，以及正规借贷机构的官僚作风等因素的影响，农民对于正规金融机构只好望而却步。总之，发展中国家的正式金融机构的大门对贫困者是紧闭着的，而合会的大门对那些哪怕是最贫困的人都是敞开的。

合会的组织形式简单、灵活，甚至是不规则的，但是它卓有成效。它管理会员资格、贷款评估以及偿还。较小的规模——在农村地区通常仅有 10 人至

30 人——保证了成员之间的相互了解。运用公众舆论,该组织有效地制止了欺骗和违约行为。几乎所有的守约者,都将同意无条件地履行义务。例如,非洲的许多储蓄信贷轮会规定全体成员在集会上当众缴款,如果有人没有缴纳资金,就会立即引起大家的注意,并遭到其他成员的反对,这与拖欠正规金融机构的贷款形成了鲜明对照。

合会是一种具有互助合作性质的资金融通方式。在正式金融不能或不愿提供金融服务的特定时空领域,合会能提供一种补充的,有时甚至是最现实可行的融资方式,具有经济合理性。合会虽由众多会员组成,具有一定的社团性,但合会本身是否可以构成一个法律上的主体,存在不同的学术观点和政策主张。

经济学和社会学学者多认为合会是民间金融组织。杨西孟指出:“合会是我国民间流行的一种小规模的金融合作组织。”[1]王宗培指出:“合会为我国民间之旧式合作制度,救济会员相互间之金融组织。”[2]费孝通也指出:合会是“集体储蓄和借贷的机构”。[3]

法学学者多把合会看成契约。《民商法学大辞书》[4]定义:“会首与会员间的无名合同。……以济急、互助、储蓄为目的,为现代非典型合同。”宋春妍指出:“合会是由会首和会员之间就缴纳会款、获取会金的意思表示一致达成的协议,合会当事人之间的权利和义务由彼此的约定来加以分配和约束,完全符合合同的法律特征。因此,合会在法律上属于契约而非组织。”[5]

在中国台湾地区,1999 年台湾地区民法典债编修正前,台湾地区司法界的主流观点是,合会性质乃会员与会首间缔结之契约,会员相互间除有特约外,不发生债权债务关系。台湾学者则将焦点集中于对合会合同性质的辨别上,在无名契约说、消费借贷说、合伙说、事实认定说等之间作性质争辩。台

---

① 杨西孟.中国合会之研究.上海:商务印书馆,1935.
② 王宗培.中国之合会.南京:中国合作学社,1935.
③ 费孝通.江村农民生活及其变迁.兰州:甘肃人民出版社,1997.
④ 由江平、王家福主编,南京大学出版社 1998 年出版。
⑤ 见中国海洋大学宋春研硕士论文《论合会的法律规制》,2009 年 6 月。

湾地区民法修正后,合会转为有名契约,无需对其再作类比,学者们便转而从要素上对之进行阐述。[①]

第一,合伙说。该说认为,合会是由会首作为发起人邀集 2 人以上为会员,以会单确定互约交付会款及标取合会金的自发结成的一个具有互助性质的经济利益团体。合会具有团体性,组织合会的目的是使全体会员获得同等的利益。而合伙是两个以上公民按照协议,各自提供资金、实务、技术等,合伙经营、共同劳动、共担风险、共享收益。据此,合会符合合伙的一般要件,因为从主体上而言,合会成员符合合伙成员为完全民事行为能力自然人的要求;出资方式上也与合伙相似,包括货币与约定的实物;在责任承担上也和合伙相同,成员之间相互负无限连带责任;就合会的产生而言,合会成员之间以相互信任为纽带,具有很强的人合性。从中可见,合会具有与合伙极为相似的要件,因此,在理论上将合会类推适用合伙的规定。合伙说是早期对合会进行解释所采取的观点。

第二,消费借贷说。该说认为,会员标取会款是会员与会首之间发生的一种消费借贷行为,会员向会首给付会款及标金(利息)则是该借贷关系的返还借款和利息的行为,会员与会员之间并不发生法律关系。

第三,非典型契约说。该说认为,合会的种类不同,内容也不一致,会首与会员之间,会员与会员之间,究竟属于何种法律关系,应该依合会合同的内容来判断。比如对于个别性合会,除非有特殊的约定,会员之间不发生债权债务关系,应认为是一种类似于消费借贷合同的新型合同。对于团体性合会,成员间法律关系互相存在,会员均负有出资的义务,又具有收回出资的权利,因此在性质上应认为是一种类似于合伙的新型合同。

第四,有名合同说。我国台湾地区《民法》(债编)修正后新增"合会"专节,使合会合同成为一种新的有名合同。该法规定:"称合会者,谓由会首邀集二人以上为会员,互约交付会款及标取合会金之契约。其仅有会首与会员

① 陈荣文.合会的法律属性辩正.甘肃社会科学,2005(3).
　另见华侨大学唐鑫伟硕士论文《论我国合会的法律规制》,2008 年。

为约定者,亦成立合会。"

在中国大陆地区,对合会法律性质的讨论观点还有如下几类:一是经济学界对合会性质的主流认定,认为合会是一种群众性的资金互助组织,具有合作金融性质,是一种合作金融的组织形式;二是非法金融组织说,将合会视为一种非法的融资活动,而司法界则将合会视为一种非法吸引公众存款的违法犯罪行为来处理;三是合理但合法性难定论,认为合会是一种自然的金融合约安排,是一种民间信贷行为,其合理性不容置疑,但其合法性难于确定,既不能承认它是合法的,但又不能消灭它,它始终是农村金融体系中的一个组成部分,目前还找不到一种合理的制度安排。

在一些发展中国家,合会组织时常处于非法状态,政府往往倾向于用正规的金融机构如信用合作社和银行取代合会。实际上,合会组织所交换的是相互信任和未来获得贷款的期权,两者都是合法产品。政府以一刀切的方式取缔合会组织的活动,并不合法,也不现实。发展中国家正规的和非正规的金融市场在分别为不同类型的顾客提供服务。多少年来合会一直幸存着,并且能在错综复杂的城市经济中得到持续发展,这表明即使有了现代金融机构,合会也具有产生的需求和发展的空间。这对于那些强求在传统机构之上建立现代银行的提倡者是一个生动的教训。这个事实与其说证明了怎样使传统机构现代化,倒不如说证明了怎样使现代机构传统化。如果法律放宽合法这一圈子,农村合会这种非正式经济活动也就可以公开化、正式化、制度化和法规化。政府的作用是依法加强监管。合会是穷人的银行,合会筹集的钱并没有被长期闲置,而是不断地转手流动,不断满足生产和消费的需要。当然,银行、信用合作社这些现代金融机构提供了更丰富的服务,但经济贫困者并不容易通过其获取资源。

第二章

现代合作金融制度建设及展业思想学说和主张

第一节　民国初期西方合作思潮在中国的传播

一、西方合作思潮在中国传播的社会经济背景

1840 年鸦片战争后,中国开始沦为半封建半殖民地国家。辛亥革命虽然推翻了清王朝的封建统治,但中华民族对外并没有真正实现独立,对内政治上也没有获得真正的民主,没落的封建地主经济仍然占居主导地位,加之帝国主义的经济掠夺,军阀混战,地租和苛捐杂税繁重,高利贷盘剥及天灾人祸,20 世纪上半叶的中国面临着更为严峻的经济金融危机和民族危机。

1894—1895 年甲午中日战争和 1900—1901 年八国联军侵华战争以后,清政府为支付巨额赔款,增添了各种名目的苛捐杂税。甲午之战的赔款,超过中国全年收入的两倍,日本要求三年内付毕。清廷不得不饮鸩止渴,对外承借条件苛刻的贷款,对内则加紧对人民的搜刮以供还本付息,如扣廉俸、增厘金、折漕米,土药、茶叶、盐、糖、烟、酒加税,整顿田、房契税,勒令典当各商捐输,但仍不能弥补。1898 年,发行“昭信股票”一亿两,命官民领票缴银。农民实行摊丁入亩、计田苛派,按户严传,不准稍减,否则锁拿扣押。集镇上的店铺、行户、摊贩须交纳营业税、利得税、牙帖税等,均不堪重负、苟延残喘。种地的田赋、地租也更加沉重。田赋有正税和附加税两部分,附加税主要是地方经费开支,有时附加税会比正税大十几倍。以河北定县为例,田赋附加税增长指数以 1899 年为 100,则 1903 年为 137.78,1907 年为 355.95,1909 年为 319.36,1911 年为 321.23。[①] 地租剥削也十分残酷,当时佃户缴纳的地租占其收获量比例为：江苏南通 40%,安徽宿县 50%。

辛亥革命后,军阀混战,军费耗费巨大,加速了农民和城镇手工业者的破

_____

① 参见李文治所著《中国近代农业史资料》第 1 辑。

产。田赋税不断增长,如定县正税 1927 年比 1912 年增长 63.42%,附加税增长 353.25%;南通田赋税 1927 年比 1913 年增长 5 倍。不少地方还出现田赋预征:如四川梓桐 1926 年预征到 1957 年,郫县预征到 1939 年,福州汀州预征到 1931 年。[1] 北洋军阀还大量发行公债,滥造硬币,滥发纸币,对民众巧取豪夺,弄得百业凋敝、民不聊生。

20 世纪初,高利贷活动十分猖獗。在北京,1900 年以前,典当利率"多为月息二分或二分五厘,若以大宗货物入当时,更有仅取二分乃至一分者。但此后,一律增至三分,三分以下之利率,颇不多见矣"。松花江流域,1909 年以前普通月利是百分之一强,到 1922 年,则增加到百分之三以上,甚至于有五六分的利息。其中五常、巴彦、呼兰、扶余、兰溪、双城等县,在 1909—1924 年间,中小商人普通借贷的利率从月利百分之一点五涨到百分之八,乡间贷庄的利率从月利百分之六竟涨至百分之十五。四川当铺利率,1924 年"曾一度由三分增至四分","月息百分之十,差不多是全省县城普遍的现象,谓之'大加一'"。其中"桃源有'孤老钱',每月一对本,如借洋一元,过月还洋二元,过两月还四元,以次类推","临湘有每元每日利息 1 角,每满十天,即算复利,如此计算,借洋一元,满一个月须还本利共八元"。[2] 1927 年的陕西农民,80%成了高利贷的负债者;1926 年江苏省江浦一个 36 户的小村,只有两户不负债,以致"艺谷者,谷粮登场,已被债权者作息,植棉者,棉未开铃,已抛售无余"。[3]

此外,鸦片战争后,帝国主义开始肆无忌惮地瓜分中国,《南京条约》《马关条约》《辛丑条约》等一系列割地赔款、丧权辱国的不平等条约的签订,使中国完全陷入半殖民地半封建社会的深渊,山河破碎,国将不国,中华民族面临着空前的民族危机。

正是在经济危机和民族危机的背景下,1911 年中国爆发了资产阶级民主革命,即辛亥革命。这次革命结束了中国长达两千年之久的封建专制制度,它在政治上、思想上给中国人民带来了不可低估的解放作用。辛亥革命也是

---

① 参见章有义所著《中国近代农业史资料》第 2 辑。
② 同①。
③ 参见《合作讯》1927 年第 18 期。

一场深刻的思想启蒙运动,辛亥革命的不成功使先进知识分子认识到,必须进行思想革命才能真正救国。其后出现的新文化运动,提倡科学与民主,反对封建专制,并大量介绍和宣传了西方各种社会思潮。借鉴西方各种社会思潮,中国先进的知识分子积极探索如何改造中国社会、救亡图存等问题。当时流行的各种社会思潮,如无政府主义、自由主义、三民主义、合作主义(Corporatism)、社会主义等具有完整系统的新价值体系,成为大批中国知识分子的新信仰,其中得到广泛宣传的新思潮是社会主义,而西方合作思想也就随着形形色色的社会主义思潮开始在中国传播开来。合作主义推崇的合作制也作为改造中国社会的一种方法,被一些知识分子奉为济世良方而引进传播并起而实践。

二、合作思想的类型

人类合作意识,自古以来,无时不有。从历史上看,传统的合作思想在我国可追溯到古代的井田制度,战国时代的常平仓,隋朝的义仓、合会(有标会、轮会、摇会等形式,类似于今天的信用合作雏形,现在民间仍有流行),宋朝的社仓,等等,均含有自助互助的合作思想。在西方,从古希腊哲学家柏拉图的"共和国",到16世纪英国托马斯·莫尔的"乌托邦"、培根的"新理想国",都流露出人类必须合作的思想。这些合作思想的实质,是一种因同情被压迫者而产生的人道主义的社会改良思想,它带有浓厚的道德色彩和宗教色彩。

合作思想在近代得到蓬勃的发展,形成百家争鸣的局面。这些合作思想在民国初期的中国均有不同程度的传播。近代形成的合作思想,可分为如下几类:

(一) 基督教社会主义的合作思想

以英国威廉·金(William King)为代表。威廉·金把合作社看作推翻资本主义及破除工资制度的有力工具,所以它的目的不仅在于限制或避免中间商人的榨取,增加劳动生产力及提高劳动者的地位,还在于改造整个经济组织。威廉·金主张的最终目的是要成立农业公社,他也提出了达到这一目的的方法,即首先组织消费合作社为公社筹措资金,消费合作社按市场中等价格销售商品,并且现钱交易,而利润则纳入"公社基金"。然后用积聚的资金办生产合作社,生产合作社再积累更多的资本,以便足以组织公社。威廉·金的合作思想对合作社运动有重大影响,罗虚戴尔合作社就是直接受他的启示而建立起来的。①

威廉·金企图把合作思想同基督教教义结合起来,他试图证明合作社的思想是互相帮助,是同志般的援助,它同基督教"同胞爱"的精神很相似。威廉·金关于合作社的经营原则和方法,有可能在实践中实现基督教的想法,成了英国基督教社会主义学派的主张。基督教社会主义者在工人中广泛宣传合作社,宣传互相帮助和团结一致,并于1852年颁布了英国第一个合作社法,对组织各国合作社的国际协作以及成立国际合作社联盟都做出了巨大的贡献。

(二) 国家社会主义的合作思想

以布兰科(Louis Blanc)和拉萨尔(Ferdinand Lasalle)为代表。② 布郎是法国生产合作的创造者,他主张设立从事大规模共同生产的社会工场,由同一职业的人在国家援助之下组织起来从事共同生产。他认为,要遏止资本集中的大趋势,从资本家的压迫下救出劳动者,除了劳动者相互之间组织生产合作社之外没有别的办法。但劳动者虽有组织生产合作社的能力,却没有支持生产合作社与资本家对抗的财力,所以国家不得不承担起这个责任。他呼吁资产阶级政府给予贷款,以建立合作社工场。他设想通过合作社把生产手段移交给民众,使资本主义桎梏下的工资劳动者转化为自由的合作社社员;合作社在国家银行援助下建立起来之后,随着积累的增长,它会在每一个部门占优势,然后在合作社各个部门之间建立起团体协作的关系,从而使工业

---

① 沃塞 T. W.. 威廉·金和合作者:1828—1830 年. 曼彻斯特,1922.
② 马卡林科 A. Ⅱ.. 论合作社会主义. 北京:北京大学出版社,1987.

各部门都成为合作社的工业,这样就有可能克服危机和失业,把资本主义制度改造成社会主义制度。

拉萨尔是德国工人运动中机会主义派别的首领。他从超阶级的国家观出发,认为国家是教育和推动人类社会走向自由的工具,主张在地主资产阶级国家的帮助下建立社会主义的生产合作社,以逐渐排挤私人企业,使无产阶级成为自己企业的主人。这种生产合作社,必须在工业及农业方面普遍设立,以便通过这些合作社成立整个无产阶级的社会主义组织。那么,怎样才能使地主资产阶级国家资助生产合作社呢? 办法是组织独立的工人党,争取普选权。

(三) 无政府主义的合作思想[1]

蒲鲁东(Pierre-Joseph Proudhon)是法国无政府主义创始人之一。他从小资产阶级立场来批评资本主义,认为摆脱资本主义的办法,不是无产阶级革命,而是保护小生产者的私有制。蒲鲁东把资本主义社会的祸害归结为是由于货币和利息的存在,因而他的社会改革方案的主要内容就是设立"人民银行"。这种银行一方面担负组织交换的任务,使产品交换按照生产它所耗费的劳动进行;另一方面由银行实行无息贷款,使工人摆脱货币的奴役,能够拥有取得自己全部劳动产品的权利。这样就可以实现"普遍的幸福",实现"社会革命"。蒲鲁东的思想,从反对借贷资本、排除中间利润、实行生产和消费直接交换这些内容上看,有合作思想的成分,并且这些主张后来都为合作改良主义接受。

(四) 空想社会主义的合作思想

法国的圣西门(Henri Saint-Simon)和傅立叶(Charles Fourier)、英国的欧文(Robert Owen)是 19 世纪空想社会主义的杰出代表。在他们的学说中,提倡劳动平等、互利合作。

---

[1] Ward. C. Anarchism as a Theory of Organization. 1966.

欧文是英国伟大的空想社会主义者。欧文认为,失业和其他种种社会灾难的直接原因是工业革命,消除失业的途径是建立合作新农村或合作公社。

1825 年,欧文带领其追随者,远渡重洋,在美国印第安纳州买了一个叫做"和谐(Harmony)"的村落,组织了一个新和谐公社。在公社内部财产公有,权利平等,自给自足,没有剥削,共享安乐。这种示范性公社开始曾引起社会上的广泛注意,但是资本主义的汪洋大海很快就淹没了公社这个孤岛,1828年公社宣布解散。欧文的社会实验虽然失败,但欧文的合作思想及其实践为合作经济的产生和发展提供了极为宝贵的启示和经验,在合作思想史和合作运动史上做出了可贵的贡献。[①]

傅立叶生于法国。他从社会心理学角度出发,详细地研究人的情欲,从人类本性中寻求社会发展规律,认为以往的各种制度和各种道德形式使人的情欲受到压制。这些欲望的满足,只有在全人类的结合中才能实现,也就是在他设想的"和谐社会"里才能实现。傅立叶在《经济的和协作的新世界》等著作中说,这种和谐社会的基层组织是法郎吉。所谓法郎吉实际上是一种合作社,就是一种以农业为基本产业而从事合作生产及合作消费的、自给自足的团体。

圣西门出生于法国。圣西门揭露资本主义社会的种种罪恶,宣传他所设计的理想社会。他的理想社会叫实业制度,在实业制度下,所有的人大都应当是劳动者,社会成为从事有益活动的人们的"联合体"。实业制度的主要任务是制定清楚的、合理的、联合的工作计划,社会则必须保证这个计划的完成。圣西门的实业制度的理想有许多科学的成分,因而成为空想社会主义的三大源流之一。

(五) 科学社会主义的合作思想

马克思、恩格斯把合作社分为两种形式:一是资本主义生产方式下的合作社,又有自发的合作社和现代合作社(合作工厂)之分;二是无产阶级专政

---

① 欧文选集(第 2 卷).北京:商务印书馆,1981.

条件下的合作社。不同条件下的合作社,其性质和作用是不同的。低级的、自发的合作社形式,是资本家剥削工人的方便工具。这种劳动组合必须向前发展,抛弃那种自发的、替资本家服务比替工人服务还要多的形式,并且要提高到"能够独立经营大工业"的水平。不然,它就会因同大工业发生冲突而不能生存。合作工厂是工人在经济上为避免资本家剥削而兴办的一种工业生产合作组织。"合作工厂提供了一个实例,证明资本家作为生产上的管理人员已经成为多余的了。"①对于合作工厂内经理和工人在生产劳动中的相互关系以及产品的分配关系,马克思作了详细的分析:"在合作工厂中,监督劳动的对立性质消失了,因为经理由工人支付报酬,他不再代表资本而同工人相对立。"②对于资本主义社会里这种合作工厂产生的基础和意义,马克思也进行了精辟分析和概括:"工人自己的合作工厂,是在旧形式内对旧形式打开的第一个缺口……资本和劳动之间的对立在这种工厂内已经被扬弃……没有从资本主义生产方式中产生的工厂制度,合作工厂就不可能发展起来;同样,没有从资本主义生产方式中产生的信用制度,合作工厂也不可能发展起来。信用制度是资本主义的私人企业逐渐转化为资本主义的股份公司的主要基础,同样,它又是按或大或小的国家规模逐渐扩大合作企业的手段。资本主义的股份企业,也和合作工厂一样,应当被看作是由资本主义生产方式转化为联合的生产方式的过渡形式。只不过在前者那里,对立是消极地扬弃的,而在后者那里,对立是积极地扬弃的。"③对于无产阶级专政条件下的合作社,马克思说它们的性质是共产主义的,其作用是"按照总的计划组织全国生产,从而控制全国生产,制止资本主义生产下不可避免的经常的无政府状态和周期的痉挛现象"④。马克思还预言未来的社会是"自由人的联合体"。这种自由人的联合体的基本特征是在生产资料公有制基础上的联合劳动。联合劳动就是合作劳动。恩格斯认为,无产阶级专政下的农业合作社,其性质是生

---

① 马克思 C. 资本论(第3卷). 北京:人民出版社,1975:435.
② 马克思 C. 资本论(第3卷). 北京:人民出版社,1975:436.
③ 马克思 C. 资本论(第3卷). 北京:人民出版社,1975:497—498.
④ 马克思恩格斯全集(第17卷). 北京:人民出版社,1963:362.

产资料国家所有、集体使用、集体经营的劳动组合,作用是共产主义的低级阶段向高级阶段过渡的中间环节。马克思和恩格斯还把合作运动称为 1848 年至 1864 年间英国和欧洲工人阶级获得的两次最伟大的历史性胜利之一。马克思着重指出,在工人阶级和劳动人民反对资本主义剥削制度的自发运动过程中,合作社和工会组织一样,促进了无产阶级和全体劳动人民的联合团结。工会和合作社是工人阶级最初的主要的联合组织,通过这些联合体,无产阶级走上了战斗的舞台。马克思、恩格斯认为,从资本主义转变为社会主义,中间有个过渡时期。在这个时期内,"必须大规模地采用合作生产作为中间环节"。① 马克思、恩格斯还指出,在举办合作社的过程中,不能采取得罪农民的措施,而要实行示范,提供社会帮助和自愿的原则。

列宁是第一个把马克思、恩格斯的合作思想变为社会主义现实的革命家。在领导无产阶级革命和建设的实践中,列宁对合作社的认识也得到了不断发展。列宁的合作思想以其临终前所著的《论合作制》的发表为最终确立的标志。列宁认为合作社是无产阶级及小资产阶级对抗资本家榨取的一种斗争手段。在变革旧社会、建设新社会的时候,可以暂时利用它为确立共产主义制度的工具。但它的任务,并非一成不变,合作社及其组织原则,都是随着时代的生活状态及阶级斗争形势的变化而经常变化的。这是列宁对合作社的根本认识。

十月革命以前,列宁在他的文章中一再指责:信用合作社及其他信用制度的作用,只是有利于经济实力较强的分子即农民中的富裕分子。这种制度,把贫农当作不能给予信用的分子,所以贫农在这种制度里面,是得不到什么的。贫农占农民的大多数,大多数人得不到信用合作的利益,所以信用合作绝不能拯救整个农民阶级。它不过是使富裕分子离开其他的农民大众,而变为大农和小资本家罢了;而且,取得政权以前的无产阶级,对于这种富于小资产阶级性质的组织丝毫不能加以影响,不能使这种组织脱离小资产阶级和大农分子的影响。因此,这种合作组织不能维持农民阶级的统一,不能帮助

---

① 马克思恩格斯全集(第 36 卷).北京:人民出版社,1974:416.

农民阶级接近社会主义。在农村里建立信用组织,是资本主义发展的要求,是把资本主义向农村扩展。对于消费合作社,列宁认为它有和企业家斗争、稍微改善劳动者个人生活的作用,因此无产阶级政党应给予一定注意;对于生产合作社,列宁认为它只有在作为消费合作社的构成部分时,才对于劳动者的阶级斗争有重要的关系。可见,这一时期列宁对合作社的论述,主要是侧重于对那些幻想通过合作社和平改造资本主义的改良主义者进行批判。

十月革命胜利后,俄国建立了无产阶级专政的国家。在这样的背景下,列宁认为合作社的性质也发生了根本变化:"从无产阶级夺得国家政权的时候起,从无产阶级的国家政权着手有系统地建立社会主义制度的时候起,合作社就起了根本的原则的变化。这是一种由量到质的变化。合作社作为资本主义社会中的一个小岛,它是商店。但是,如果合作社普及到土地社会化和工厂国有化的整个社会,那它就是社会主义了。"[1]显然,在列宁看来,随着俄国无产阶级成为政治上的统治阶级和土地实行了国有化,引导农民走社会主义合作化的道路就有了可靠的保证。于是,列宁提出了"合作社计划",主张把农民组织在合作社里。列宁在《论粮食税》一文中指出:"合作社也是国家资本主义的一种形式","但在苏维埃政权下,'合作制'资本主义和私人资本主义不同,是国家资本主义的一个变种,正因为如此,所以目前它对我们是有利的,有好处的,当然这只是在一定程度上",[2]"合作制政策的施行成功,就会使我们把小经济发展起来,并使小经济易于在相当期间内,在自愿结合的基础上过渡到大生产"。[3] 而且,"由于合作社便于把千百万居民,尔后把全体居民,联合起来,组织起来,而这种情况,从国家资本主义进一步过渡到社会主义的观点看来,又是一大优点。"[4]由此可见,列宁此时虽然从国家资本主义角度对合作制给予了肯定,但仍把它看作是改造农民的主要形式,以便向社会主义大农业过渡。

---

① 列宁全集(第27卷).北京:人民出版社,1958:197.
② 列宁选集(第4卷).北京:人民出版社,1960:522.
③ 列宁选集(第4卷).北京:人民出版社,1960:523.
④ 列宁选集(第4卷).北京:人民出版社,1960:522.

列宁认为,对于合作社,也像对任何社会现象一样,需要历史地加以考察。没有而且也不可能有"一般的"合作社。合作社只是在一定的历史条件下发生和发展的经济组织形式。合作社的性质是由国家政权的阶级性质和社会制度的特性决定的。在资本主义社会里,合作社虽是集体的经济组织形式,但它不可能起革命的作用,而是成为巩固资本主义制度的一个工具。例如,在资本主义条件下,只有农民中的富农才能利用信用合作社的方便,贫苦农民则因没有偿还能力而得不到任何贷款。对于大多数农民群众来说,任何信用社组织或者储蓄贷款银行,都不能使他们得到任何利益。只有那些有大量"存款"的人,也就是极少数人才能够利用贷款,享受优待和银行等"进步"措施。所以,在《论合作制》这一著作里,列宁指出:"毫无疑问,合作社在资本主义国家条件下是集体的资本主义组织。"[①]"而在生产资料公有制条件下,在无产阶级对资产阶级取得了阶级胜利的条件下,文明的合作社工作者的制度就是社会主义制度。"[②]

列宁还在理论上论证了全力地和一贯地帮助农村中新生的社会主义制度的必要性。他说,每个社会制度的产生,都必须有相应阶级的财政援助。苏维埃政府所应特别给予帮助的制度,就是合作社制度。"在政策上要这样对待合作社,就是使它不仅能一般地、经常地享受一定的优待,而且要使这种优待成为纯粹资财上的优待(如银行利息的高低等等)。贷给合作社的国家资金,应该比贷给私人企业的多些(即使稍微多一点也好),甚至和拨给重工业等等的一样。"[③]"在经济、财政、银行方面给合作社以种种优先权,我们社会主义国家应该对组织居民的新原则采取这样的支持。"[④]总之,列宁在《论合作制》这篇著作中把合作制的地位提得很高,看得很重。但后来在苏联发展起来的是社会主义国家所有制企业。合作社只在农村中有重要的地位,而在城市中它的地位是很低的。

---

① 列宁选集(第4卷).北京:人民出版社,1960:685.
② 列宁选集(第4卷).北京:人民出版社,1960:684.
③ 列宁选集(第4卷).北京:人民出版社,1960:683.
④ 同②。

除上述主要合作思想类型外,西方合作思想有影响的还有尼姆学派、费边派、分享民主派等社会改良主义合作思想。

三、现代合作金融制度产生之理论分析

新制度经济学认为,制度变迁对于一个经济体制来说既是内在的也是外在的。现代合作金融组织是对传统合作金融形式的扬弃,这一制度变迁同样可从内因和外因两方面来分析。[①]

(一) 合作社制度产生的原因

资本主义市场经济内在矛盾和弊端是合作社产生和发展内在的、根本的原因。18 世纪 60 年代开始到 19 世纪 30 年代的英国产业革命,以机器生产代替手工劳动,工厂制度代替工场手工业,确立了市场经济的统治地位。合作经济是资本主义市场经济中社会矛盾的产物。

资本主义生产方式的内在矛盾是社会化生产与资本主义生产资料私有制的矛盾。这一矛盾的具体化就是资本与雇佣劳动的矛盾,它们集中体现在资本主义的直接生产过程和流通过程中。在生产领域,资本家利用生产手段榨取工人的剩余价值;在流通领域,资本家利用价格工具等加强对消费者的剥削。在这种情况下,工人和其他劳动者为了生存,就产生了建立自己的合作社来摆脱资本主义企业制度所造成的困境的要求和动因。据国外学者对合作社进行历史考察和现实调查的结果,工人组建合作社多为摆脱雇佣劳动制度,获得民主和尊严,掌握自己命运等原因。此外,资本主义企业因残酷竞争而大量倒闭,造成大量工人失业。工人为了就业和生存,往往通过集资把即将倒闭的企业买下,将其改造成合作社,或自发组织小型合作社。利用合作社来维持自身的生存和发展也是资本主义制度下小生产者的要求。市场经济的广泛发展,使全社会的人们卷入了通过商品交换而在经济上彼此依赖

[①] 岳志. 现代合作金融制度研究. 北京:中国金融出版社,2002.

和竞争的社会分工体系。在资本主义生产关系和社会化大生产的双重压力下,这些小生产者也找到了一条利用合作社来辅助自身生存的路子。一方面,这些小生产者仍然进行着自己的独立经营;另一方面,他们通过共同出资组建的合作社,解决了季节性集中生产、产品的深加工和集中销售以及集中购买对资金的需求等问题。

资本主义生产方式中产生的工厂制度和信用制度为合作社的产生提供了制度资源。历史上,合作社是在资本主义生产方式完全确立后才出现的。马克思说:"没有从资本主义生产方式中产生的工厂制度,合作工厂就不可能发展起来;同样,没有从资本主义生产方式中产生的信用制度,合作工厂也不可能发展起来。"①

从根本上说,资本主义条件下的工厂制度和信用制度首先是为资本服务的。在资本主义工厂制度下,资本家通过机器的使用充分实现了资本对劳动的支配,而信用制度又促进了资本的转移、积累和集中。可以说,没有工厂制度和信用制度,资本将一事无成。但另一方面,工厂制度和信用制度又同时体现着社会化大生产和商品经济的一般要求。通过工厂制度,人们不仅可以充分发挥分工、协作和机器的作用,大规模地提高生产效率,降低生产成本,而且可以通过长期契约取代短期契约,降低市场交易费用;利用信用制度,人们可以将分散的、少量的资源集中起来,形成大规模的资源,从而在一定程度上突破了私有制形式对资源利用的限制。可以说,正是利用工厂制度和信用制度的某些制度规定,合作社才发展起来,工厂制度和信用制度为合作社的产生提供了制度资源。

工厂制度是第一次产业革命的产物。资本主义工厂是在资本主义机器大工业基础上产生的企业组织形式。它以机器大工业体系作为自己的物质基础,这种基础使得使用机器体系的生产劳动必然是集体劳动、联合劳动,而绝不可能是分散的手工劳动。因此,工厂制度是社会化生产的组织形式。社会化生产要求有严密科学的劳动分工与协作、生产的质量管理和成本控制、

---

① 马克思 C. 资本论(第 3 卷). 北京:人民出版社,1975:498.

产品的营销和资金的调度。合作制正是利用这些制度资源并以此为基础向前发展的。

信用制度是由相互联系、相互制约的信用形式、信用工具及其流通方式、信用机构和信用管理体制有机结合的统一体。在不同的社会经济条件下,信用诸要素有不同的结合方式,从而形成不同的信用制度。与小生产、自耕农和手工业主占优势的自然经济相适应的是以高利贷信用为主体的不完整的信用制度。与资本主义商品经济相适应的是以银行信用和商业信用为基本形式的发达的信用制度。资本主义信用制度,特别是其中的银行制度,对合作社的形成起到了关键作用。首先,利用银行制度,工人和小生产者逐渐积蓄起一小笔暂时闲置的货币。小生产者在再生产过程中也会积累起一部分暂时不用的货币。这些暂时闲置的货币的积蓄一般是通过资本主义信用机构特别是银行来进行的。马克思说:"一切阶级的货币积蓄和暂时不用的货币,都会存入银行。小的金额是不能单独作为货币资本发挥作用的,但它们结合成为巨额,就形成一个货币力量。这种收集小金额的活动是银行制度的特殊作用。"①其次,利用信用制度把工人和小生产者积蓄的货币额集中起来,用于组织合作社。工人和小生产者入社时缴纳一定的货币额,离社时带走这笔投资,在社期间凭借投资额领取大体相当于利息的红利,这就是信用制度在合作社形成过程中作用的表现。所以,马克思说:"信用制度是资本主义的私人企业逐渐转化为资本主义的股份公司的主要基础,同样,它又是按或大或小的国家规模逐渐扩大合作企业的手段。"②

(二) 信用合作社的产生

信用合作社是合作社的一种,它产生的基本条件与一般合作社是一致的。合作信用属于信用制度范畴,它从属于商品生产和流通领域的合作,信用社的产生也主要是为适应商品生产和流通领域的合作对资金的需求而产

---

① 马克思恩格斯全集(第25卷).北京:人民出版社,1974:453—454.
② 马克思恩格斯全集(第25卷).北京:人民出版社,1974:498.

生的。从合作社历史实践看,也是先有供销合作和生产合作,后有信用合作。而且,信用合作社的产生更是直接利用了资本主义商业信用制度和银行信用制度资源,没有商业信用的各种票据,没有银行信用产生的存款和贴现制度、结算制度,信用合作社就不会产生,合作信用就仍然只能停留在合会的形式上。

从世界各国信用合作社产生的实践看,大体可分两类:一类是由小生产者和其他劳动者个人联合出资组建的信用合作社,另一类是由合作社组织,如生产合作社和消费合作社,联合出资组建的信用合作社。

一般来说,由个人集资联合组成、以互助为主要宗旨的信用合作社,其基本经营目标是以简便的手续和较低的利率向社员提供信贷服务,帮助经济力量薄弱的个人解决资金困难,以免遭高利贷剥削。如果说帮助小生产者解决资金困难、避免高利贷剥削体现了信用合作社产生的必要性,那么,这种资金方面的合作组织存在和发展的可能性是什么? 即为什么在与高利贷大体相同的社会经济环境中,信用合作社能够以较低的利率来经营? 为什么在资本主义商业银行已经广泛发展且提供全面金融服务的情况下,信用社仍然产生并拥有生存空间? ——世界上第一个信用合作社于 19 世纪 50 年代产生在德国,而此时资本主义商业银行在德国已存在 70 多年。

高利贷也是一种古老的民间借贷形式,它大多存在于商品货币关系不太发达的时期和地方。从借款原因看,借高利贷的目的一般是为了获取非生产性应急所需的购买手段和支付手段。如个体农户因天灾歉收、疾病等困难,或为婚丧嫁娶而急需现钱,一些小店铺因特殊周转急需,甚至一些人搞非法经营、赌博等也可能告贷。正是由于高利贷用途的非生产性,它不可能通过生产、流通的循环产生出还本付息所需要的货币资金,所以高利贷的归还有极大的风险性。同时,由于高利贷发生在借款人急需和困难时期,其借款的保证条件较弱,更增大了贷款的风险。正是由于高利贷的高风险、高溢价,才产生了高利贷的高利率。高利贷的利息可以吞食经营者的全部利润,所以它对商品生产起破坏作用,它使小生产者日益贫困,生产力日益萎缩。小生产者为了生存,必然会创造和选择适应自己生产和生活需要的信用形式。

合会组织在解决小生产者生活资金需求方面发挥了较大作用。但由于合会组织松散,活动周期不稳定,活动范围窄小,活动内容单一,不能适应小生产者扩大生产和流通对资金的需要。那么,在借助传统合会的信用合作这一精神资源,在借助资本主义工厂制度和信用制度的制度资源,以及在生产合作社、消费合作社的成功示范下,人们创造了信用合作社这一信用制度形式。由于信用合作社资金多用于社员的生产和流通需要,每一生产、流通循环的结束都能再生产出还本付息所需的货币资金;同时,由于社员间的合作精神和社员本身的人格信用保证,使得信用社的贷款风险大大降低了,从而它可以远低于高利贷的利率来从事经营活动。

世界上第一家现代商业银行诞生于1694年的英国,而第一家信用合作社则在1850年的德国诞生,两者相差一个半世纪之久。为什么在商业银行已广泛发展的情况下信用社破土而出并显示出生命力? 根本原因是其比商业银行拥有更低的交易成本。商业银行为判断贷款申请人的偿还能力,需要收集有关当事人的个人信息,如申请人的个人信用状况、家庭背景、受教育程度,甚至健康状况等。对于一笔小额贷款来说,这种信息收集方面的成本是相当高的,甚至于一笔业务最终是得不偿失的。商业银行无力承担这种分散的小额贷款业务,信用合作社便应运而生。信用合作社解决了小额贷款信息成本高的难题,它通过合作社内部人员日常积累的免费信息,节省了对社员信用度的个别评估的费用;它通过社员共同承担无限责任的形式,使信用社贷款有充足的信用保证。因此,在分散的、小额的贷款领域,信用社有着商业银行无可比拟的优势,这就是信用社产生并拥有持久生命力的原因所在。

至于由生产合作社或消费合作社等直接出资组建的信用合作社,其产生则体现了合作经济特有的对资金需求的特征。合作经济组织是以每位社员提供一定数额的股金为合作社的第一块基石,但作为市场经济中的企业,仅以这块基石作为其运行的基础,显然是不够的。因为合作社的社员一般都是劳动者,他们能够投入到合作社的资金都是有限的,再加上合作社特有的投资上限的规定,所以合作社的股金额是不足以维持合作社运营的,而且合作社社员入社自愿、退社自由,退社时可提走股金的制度规定,也增加了合作社营运资金的不稳定性。特别是在与资本主义企业的竞争中,资本主义企业一方面利用信用制度把越来越多的社会资源集中起来成为可支配的资本,另一方面又利用股份制的直接融资形式迅速地扩张资本,合作社则处于被动不利的地位。合作社制度排除了股份制度的直接融资形式,它就只能特别依赖信用制度来筹集壮大资金。在利用银行制度筹集资金的实践中,合作社遇到了障碍。由于合作社大多经济实力偏弱,难得有足够的自有资产作为担保品,特别是合作社多处于乡镇,由于这些地区产权制度不健全、抵押物品难以拍卖等原因,商业银行不热衷于向他们提供贷款。在有些国家,如西班牙,法律甚至规定禁止以集体名义从商业银行取得贷款。合作社在利用银行制度筹集资金遇到障碍后,转而利用合作信用制度进行融资。一些合作社最初在内部设立储蓄部,随着业务量的扩大逐渐发展成具有相对独立性的信用社,有些合作社则联手直接组建自己的金融组织——信用合作社或合作银行。

德国是信用合作思想的发源地,意大利、法国、日本以及其他国家的信用合作思想都是由此传播出去的。

四、信用合作思想在中国的传播

传统的合作思想在我国可追溯到古代的井田制度,战国时代的常平仓,隋朝的义仓、合会,宋朝的社仓等,均含有自助互助的合作思想。近代合作思想在中国的介绍,首先出现在大学的课堂。在清末,北京京师大学堂即设有产业组合这门课程。"产业组合"是日语,当时没有改译,实际就是西方的合作制度,这是我国"合作"一词的起源。但开这门课的目的,不过是为了增长学生的知识,与实际运动并无关系。

将近代合作制度引入中国,主张以合作制度为中国经济建设的基础,推行合作事业为实现民生主义政策的是伟大的先行者孙中山先生。

在1912年的双十节讲词中,孙中山便预言:将来中国的实业建设于合作的基础之上,政治与经济皆民主化。孙中山主张把资本主义国家的合作制度移入中国,并纳入了他的民生主义经济纲领体系中,成为民生主义的一个内容。关于推进合作运动的具体办法,孙中山也有明确主张。他认为合作运动的推进,应在试办清户口、立机关、定地价、修道路、垦荒地、设学校这六方面工作取得成效以后。他说:"以上自治开始之六事,如办有成效,当逐渐推广,及于他事。以后之要事,为地方团体所应办者,则农业合作、工业合作、交易合作、银行合作、保险合作等事。……此即自治机关职务之大概也。"①

"五四"运动前夕,汪廷襄著《银行新论》一书中,曾设有《人民银行》章节,刘秉麟编《经济学原理》一书中,也有《平民银行》节目——所谓"人民银行"和"平民银行",就是信用合作组织合作银行。

现代合作思想和合作运动在中国系统的介绍和推行,则是在"五四"运动以后。"五四"运动是一次新文化革命运动,当时思潮澎湃,知识分子争先恐后地介绍西方各种新制度、新方法,欧洲合作制度也被介绍到中国。民国初期,教育家和经济学家朱进之(1888—1923)鉴于当时政府所采取的国家政策及金融制度均无益于平民,同时看到西方合作制度的产生,便触发了主张设立贫民银行的思想,目的在于使平民也可得到资金融通的便利,并且提倡互助制度,使平民在消费、生产、贩卖上都自行结合,设立机关,自助互助。他的这些主张,散见于《东方杂志》《新教育杂志》所刊文章和一些演讲词中。之后,《民立报》编辑徐沧水(1895—1925)也发表文章宣传合作制度。但这些人的活动仅限于局部性宣传,并未付诸实践。中国合作运动的兴起,还是在"五四"运动以后。

在中国合作运动史上,一般认为薛仙舟先生(1878—1927)是合作思想的最初倡导者。他于清末在德国学习银行专业。德国是信用合作的发源地,薛仙舟在那里经过深入细致的研讨,后又在美国搜集合作制度的材料,一年后回国,亲手创办上海国民合作储蓄银行。这是中国第一个有规模的信用合作组织,在中国合作运动史上占有很重要的地位。薛仙舟对于合作运动,除实际创办以外,还积极进行宣传工作。1920年5月1日,他和复旦大学的学生李荣祥、黄华表、毛飞等组织平民学社,发行《平民周刊》,其宗旨是研究合作

---

① 地方自治实行法. 孙中山全集. 北京:中华书局,1985.

主义,提倡平民教育,发展平民经济。至1925年周刊停办,周刊发表的关于合作经济方面的各类文章共有267篇。此后,薛仙舟又组织"上海合作同志社",目的在于研究合作主义,提倡合作事业,造就合作人才,然而不久也因社员四散而停顿。

1919年,朱进之发表了《促国民自设平民银行》一文,极力提倡信用合作,以救济我国农村经济的衰落。其所举创办平民银行①的理由如下:

1. 德国平民银行放款之时,往往不以何项产业为抵当,而惟以个人信用为保证。雷发巽式银行,几乎完全采用是制(the personal credit system),此实与小产业者最为相宜。以小产业者(1)或无不动产及他项产业作为抵押品,(2)或有种种理由,不愿出典家产,(3)或因需款甚微,不必以产业为典质。我国人民尤以典质产业为忌,是以我国必须设立借款会社,使会员互相担保,不必以产业为质,此其一也。

2. 我国城乡之民,类皆聚族而居(以乡为尤甚)。他则通姻好,联血胤者,亦所在皆是。居民种性相同,感情亦协,相知有素,相信亦深。是以为基础,而求社会联合团体之发达,必甚易易,此其二也。

3. 银行放款,既以个人信用为保证,则国民之品格是否笃实,与此颇有密切之关系。我国小产业者,类皆忠信笃敬,勤于所事,与仕宦中之狡伪欺诈,不屑生产作业者有霄壤之殊。外国人观察我国社会者,几已异口同声。此乃信用制度绝好之基础,苟有人提倡之,必能全国响应,此其三也。

4. 我国民素以节俭为美德,惜其仅有储蓄之能力而无贮蓄之机关。远乡僻壤之民,往往有藏银于地者,一旦身死,则其所藏银,亦往往有终古埋没而不复流通用于世者。此其故,实由社会中无信用确实之所,可以安置款项也。今若有名望素孚之人,提倡平民银行,奖励储金,或存

---

① 合作银行因其系平民所有,为平民服务,所以亦被称为平民银行或大众银行,以区别于一般为大资本服务的商业银行。——著者注

款,则以前死藏于地之银,必将存于银行,足为救济贫乏之用。于是一举手而存款者及借款者皆受其惠,其何乐而不为哉,此其四也。

5. 我国民向能存自卫,与政府之关系极疏。今日且已深知政府之不可恃,对于外交内政,且能稍稍自动。而况平民银行为国民切身利害问题,安可不本其自动自治之精神,以解决之者,此其五也。

设立平民银行……必将开一新纪元。自是以后,彼豪右霸占,剥削齐民之举,必将绝迹。国民之知识,自助民治之精神,组织合群之能力,以及互相扶助之责任心,必将大有增加。国民作业,必将日益勤奋。有财者,得善用其财,无财者,亦有财可用。国民之幸福,必日益增进,民之福,国之利也。①

何海鸣在 1920 年出版的《中国社会政策》一书,亦极力主张创办平民银行。书中说:

夫银行业务,所以运用资本,辅助生产者也。中央银行代理国库,枢纽财政,与中产以下之平民,初无直接之关系。其他商业实业银行,亦不过谋金融之活动,而维持其大工大商之利益,而平民亦不能受其惠也。即如劝业银行、储蓄银行,虽会借口于平民保障,然劝业银行之放款,必以土地产业或有价证券为抵押,非小产业家所能问鼎;而储蓄银行亦不过鼓吹存款,殊未计及借款于平民,是皆与平民方面,无直接之利益者也。……平民所赖以周转者,除典肆放债者外,别无资本融通之地,然典当业与放债主之盘剥取利,识者病之。平民无辜,更何忍驱之于典肆……吾前曾主张将典当业收回国有,即此用意。兹再将对于借贷资本一层,倡国民自助之主义,主张设立一种平民互相救济之金融机关,名曰平民银行,由中等以下产业者组织之。其组织之法,则采用欧美

———————————

① 东方杂志(第 16 卷),1919 年 8 月.

新法。[1]

于树德也是我国早期合作社思想的传播者之一,对合作社的理论颇有研究,发表了许多论著。1920 年起他就著有《农荒预防与产业协济会》《产业协济会之经营》《我国古代之农荒预防策——常平仓义仓和社仓》等论文;1921年出版《信用合作社经营论》,又名《平民银行论》,宣传在我国须设立信用合作社。

1922 年 8 月,吴觉农发表了一篇题为《中国的农民问题》的文章,对于农业的改革,主张农民应有团体的组织。关于借贷合作,文章说:

> 农村第一个问题,莫过于资本。但农民没有钱的时候,均受地方资本家重利盘剥,而有钱的时候,又无从存放生息。乡间虽亦有邀集亲友作借贷的事业——如做月会年会等,但此种大半非生产性的借贷,最好自己组织银行——如雷发巽式的银行,有少数会员即可组织。——既可作借贷的互助,而且可以逐渐使银行发达。那么,抵押土地典当衣服及被地主的盘剥重利等事,都可避免了。[2]

除个人推广农民信用合作外,尚有几个大学的农科,如金陵大学农科、东南大学农科等,对于农村信用合作的提倡,也有很多贡献。

---

① 何海鸣. 中国社会政策. 北京:北京又新社,1920.
② 农业及农民运动号. 东方杂志,1922 年 8 月 22 日.

第二节 北洋政府时期合作金融制度建设及展业思想学说和主张

一、西方信用合作制度的两大类型

西方信用合作思想或合作金融思想在落实到具体的社会实践中,为适应农民和城市小工商业者的不同需求,逐步形成两种制度形式,即许尔志式城市信用合作和雷发巽式农村信用合作。在民国初期合作金融制度建设的主张和实践中,这两种制度形式都有涉及。

(一) 许尔志式信用合作原则①

德国是信用合作思想的发源地。许尔志(Hermann Schulze-Delitzsch)是德国的经济学者、手工业信用合作社之父。他生长于城市,了解手工业者生产的艰难,所以努力组织手工业者的合作社。他认为救济手工业的方法,不仅须依靠他们自助互助,共同购买原料和出售产品,同时还须使他们以合作社社员的连带责任获得一定的信用,借得一定的贷款。1850 年,许尔志在萨格逊小镇上,由当地富豪出资,成立了一个借贷社,贷给手工业者资金以购买原料。稍后,许尔志认识到合作社应以自助互助的精神去经营,于是拒绝国家的援助,并制定了如下信用合作原则:

1. 合作社的成立须有一定的股金,否则不能成立。由社员集股,其投资额为无限。股份可以自由买卖、转让。

2. 实行有限责任制,入社者须缴入社费。社员的职业不限。社员平等自由,实行民主集权制。

---

① 李树生,岳志.合作金融概论.长春:吉林人民出版社,1989.

3. 合作社的业务以限于信用业务为原则,实行信用贷款,以便发挥平民银行的作用。贷款以短期为原则。以对社员贷款为主。专门经营纯粹的金融业务,不主张经营其他业务。

4. 按股分红。准备金、公积金等为社有财产,以股份形态为全体社员所有。

5. 合作社事务由领取工薪的理事管理。实行自助主义,严拒政府补助。

6. 可以不隶属于信用合作社的中央金融机关。

许尔志式的信用合作社是以城市小生产者的自动结合为基础,以共同的储蓄和相互的信用而融通资金,目的在于便利城市的小市民。这种信用合作制度与商业银行的组织相似。在资金来源方面,以股金和公积金为基础,并以零星的储蓄存款为增加资金的重要来源,合作社急需款项的时候,可以将社员贴现的票据向其他银行再贴现。在资金运用方面,主要是贷款,贷款用途只限于生产,对于个人消费的需要则不予贷款。贷款期限很短,利率与普通利率相同,贷者须一次还清,不得分期摊还。其营业区域大多没有限制,其盈余分配则以股金多少为准,其股份可以自由买卖和转让,这些原则与资本主义股份银行没有多少区别,只是管理按民主原则进行,因此常为后人批评。当然,许尔志式信用合作社是资本主义社会里小市民的结合,他们的力量薄弱、资本有限,而许尔志又绝对拒绝政府的补助,若不按股金分红,它就不容易取得资金;若不和商业银行的业务相似,它就难以立足生存。许尔志式信用合作社把小生产者组织起来进行互助融资,免除了高利贷的剥削,这在资本主义社会里,毕竟还是一个伟大的创举。

农业生产和手工业生产是不相同的,所以许尔志式的城市信用合作社不适宜于德国的农民,于是又产生了雷发巽式的农村信用合作社。

(二) 雷发巽式信用合作原则[①]

雷发巽(Friedrch Raiffeisen)是农村信用合作社的创始人,生于德国哈

---

① 波波夫. 合作社理论. 莫斯科,1925.
　格拉兹科夫,赫沃斯托夫. 信用合作社. 莫斯科,1974.

姆。1849年,他任佛兰马斯菲尔特市市长,在60多位富裕平民的赞助下,设立了一个救助合作社,并附设贮金合作社,以5年归还为条件,向农民供给肥料。但农民除了肥料之外,还需要金钱,于是,雷发巽决定设立信用合作社。1852年他转任赫得斯多尔夫市市长,两年后在该市设立慈善合作社,工作范围极其广泛,一连经营了10年之久,这个合作社就成为真正的自助的信用合作社了。1866年,他写作了《当作农民救济手段看的信用合作社》一书。1872年,他设立了莱茵农业合作银行。1874年,他设立了赫荪农业中央金库及菲斯特华尼亚农业银行。1876年,他设立股份公司组织的德国农业中央信用合作社——后改称为德国雷发巽合作社总联合会。

雷发巽认为信用合作社的目的不仅在于增加物质生活利益,还在于提高道德或精神。他的合作原则如下:

1. 社员以务农者为限,以小农村为合作区域,每社的社员约1 000人。社员必须能够自己证明自己的信用,除了经济上的信用条件以外,还要有道德上的信用条件,所以非互相熟悉及互相信任的人不能取得社员资格。社员必须互相信任,意气相投,所以社员的权利不得转让或买卖,合作社不得发行股票一类的证券。

2. 合作社的设立不以认股为条件。采取无限责任制,社员不必缴入社费。合作社必需的资金,或向外借贷,或运用社员的存款。这条原则后来改为社员需要入股,股金的利率基本与普通利率相等。

3. 合作社的红利及公积金不得分配。红利作为填补合作社所受损失之用,公积金作为合作社的共同财产。即使是社员退社或合作社解散时也不分配于社员,而把它当作公益事业或合作宣传之用。

4. 组织以垄断为原则,除了信用业务之外,还要经营运销业务、购买业务及一切农村合作事业。合作社向社员的贷款必须用于生产方面,将来即以生产的收入来偿还。贷款期限视农业生产而定,所以较长。

5. 全体合作社彻底实行极端的中央集权制。也就是说,一切合作社,都要形成系统的联合。须隶属于中央合作金库。

6. 合作社的事务由社员义务办理。

雷发巽创办信用合作社，意在使农民免受高利贷剥削，并促进农业生产和防止农业灾荒。所以合作社的区域都有一定的范围，以便社员们相互间取得联络。贷款期限较长，利率较低，希望农民都来入社，但很注重社员的道德品性。他的理想是从信用合作社出发，逐渐将农村的一切事业都以合作方式举办，然后可以改善农民的生活。他希望设立一个管理中枢，指导监督各社，以期将无组织的农民全部结合起来，形成经济上的一大势力。

雷发巽的信用合作社与许尔志的信用合作社的区别是：许氏合作社为富裕的手工业者和商人服务；雷氏合作社首先是为农民服务，其中也包括贫农。雷发巽合作社没有入股金，或者只有最低的入股金，这就使得农村各阶层的人都可以自由参加，不支付股息，贷款以个人名义即以道义保证来发放；社员以其全部财产对信用合作社承担无限责任；为了避免引起人们的利欲，信用合作社的全部利润都不分给社员，这一点与许尔志原则尤其不同。另外，在组织体制上，雷发巽原则要求各合作社隶属于中央金库，这也与许尔志原则相区别。雷发巽的信用合作社社员可以不交纳股金（这基本上限于贫困社员），合作社组建时，可以从地方和市政机关以及教会等方面得到一些资助，以便在慈善的基础上开展活动。

(三) 信用合作原则的发展

德国是合作金融思想的发源地，继雷发巽和许尔志之后，哈斯（Haas）成为德国合作运动的领导人。他的合作社是许尔志式和雷发巽式两种合作社的折中，他采取雷发巽的专以农民为对象的办法，但反对中央集权及宗教化的倾向；至于社员应否缴纳股金，以及社员的责任应为有限或无限，他认为不必强求一致。信用合作运动的实践，进一步否定了雷发巽的不缴股金、不分利润以及管理机关不拿薪金的原则。

德国的信用合作思想后来传入其他国家。在意大利，信用合作形式分欧莲波克式和路莎琪式两种。欧莲波克的合作思想渊源于雷发巽，但同时又采用许尔志的平民化的原则，因此，欧莲波克信用合作社有农村平民银行或农村银行之称。路莎琪的合作思想渊源于许尔志,同时结合了意大利的国情。德国的信用合作社,特别是许尔志的合作社,并未真正普及于一般的平民,尤其是工人阶级,所以当时便有人指责许式信用合作社没有过问工人阶级。路莎琪接受许尔志的合作思想而纠正了他的缺陷,设法使信用合作社的组织及经营普及于工人阶级,所以他的信用合作社有平民银行之称。路式信用合作社还有另一个特点,即经营充分平民化。由多数的社员组成理事会,管理合作社的一切事务。同时,选举组织信用委员会,来决定社员贷款。理事会选举监事,负监察责任。这是路式信用合作社实行民主化、防止理事会专制的措施。随后,信用合作思想原则和主张在欧洲扩展开来,又由欧洲扩散到世界其他国家。

二、北洋政府时期合作金融制度建设主张及其在城市和农村的实践

民国初期,在我国合作金融制度建设及展业主张方面,有人建议采用雷发巽式,有人建议采用许尔志式与雷发巽式的混合式。

1919 年,朱进之在《促国民自设平民银行》一文中主张采用雷发巽式:

> 雷发巽式银行,几乎完全采用是制(the personal credit system),此实与小产业者最为相宜。……
>
> 我国情形,于设立平民银行,既如此其宜,而平民银行之效用,又如彼其大,然则吾国果能采用是制,推行尽利,由国民自为之,而不必假政府丝毫之助,则我平民经济社会,必将开一新纪元。[1]

1922 年 8 月,吴觉农发表了一篇题为《中国的农民问题》的文章,也主张采用雷发巽式:

---

① 东方杂志(第 16 卷),1919 年 8 月.

农村第一个问题，莫过于资本。但农民没有钱的时候，均受地方资本家重利盘剥，而有钱的时候，又无从存放生息。乡间虽亦有邀集亲友作借贷的事业——如做月会年会等，但此种大半非生产性的借贷，最好自己组织银行——如雷发巽式的银行，有少数会员即可组织。——既可作借贷的互助，而且可以逐渐使银行发达。那么，抵押土地典当衣服及被地主的盘剥重利等事，都可避免了。①

何海鸣在 1920 年出版的《中国社会政策》一书中主张，中国的信用合作组织，可以不分城市与乡村而采用一种混合模式：

吾国现时如欲设平民银行，可会合此二种制度（指许尔志式与雷发巽式）完全组织，不必区别为二。……以吾之计，此项平民银行，固可以不动产为股本，然不动产之大小，不须限制，即资本现金，亦宜有最少数之股，务使小农、小商、小工，皆有入股之机会。且并须推行全国，由各县城镇乡自治会分行监理。凡平民借款者，只须其曾为股东之一员，与有股东之保证，皆可以贷与款项，勿须抵押。是则此项银行之设立，与平民兴业前途，有直接之裨益矣。②

在实践上，近代中国第一家城市信用合作组织是由薛仙舟和复旦大学的几位教授及同学所发起创办的上海国民合作储蓄银行，采用的是许尔志式。该行成立于 1919 年 10 月 27 日。据其章程所载，该行宗旨是：提倡合作主义；资助合作事业；为各存户保留存款所应得的全部利息；发展民众经济；鼓励同胞储蓄。资本定为 10 万元，股份总额为 2 万股，每股国币 5 元。无论何人均可随时向该行认购股份，多少不拘。股息于每年底结算一次。盈余则以 2/10 拨充公积金，2/10 拨充平民教育经费，其余则优先按每股 7 厘为定存，与

① 农业及农民运动号. 东方杂志,1922 年 8 月 22 日.
② 何海鸣. 中国社会政策. 北京：北京又新社,1920.

存户存款合并计算,均摊盈余。营业方面,凡普通银行经营的各种业务均经营,但以稳固而不贪图厚利为原则。组织方面,则设有股东会、监理会及执行部,股东则以教员学生为多,工人、农民加入者也有。该行开始营业时,资本尚少,未收足千元。行址借复旦大学校舍,无需租费,职员则由复旦商科学生分别担任,全无报酬。该行几乎全是由复旦大学的教员与学生所组织,所以营业范围最初也仅在校内。后来,合作银行进展顺利,根基也逐渐稳固。1921年7月,该行又拟定《扩充说略》,以谋业务的扩充发展:

> ……回视我国,则"合作"二字之传入,日仅数载,不特解之者十不得一,即知之者亦寥若晨星。若夫所谓合作事业者,即舍一"国民合作储蓄银行"而外,更绝无所闻,以较他国之合作组合以千百计者,诚不啻小巫之见大巫矣。同人等有鉴于此,爰议以扩充此略具基础之"国民合作储蓄银行"为推广我国合作事业之第一步。同人等以为既已具此规模,苟能积极进行,扩而充之,成绩必大有可观,其造福邦家,裨益社会,宁可限量,实可算为今日救国民之惟一办法,亦发达我国合作事业之一线曙光。前途希望,殊无穷尽。爰决改资本总额为十万元,定于明春迁行址至上海,推广范围,扩充营业,以期赞同诸君,加入便利,俾可共享合作之利,而无向隅之叹……

由此可知,该行设立时,全国尚无合作组织,该行本来宗旨就是提倡合作主义,资助合作事业,推进中国合作运动的发展,并求得本身的扩充。合作储蓄银行在决议增加资本时,其章程也随之修改。如盈余分配,改教育经费为1/10,股息增加1厘,余下部分以3/10为酬劳金,7/10作股东股本及存户存款红利。营业方面,存款总数不得超过资本总额的比例,由10倍改为20倍。借款每户不得超过总额的1/5改为最少10元,最多以1/8为度,期限最长为1年。组织方面,改监理会为董事会。由于战争不断,合作储蓄银行的扩充计划未能实现。后来业务停滞,存放款下降,难以维持,1930年停办。

成都农工合作储蓄社成立于1922年8月,是我国第二个信用合作社。该社由朝治甫发起组织,社址在成都纯化街 42 号。该社章程规定以提倡合作事业、发展农工经济为宗旨。主要经营存放款业务。股金无定额,凡年满 16 岁以上之男女,均可申请为社员。

近代中国最早成立的农村信用合作社是河北省香河县城内的第一信用合作社,成立于 1923 年 6 月。它是在华洋义赈会的协助下组建起来的。从其具有的慈善性质及吸收股金但不分红,以及运营中的无限责任制、对社员资格严格审查等特性看,该信用社采用的是雷发巽式。

义赈会是一种慈善团体,宗旨是救灾。1920 年,出现大旱灾,各省义赈团体纷纷成立,有官办的,有民办的。中外合办的团体,叫做华洋义赈会。1921年"中国华洋义赈救灾总会"成立后,鉴于单纯救灾只能解一时燃眉之急而不能解永久之需,便将工作重点由救灾转向防灾,当时请了许多专家研究各种预防灾荒的办法及改善农民生计问题的政策,结果认为农村信用合作制度最适宜于中国农村。1922 年 6 月,总会拨款 5 000 元,作为试办农村信用合作社之用,此后,总会又研究各国合作制度,并结合本国国情,编成《农村信用合作社空白章程》小册子。为使有专人负责,又成立合作委员会,由戴乐仁[①]、唐有恒、爱德华(D. W. Edward)、章元善[②]等人为委员,于树德[③]为合作指导员。华洋义赈总会计划创办农村信用合作社的消息传入农村,乡间有识之士及农民了解到合作社的益处,同时认识到依靠救济总不是根本之计,于是便在义赈总会的帮助下,自愿地结合起来。1923 年 6 月,河北省香河县第一信用合作社成立。随后数月内,宛平县、南京、河北唐县及定县悟村等地相继成立农村信用合作社,一时间信用合作事业大兴。

我国信用合作社初期的发展速度之快远出一般人意料。从 1923 年 6 月

---

① 戴乐仁,燕京大学经济学教授,原籍英国,对于欧洲合作运动有较细的研究,在华洋义赈会所办的许多事业中起重要作用。

② 章元善,近代中国合作运动的策动家,著有《合作与经济建设》一书及若干篇有关合作的论文。主张引导民众自动组织合作社,发动合作社参加抗战建国工作,中央合作机关对地方合作机关采取不偏不倚的态度。

③ 于树德,输入近代信用合作思想的先驱者之一。曾留学日本京都帝国大学,译作甚丰,著有《信用合作经营论》,介绍各国的信用合作制度和信用合作的经营方法。

到 1928 年 2 月的 5 年时间里，合作社增加到 569 个。为了更好地进行管理，华洋义赈总会积极建议合作社较多、成绩较好的区域组织农村信用合作社地方联合会，并于 1926 年 4 月制定合作社联合会章程。河北省安平县西南区农村信用合作社联合会、涞水县西北区农村信用合作社联合会以及深泽县西区农村信用合作社联合会便先后成立。由此可见，我国的信用合作运动已取得了长足的进展，并成为一股不可遏制的潮流，但浩荡潮流中此时却出现一股逆流。

三、北洋政府限制、禁止合作社风波及引出的有关合作社性质和作用等问题

合作社本来是作为改造社会、济世救民的工具而从国外引入的，从一开始它就被赋予一定的政治期望，具有浓厚的政治色彩，合作社规模的不断壮大，必然引起政府当局的关注，甚至不安。北洋政府对待合作社也从最初的不干预政策转变成限制和禁止的政策。对于苏、皖等省开办合作社的申请予以驳回，对京兆、直隶二地已成立的信用社予以限制禁止。于是，在民国初期合作社刚开始发展时，对合作社的性质、作用及衍生的有关问题，就引起了一场争议。

(一) 合作社是否是"党派之组织"

1927 年年初，晋县有人指合作社为"党派之组织"，诬以结社生事，呈报官厅，请求解散。对此事件，华洋义赈总会发表《为各县县长进一言》的文章予以反驳：

> 合作运动系小弱者以平和的手段，经济的方法，加以道德的要素，合谋经济地位的提高。无有对手，不与任何阶级争斗。对于现在的政治的及社会的组织，亦不加以干涉。可见合作社绝对不从事政治的活动，与政党的性质完全不同，指它为党派的组织，真正诬枉。

（二）合作社是否是一种宗教

当时晋县亦有人指合作社是"教门之团结"，易结社生事，请求政府解散。对此，华洋义赈总会在《为各县县长进一言》的文章中驳斥道：

> 说它是教门的团结，尤其是误认了它。因为合作社是为借钱或买卖而成立的，既不供神，又不祈祷，无论反对教门的或赞成教门的，也无论是奉什么教的，都可以加入。合作社把宗教摆在一边，来干合作的事情。那么怎么能说合作社和宗教有关系呢？

（三）合作社应由"官办"还是"民办"

1927年11月，正当各地的信用合作社如雨后春笋般出现的时候，军阀张作霖控制的北洋政府的农工部突然通令京兆、直隶二地的地方官，要求查明合作社有无纠葛，酌情予以限制禁止。其理由是社会团体和民众发起组建合作社属越权，"合作社应由政府颁布法令，各地人民自动筹办，依法组织。如以发起主持该社之团体，兼有该社之立法权及监督权，并与各地多数农民，发生财产债务关系，而决不受法律及官厅之拘束，即纯系国内人民所组织，亦属侵越行政权限"。

面对政府禁令，华洋义赈会辩驳：

> 从前火车初应用于中国的时候，中国人不知道它的用处，把它当作不祥的妖物，有把火车头捣毁的，将它沉之大海的。到现在无人不感觉火车的方便，遇着铁路不通，无人不抱怨了。
>
> 合作社是新从外国学回来的，它在一部分人的眼光里，不免像几十年前的火车头，受人家的猜疑。……但是……合作社不但是绝对的没有害处，并且是直接地有利于社会，间接可以造福于人民的团体。
>
> 现在世界各国，合作事业发达的多。……中国不统一，国家不能去

提倡合作，是一件很可惜的事情。现在既然有社会上的机关，如像本会，来办这件事，乃是为国家人民大家的利益。官厅及热心公益的士绅，既处于领袖先觉的，对于合作，自有赞助扶持的责任。所以我们望他们极力解释合作的误会，排除合作的障碍。

（四）信用社的必要性和作用如何

信用社这一新生事物，对贫民有益，也就触犯了高利贷者等富裕阶层的利益，从而召来他们的种种诬陷捏造，直至引起政府的禁令。各地发生的禁止合作社的事件，引起了广泛争议。天津《大公报》于1928年2月6日发表了一篇题为《农村救济与农民合作社》的社论，力证办合作社的必要性：

按中国本以农立国，故风俗朴厚，民习勤俭。海通以还，物质文明之势力，排山倒海而来，都市人口集中，奢侈之风大盛。而改制之后，内战频仍，民生凋散，壮丁入伍，田亩荒弃。加以征租奇重，年甚一年。商埠城市之发达，又再损及农村经济之安定与进步。农民些须权子母之积蓄，既被收吸，于是金融困塞，生计艰苦。地利不能尽，粮产不能丰；年来米麦食粮，仰赖外国之供给者，其危险可虑之情形，已一再著于本报。自今以往、为状益险。……农村救济之具体办法，实非易事。盖中国银行事业，悉在城市，乡农僻处陋塞之区，对于银钱行市，决无所知。一有急需，除典衣卖屋或借印子钱担负高利外，别无挹注腾挪之地。甚且以耕地作抵，饮鸩止渴，卒至债台高筑，终其身无清偿债务之日。而当尽卖绝，乃为其最后之命运。……农民处境既已如此，欲其改良农具、尽心耕植，殆不可能，况疏通沟渠，使用引水机器，或应用科学，加增生产效率，更无从说起。当此之时，惟有从救济贫乏、灌输知识入手，或可培养中国社会之根本组织，则农民信用合作社实为比较良善之策。其法系以合作社供给农人以借贷之便利，同时亦可为他种有益之服务。社员人选，俱为村中著名公正之人，入社之后，并须勉励自爱，保持信用。社员往日向人借款,胥受高利及抵押之苦,加入合作社,则遇有款项之需,如无其他可供抵押之件,即可以个人及同侪之信用,直接向社抵押借款。所负利息,实又较低于通常城市银行贷款之利息。盖合作社之根本,固在社员相互公同之信用,而社员公同之信用,又即令社员享受无尽之利益。

华洋义赈救灾总会也发表《为各县县长进一言》的文章,直接痛斥少数贪婪的高利贷者和别有用心之人:

也许有少数贪婪之辈,以为合作社一旦发达,有妨他们的重利盘剥的伎俩,因而捏造名词,以图妨害。不知合作如果适合于中国的国情,那是最好的一件事。与其阻碍他的进行,不如来赞助他。他日把地方弄好之后,水涨船高,不单是贫民受惠,谁也得到利益了。现在因为各处的穷民太多,弄得遍地都是盗匪,个个人不能安身,我们同在一个社会里,犹如同乘一只船,要本同舟共济的精神,使大家好过活。多数人困穷,少数人岂能长久享到安乐呢?

(五) 国际慈善团体发起组建合作社是否有损主权

北洋政府农工部通令说:中国华洋义赈救灾总会"系国际慈善团体,并于该章程第二十一款规定产业抵押各节,殊损主权,而滋流弊;……该会未经许可。擅先于京兆、立隶省区,创办多处,尤属不合。所拟章程,亦多窒碍,未便照准。其已办各社,应咨由地方官署,切实考查,有无纠葛,酌予限制禁止。……"

《大公报》在1928年2月6日发表的《农村救济与农民合作社》的社论中,力挺华洋义赈会,反对查禁合作社,认为华洋义赈会教育、组织农民办合作社,是经广泛调研、慎重实施,且规范经营,政府不仅不应"查禁",反而应以该会"为师":

查民国二年北京华洋义赈救灾总会,已着眼及此。几经研究,纲举目张,十三年方实行运动,两年之间,由该会承认而协助其进行之合作社,已达四十余所。其于宣传之方法,办事之条规,组织之进程,胥经苦心经营。该会曾有报告。窃意将来实行农村救济,大可以该会所办经验为师法。此种崭新事业,吾人盖有预行研究之必要。天津县公署近不知何所见而以农民信用合作社为应行查禁,殊令人惶惑不解也。

华洋义赈总会对于我国信用合作事业的创立和发展,应该说是立下了不朽的功绩。在军阀混战、民生涂炭的背景里,总会不仅要教育农民、组织农民,还要教育官僚,向他们宣传合作思想,以求得他们的支持与配合。

农工部发出通令后,安平、定县、香河等县知事纷纷奉令饬查境内信用合作社。定县大白尧及悟村信用合作社、安平县北关信用合作社以及香河县北渠口信用合作社先后被警察取缔。

本来,信用合作社利民利国,政府应予提倡和帮助。各国农村信用合作事业多由政府提倡,拟定法律,设立银行,以扶助合作事业的发展。中国合作事业的发展,最初数年全靠一个慈善机关主持,北洋政府不仅没给予任何支持,反而下令"限制禁止",这在世界合作运动史上恐怕也是不多见的。但北洋政府限制禁止合作社事件引发的关于合作社性质、作用的争议,却具有一定的学术意义。

总之,民国初期,西方近代合作金融思想在中国得到了较广泛的宣传,在实践中合作金融制度的设计也基本遵循当时西方发达国家通行的原则和模式,只不过与西方发达国家不同的是,在中国合作金融理论的宣传、合作金融制度的建设及实践推广主要是靠少数合作主义者和慈善机构来实行。

第三节　国民政府时期合作金融制度建设
及展业思想学说和主张

　　国民党人很早就关注到合作思想,并且,孙中山、廖仲恺、戴季陶、陈果夫把合作主义与三民主义结合起来,确认三民主义是合作政策的理论基础,而合作政策的推行是实践三民主义的具体措施。1927年,南京国民政府成立。蒋介石把合作制度看作巩固其统治的工具,因而重视合作社运动的推行、扶植和管制。这一时期合作金融制度建设较为健全,业务得到发展。

一、国民党和国民政府对于合作运动的政策主张和行动

　　1926年国民党第二次全国代表大会曾有"从速建设农民银行、提倡农民合作事业"的决议案。

　　1927年6月,南京国民政府成立,陈果夫托请薛仙舟起草了《中国合作化方案》。方案以实现全国合作共和为宗旨,系统阐述了在全国范围内普及推广合作运动的理念,并提出合作执行部门(全国合作社)、合作教育部门(合作训练院)、合作金融部门(全国合作银行)三足鼎立的合作化构想,集中体现了薛仙舟"以合作救中国,以合作治中国"的政治主张。全国合作社是全国合作运动的总机关,以发起、组织、指导、监督和资助全国合作事业为职能,对全国经济和民众本身实施改造,以奠定合作共和之经济、政治基础。合作训练院是合作事业的教育部门,旨在通过宣传、教育和培训,使一般民众接受合作思想,了解合作社的知识和组织原则,在全国营造民主与合作的氛围。

　　全国合作银行是信用合作的中央调剂机构,也是合作运动的核心。因此《方案》对全国合作银行的规划最为详细,从招股派息,到组织人事、营业范围、地点分布等都作了说明。《方案》主张,全国合作银行有发行长期债券之

特权,专做住房合作、农业合作、劳农事业等等之长期放款。方案指出,上海是天然的消费合作、住房合作、信用合作的中心,所以全国合作银行总行设在上海,并随时在国内各地酌设分行。为联络华侨,吸收侨资,在海外也设立分行。

南京国民政府成立后,大规模的国家建设提上日程。选择何种建设方略,实为关系国计民生的大事。《中国合作化方案》完成后,胡汉民、陈果夫等大加赞许,陈果夫还向蒋介石力陈合作社乃"抵制共产主义,实行阶级协调"的一大法宝。蒋介石当即接见薛仙舟,表示全国统一后即组织实施该方案。不久,国民政府决定设立经济设计委员会,由薛仙舟主持,借此推行中国合作化工作。8 月 13 日,蒋介石、胡汉民在国民党内部争斗中失利而被迫辞职,9月,薛仙舟意外去世,推行合作方案的计划遭遇波折。

1928 年 2 月,国民党中央举行第四次全体执监会议,陈果夫、李煜瀛、张人杰、蒋介石等提出"组织合作运动委员会建议案"。

1928 年 10 月,国民党中常会规定合作运动为下级党部工作纲领之一。

1929 年 3 月,国民党第三次全国代表大会有关提案亦提倡合作运动。

1931 年,国民党中央通令各级党部及各级政府于每年合作日(即 7 月第一个星期六)举行合作宣传,后又规定从合作纪念日后一星期内,为合作运动宣传周。

1935 年,国民党中央党部组织委员会开办"中央合作人员训练所";1936年,国民党"中央政治学校"设立"合作学院"。

国民党政府立足南京后,合作运动被列为政纲之一。

1931 年 4 月 18 日,国民党中央政府实业部公布《农村合作社暂行规程》,1934 年 3 月 1 日公布《合作社法》。在 1935 年 3 月"全国合作事业讨论会"举行之后,国民政府在实业部内设立合作司;同年秋,全国经济委员会下复设立合作事业委员会。所辖各省市也均设立合作行政与指导机关。

1941 年颁布省合作事业管理处组织大纲,统一省市合作行政机关。1942年公布县合作指导室组织暂行办法,统一县市合作行政机关。

1945 年 5 月国民党六大通过的农民政策纲领中,倡导发展农村合作金融,改善农贷办法使资金融通之实惠普及于切需之农民。

1946年根据1943年立法通过的《合作金库条例》在南京成立中央合作金库,这是合作金融史上的一件大事。

除了国民党党务机关、政府机关外,促进合作运动的团体还有许多,如学术团体、社教机关、慈善团体等等。一些省区还成立了合作促进会,有的搞了一些合作试验区。

国民党统治区的合作社,到1949年2月底,数目已达17万个,社员数目超过2 400万人。到1949年年初,中国大部分地区获得解放,国民政府领导组建的合作社部分自行解体,部分为解放区人民政府改组。至此,国民政府在大陆的合作运动结束。

二、国民政府时期合作金融理论和制度建设特点及评述

国民政府时期合作金融理论和制度建设有以下几方面特色:

(一) 采用行政手段,通过运动形式推进合作事业

首先,自上而下设置合作行政管理机构并委派合作理论或实践专家任职,用行政手段推行合作社。其次,党政合力,国民党党部也开始着手合作政策的制定和实施,并将合作运动作为国民党下属党部工作的"七项运动"之一。第三,为赈灾和"反共"的政治需要,将合作事业作为一种运动广泛推行。

(二) 依法管理合作社

第一,先由地方政府颁布合作社法规。如1928年浙江省颁布了《浙江省农村信用合作社暂行条例》。随着全国合作社的迅速发展,1934年3月1日国民政府颁布了《中华民国合作社法》,1940年3月国民政府又颁布了《县各级合作社组织大纲》,各专业合作社的单行法规也先后颁布,如1936年的《合作金库规程》等。第二,立法规范合作社的经营原则、组织类型、责任形式、社员资格、管理体制、股息及盈余分配、联合社设立等重要内容。

(三) 因地制宜,配合不同目的建立合作社

第一,因赈水灾需要设立的合作社。1931 年,长江、淮河流域发生严重水灾。南京国民政府在上海成立了救济水灾委员会,委托华洋义赈会负责农赈事宜。华洋义赈会在江西、安徽和湖南三省组织互助社和合作社约 5 000 个。第二,因赈兵灾需要设立的合作社。"九一八"事变后,日本帝国主义侵占东北,并时常南下袭击临近地区。为救济这些受兵灾侵扰的农村,1933 年国民政府在北京设立了华北农村救济委员会(后改组为"华北合作事业委员会"),依照江淮各省的办法,在冀东以互助社和合作社形式实施农赈。第三,因"反共"需要在"剿匪"区内设立的合作社。蒋介石为配合"围剿"革命根据地,把合作社也作为工具之一。在江西、湖北、河南、安徽四省"剿匪区域"颁布了《"剿匪"区内各省农村合作社条例及其施行细则》和《"剿匪"区内各省农村合作委员会组织规程》,指令江西省党政机关专设合作机构配合"围剿"中央革命根据地。解放战争开始不久,1946 年 11 月,国民党中央又制定了《绥靖区合作事业实施办法》,在苏北、皖北、山东、河北等地设置绥靖区合作辅导团。第四,为抗战需要设立的合作社。抗日战争期间,国民党政府在江西组织战地合作服务队,在浙江、湖南、湖北组织战地工作合作队。1940 年,为配合抗战,国民政府颁布了《县各级合作社组织大纲》,用行政力量推动一种新型的合作社,即乡镇保合作社及其联合社,规定"县各级合作社为发展国民经济的基本机构","县各级合作社之推进,以乡(镇)为中心,先就每乡(镇)设乡(镇)合作社,并逐渐普及各保的合作社组织。以达到每保一社,每户一社员为原则"。这种合作社发展速度很快。

(四) 全面借鉴西方合作社理论与制度

国民政府大量翻译国外合作制书籍并派员出国学习考察,且全盘借鉴吸收,因而合作社建设的理论和制度较为完备。在《中华民国合作社法》中,明确规范合作社的各项要素,如:"合作社的原则是:依平等原则,在互助组织的基础上,以共同经营方法,谋社员经济的利益和生活的改善,而其社员人数

及股金总额均可变动的团体。""合作社的责任分为三种：有限责任，社员所负责任以其所认股额为限；保证责任，社员所负责任以其所认股额及保证金额为限；无限责任，在合作社财产不足清偿时社员得负连带责任。""信用合作社经主管机关批准，可收受非社员存款。收受的存款，在有限责任的合作社，不得超过其社员已缴股额及公积金的总额；在保证责任的合作社，不得超过其社员已缴股额、保证金额及公积金之和；在无限责任的合作社，不得超过社员已缴股额的 5 倍与公积金之和。收受非社员存款的合作社，不得兼营其他业务。""合作社免征所得税和营业税。"

（五）在全国新式金融体系建设中创新设计，注重政策金融、商业金融与合作金融的融合贯通

民国以前，中国金融尤其是农村金融，基本上是以典当、钱庄、票号、商店等机构以及私人融通资金这种传统金融模式为主。国民政府定都南京后，中国开始了工业化和城市化快速发展的"黄金十年"，其间金融业也开始快速转向以现代商业银行为核心的新式金融体系。国民政府在全国现代新式金融体系设计和建设中注重合作金融体系建设，并创造性地实行了一套由政策金融、商业金融支持合作金融的较有效率的模式，丰富了合作金融理论。

由于中国农村资金缺乏，发展合作社经济必须提供资金帮助。陈果夫在《中国之合作运动》中说："金融和经济事业的关系，正如血液对我们身体的关系一样，要合作事业的发展，有赖于健全的金融机构。"1927 年薛仙舟在《中国合作化方案》中就有设置全国合作银行的规划。1928 年在江苏省政府的支持下，江苏首先成立了江苏省农民银行，在江苏境内从事农村金融，并指导了农村合作社的设立。浙江省也于次年成立了浙江农工银行。1933 年鄂豫皖赣四省农民银行成立，1935 年更名为中国农民银行，并在全国各地普遍设立分支行及办事处。该行是中央政府组建的农村金融专业银行，不仅在不发达的农村地区遍设分支机构和提供农业信贷，而且指导组织了农村合作社的设立。国民政府还立法强制商业银行对合作社的支持。1934 年国民政府立法院通过了《储蓄银行法》，规定储蓄银行"对于农村合作社之质押放款，及农产

物为质之放款,不得少于(储蓄存款)总额五分之一"。正是由于政府的督促,许多商业银行开始重视农村金融。

1935年全国合作事业讨论会后,国民政府认为有必要设立专门服务于合作经济的金融机构,于是许多省份先后设立合作金库。1941年12月国民党五届九中全会通过了陈果夫所提的《切实改善合作金融发展合作事业,以奠定抗战建国之社会经济基础案》,认为合作金融制度确有从速建立的必要。1943年颁布《合作金库条例(草案)》,规定:(1)合作金库分为中央和县(市)两级,省(市)由中央合作金库设省(市)分库,在必要地区设支库。(2)合作金库以"调剂合作事业资金为宗旨",业务范围以专营或兼营之各级合作社、合作社团及合作业务机关为限。1946年,负责对全国合作组织融通资金的中央合作金库成立,此后不到四年时间,在各省设置了15个分库、22个支库。依照合作金库条例新创设的县市合作金库,也有60多个。

此外,由中央和地方政府组织的农民银行系统也对各类合作社发放了大量贷款;中国银行和其他金融机关在城市资金膨胀时也把资本渗入农村合作社。新式银行涉足农村金融的渠道有两个:一是通过信用合作社,一是举办农业仓库以接受农民的抵押贷款申请。银行经信用合作社放款农村,资产质量比较可靠,利率比都市放款低。上海银行通过华洋义赈会放出去的款子,"届期均能归还"。根据江苏省农民银行的经验,通过有效的风险管理,银行农业合作贷款可以实现盈利。[①]

信用社依靠自身信用吸引到银行的资金,既支持了农业发展,也降低了银行运营成本和贷款风险。上海商业储蓄银行在其《农业贷款合作部计划大纲》中称:在让都市银行的资金流入农村并取得农业的实际进步方面"都市中之银行无法可以直接向农村投资,更无法可使农民普遍受金融之辅助,是有赖于农民本身有相当健全组织,可以充分接受。""整个问题则在于农民有良好之组织,既可充分接受银行辅助之用意,复可实际上参加农业生产之改良,尤可合法保障投资者之安全,此种组织,舍合作社外,别无他法。此本行辅助

---

① 陆国香.一年来合作事业及农村金融.工商半月刊(7卷1期),1935年1月1日.

农业,繁荣农村之办法,惟有从合作社着手也。"①国民政府时期各类合作社中,信用合作社始终占有较大的比重。

国民政府时期对合作事业有重大贡献的中国工业合作协会指导创办的众多工业合作社,其融资需求由工合协会在工业合作社比较集中的地区设立工合金库帮助解决。工合金库的股金由各合作社和联合社认购,坚持社员自有自营自享的原则。

(六) 关于合作金融的学说

合作金融,英语系国家称之为"Cooperative Finance""The Financing of Cooperatives"或"Cooperative Banking"等,日本称为"产业组合金融"。国外学者对合作金融的解释分别如下——泽尼克森(Sonnichsen):多数人自愿结合起来聚集其储蓄,以期排除银行业或放债人的营利目的,其盈余则平均分配于借款人或存款人。② 斯特里克兰(Strickland)认为:基层合作金融组织可解释为平等地位的一种人的结合,因为要获得资金,以贷给社员作为有益的用途。其特点是:合作社是一种人的结合,而不是财产的结合;所有社员,无论富有或贫穷,均为平等的地位;结合的目的,是在集体中获取他们个别所不能获得的资金;仅向其社员贷款;谨慎地使其资金充作生产的或必须的用途。③ 英国学者诺亚·巴鲁(Noah Barou)在其名著《合作金融论》中对合作金融的定义是:合作金融组织系小生产者或工人组织的团体,对社员人数没有限制,资产为社员所共有,并以民主为基础经营其业务,吸收社员的储蓄,同时以最优惠条件放款给社员,使社员相互得益,盈余转为公共积累或分配于存款者、借款者和股东,资金不足时,则以社员连带责任向外借款。④

在我国,"合作金融"一词滥觞于国民政府时期20世纪30年代的合作运动中。对合作金融这一现象的系统研究,则是从20世纪40年代开始的。对

① 中国人民银行上海市分行. 上海商业储蓄银行史料. 上海:上海人民出版社,1990.
② Sonnichsen. Consumers Cooperation. 1919:182—183.
③ 赖南冈. 合作经济研究集. 台北:台湾东峰出版社,1982:161.
④ Barou. Cooperative Banking. London Press, 1932.

合作金融本质的认识,也经历了一个由浅入深、由表及里的过程。当时对合作金融概念的认识就有广义与狭义之争。

张绍言持广义的合作金融概念,在其编著的《合作金融概论》一书中说:"合作金融一词,乃系应合作事业的进展以俱来。吾国近十余年始见诸应用,其内容究包含何种事项,言人人殊,且均无一明确的解释,……所谓合作金融,含有三种解释:(1)合作金融即为合作经营资金的供给;(2)合作金融不仅限于合作经营资金的贷放,而且包含因合作经营而产生的资金的存款;(3)合作金融包含合作界资金流通作用的一切经济现象,可概括为合作资金的贷放与借入。"对于贷放与借入的方法、手续、机关,资金过剩与不足的现象,余裕金的存入与利用,借贷利率,资金的运用、管理、监督,以及其他有关事项,他认为应采用第三种说法,比较全面。[1]

张则尧持狭义的合作金融概念,在其编译的《合作金融要义》中将合作金融定义为:合作金融指资金流通的经济现象中,采用合作经济组织所经营者;换言之,经济上的弱者互相结合,共负责任,集合对外以取得信用者,称为合作金融。即由合作组织取得信用,并运用此组织互存余款,而以之贷放给社员,或存入其他确实之处所等以合作组织为中心所经营的信用交易,即为合作金融。[2] 而最狭义的合作金融概念则仅指"合作经营资金的供给",持此观点者较少。

林和成在《中国农业金融》一书中认为,信用合作社可以看成是一种互助、和平、自由、平等、公平、积极、经济、生活和社会化的资金融通团体。[3]

陈颖光、李锡勋论证了"合作金融"这一概念的确当:"合作事业需要资金之融通,且亦有资金之积聚、运用及调节等状态。而此种融通状态或现象,不同于各种企业金融,更大有别于一切以营利为目的之金融,故另称之为'合作金融',况'合作金融'一语,近中外均已习用,……我国亦有此等专著,而合作主管机关更以之为合作经济建设之一主要部门,社会部之'战时国防社会建

---

① 张绍言. 合作金融概论. 北京:中华书局,1944.
② 张则尧. 合作金融要义. 中国合作经济研究社,1944.
③ 林和成. 中国农业金融. 1941.

设计划大纲'中,固有'合作金融'一栏,财政部亦有'战时管理合作金融'办法之颁布。是此一名词,殊为确当,世所公认,毫无疑问也。"①

这一时期关于合作金融的学说在全面借鉴西方合作金融理论的基础上已初成体系,如张则尧编译出版的《合作金融要义》、张绍言编著出版的《合作金融概论》,对合作金融的定义、合作金融的组织体系和经营原则,都有明确的阐释。于树德不仅对于信用合作社经营方面有系统的阐述,对于信用合作组织的属性、功能、组织完善方面则尤其重视,这是信用合作组织在我国发展的重要理论基础。对于合作社的一般理论,也有不少研究论著,如于树德1929年出版的《合作社之理论与经营》,1930年出版的《消费合作社之理论与实际》,1934年出版的《合作讲义》等。

关于合作金融的本质,张则尧编译出版的《合作金融要义》概括为:

1. 合作金融乃经济上之弱者采用合作组织所经营之金融。

2. 合作金融乃债务者本位之金融。

3. 合作金融虽具精神及道德要素然不具慈善性质。

4. 合作金融乃集合金融及相互金融。

5. 合作金融以无担保金融为目标。

6. 合作金融以系统金融为原则。

7. 合作金融以发展其他合作事业为任务。

关于合作金融的作用,于树德在所编《信用合作社经营论》(又名《平民银行经营论》)中认为,信用合作社的功能主要表现在供给平民储蓄及促进地方自治、乡风纯朴等方面②:

1. 供给平民储蓄的便利,使得他们养成勤俭储蓄的美德。

2. 增加平民阶层的人格信用。

3. 信用合作社供给平民低利资金,对于抑制民间高利贷具有重要的影响。

---

① 陈颖光,李锡勋.合作金融.南京:正中书局,1947:7.
② 于树德.信用合作社经营论(一名平民银行经营论)(第5版).上海:中华书局,1929.

4. 指导小产业者的生产,帮助其置产兴业。

5. 可以提高平民的知识,增加其开展事业的才能。

6. 可以使乡党风气淳良。

7. 发扬人民的自助心和互助心。

8. 促进地方自治发达及地方经济的独立。

此外,信用合作社还有减少滞纳租税的效果,以及增加国家财政收入,供给小农工商业者低利的资本等效果。信用合作社最重要的效果还在于养成一种互助的团体生活习惯,为社会组织的变革奠定基础。

关于合作金融的性质。民国初期信用合作思想在我国传播迅速,一些人认为信用合作是西方社会主义思想的一部分,合作组织可以代替资本主义组织而解决现实社会中的各种问题。于树德认为"合作组织乃一种社会政策,并非社会主义也"。社会政策可分为三种:一为属于国家的社会政策;二为属于都市的社会政策;三则为属于人民自助的社会政策。如工人组织工会、农民组织农民协会、小工商人组织商人协会等,合作社也是自助的社会政策中的一种组织。

在信用合作机构组织的完善和经营管理方面,这一时期的合作金融理论中已有较全面论述。如于树德除重视会员合作精神外,也重视信用合作社组织的完善和经营管理的一系列方法:会员总会由全体会员组织,有指挥合作社业务及监督合作社的权限。此外,信用合作社还有执行委员会、监察委员会、信用评定委员会等。信用评定委员会是信用合作社执行委员会的辅助机关,即调查各会员信用的高低,以此制定信用放款的标准。信用合作机构最重视信用,而社会诸因素的变化又是信用衡量的障碍,因此设立信用调查机构及相应的评定机构是必要的。将社会信用评定作为每个期间的必要活动,社员信用情况考察的主要标准包括品行、储蓄存款、家庭、财产、教育等,这种信用评级办法已十分科学。[①]

---

① 于树德.信用合作社经营论(一名平民银行经营论)(第5版).上海:中华书局,1929.

（七）乡村建设运动中的合作社理论与实践

国民政府定都南京后，中国的工业化和城市化进入了快速发展阶段。但在工业化和城市化发展的同时，中国广大农村却遭遇了一连串的天灾人祸，中国农业经济出现了萧条和衰败。一方面国家政治秩序动荡，军阀战乱频繁，匪患遍地，广大农村不断成为内战的战场和土匪侵扰的对象；另一方面水旱灾害频发，受灾面积广阔，受灾人口众多，本来就不堪一击的小农面临深渊。农村"破产"，是朝野上下、社会各界的共同结论。为了拯救中国农业和农村，切实解决中国农民问题，思想界产生了一股研究乡村经济建设的思潮。以章元善、寿勉成等为代表的合作改革派，以晏阳初、梁漱溟等为代表的乡村改良学派和以陈翰笙、千家驹等为代表的中国农村派等纷纷对农村建设问题进行了探索和讨论。同时，全国各地兴起了一场乡村建设运动。合作社是乡村建设运动中经济建设的一个重要内容，以梁漱溟、晏阳初为代表的知识界还积极投身于乡村建设运动中。

合作改革派的乡村经济建设思想。中国合作学社的薛方舟、董汝余、寿勉成，华洋义赈会的章元善、于树德、董时进等学者的主要观点是：（1）关于政府在合作组织中的地位问题。寿勉成认为应该由政府主导，依靠行政力量推进，速达合作之效，即由政府强制推动。[1] 章元善则认为，合作组织应该由农民自己举办，政府的主要作用是给予立法上的指导和组织上的协调。[2]（2）关于合作社形式的讨论。当时的大多数学者对创办合作社的形式，各有不同的意见。如寿勉成极力提倡消费合作社，章元善、于树德及董汝余却认为信用合作社更符合农民的需要。如章元善认为："故欲复兴农村，首须普遍地辅助农民组织信用合作社，以低利借给农民，压低高利贷，使农村金融活跃流通，而农民始有余力以从事于生产。同时，根据农民之实际需要，发展各种合作组织……"[3]于树德认为信用合作社的效用很多，不仅可以供给平民储蓄的便

---

① 寿勉成，郑厚博. 中国合作运动史. 南京：正中书局，1937.
② 章元善. 合作与经济建设. 上海：商务印书馆，1938.
③ 吴藻溪. 近代合作思想史. 上海：棠棣出版社，1950.

利,而且可以增长农户的人格信用,并得相互保证的利益;同时还可以供给平民低利的资金,使地方贷款的利率也可以得到降低。[①] 董时进则认为,信用合作社在中国的实际情况下并不能复兴农村,只能免于或减缓农民破产。一则因为中国农民穷困达于极点,生活无可再低,任你如何节俭,恐也无几何可以节俭,无几何可以储蓄。一则因为能供低利贷放的资金,不会很多,现在全国经济枯竭,各省农村一起破产,而社会治安又复如此不良,不但出低利不能吸收许多资金,即使出高利,也很难找到钱。何况在现时农村情形之下,借到钱之后,能否去生产,生产是否有利,有利是否可以实收,都大有问题。他认为在中国的合作社没有完全成熟前,首先应做的事是加强民众的教育。各信用社联合起来可以提高农民社员的经济地位,但不等于政治上起作用。[②]

乡村改良派的乡村经济建设思想。梁漱溟认为,乡村建设主要包括经济、政治和文化教育三个方面,而首要任务就是要进行农村经济建设,发展农业生产。发展农业生产有两条途径,即"技术的改进和经济的改进",要完成"经济的改进",就必须举办各项合作。[③] 1931 年,梁漱溟首先在山东邹平县进行实验,组建了机织合作社、林业合作社、蚕业合作社、运销合作社、信用合作社、庄仓合作社、购买合作社,至 1936 年年底,合作社总计达 307 个。

为解决合作社的资金问题,1933 年 8 月,邹平县成立金融流通处,由县政府分三年筹资 10 万元作为资本。主要业务为对信用合作社、庄仓合作社放款及特别救济款,吸收储蓄。邹平县设立了两种类型的金融合作社,即信用庄仓合作社和信用合作社。信用庄仓合作社主要是在农民贮粮时,凭谷物收据借款,使社员在卖粮以前等到粮价的回升。还以所有谷物为准备,联合发行"庄仓证券",作为各庄仓合作社资金周转,并可在县金融流通处兑现,在全县流通。信用合作社主要从事借款、放款、储蓄业务。

晏阳初的合作社思想是以教育为本,融经济与教育于一体,以教育使人民"知自救",以经济使人民"能自救",而合作制度便是教育兼经济的最好自

---

① 吴藻溪. 近代合作思想史. 上海:棠棣出版社,1950.

② 同①。

③ 梁漱溟. 乡村建设理论. 邹平乡村书店,1937:161.

救办法。在1934年《致中华教育文化基金董事会请款书》中,他又对合作组织作了详细的说明,如"目前农村金融艰穷,亟宜设法救济,以为改进基础,然后以合作社之组织,造成合作的经济制度。关于救济农村金融方面,先由敝会训练农民,成立自助社,直接向农产仓库抵押农产信用借款"。[1] 晏阳初认为,合作组织是通过农民的自觉合作达到经济复兴和政治独立的一个重要部分。

1933年,河北省县政研究院成立,划定县为"县政建设实验区",晏阳初出任县政研究院院长,合作社主要由研究院承办。定县合作社以村为基层单位,以信用合作为主,兼营购买、运销、生产等项业务。村合作社主要业务有二:一是吸收存款,二是将所筹资金贷放给社员。资金不足时可向县联社借款,或由联社担保,向社外借贷。定县的办社原则有:(1)"为民自动的",不以"条件允许""越俎代庖为提倡的手段";(2)"勿使少数人以慈善心理与官场手腕一手包办,尤须摒绝不良分子参加";(3)"对于无产的良好生产者多加注意,勿专为小资产信用者打算";(4)"村单位合作的经济活动,应统一组织,连销进行,以信用为中心,运用购买运销生产三方面";(5)"会计制度,应有严密周详的规定";(6)"勉励参加的农民努力自强与互助,勿稍存竞争牟利观念,避免外来攻击"。

中国农村派的乡村经济建设思想。陈翰笙、孙冶方、千家驹、钱俊瑞等一批具有马克思主义倾向的学者,通过对农村社会的实地调查研究,论证了中国社会"半殖民地半封建"的社会性质,对改良主义者不正视中国社会性质、只讲求局部改进的方法表示质疑,进而提出了改革土地制度、进行土地革命的观点。这些人在《中国农村》上陆续发表了一系列文章,因此被称为"中国农村派"。中国农村派认为一切改良形式的农村合作和建设掩盖了中国农村的阶级矛盾,否认了帝国主义侵略和封建剥削的社会实质。因此,他们提出了进行土地革命、改变农村土地所有制关系的想法。他们对合作事业持批判态度,认为一些学者高估了合作运动的价值。如冯南江认为合作社的发展

---

[1] 宋恩荣. 晏阳初全集(第一卷). 长沙:湖南教育出版社,1992.

"不过是金融资本集中甚至掠夺农民经营的力量之发展而已"。① 即使中国农民有了充足的资金、广大的市场和进步的生产力,只要不改变旧的社会关系,一切都是徒然。李紫翔也认为,旨在融通农村金融的合作社流通资金,不仅没有代替农村的高利贷资本,反而成为城市银行资本在农村逐利的落脚点。② 中国农村派认为中国农村的现状是受帝国主义和封建主义双重压迫,症结是土地问题,需要改进的不只是生产力,更应该是生产关系。因此,更倾向于通过阶级斗争来改变封建土地所有制度,平均土地分配,从而谋求农村经济的发展。

(八) 沦陷区的合作社成为日寇掠夺中国人民的工具

甲午战争后,台湾被迫割让与日本,为便于掠夺,日本在台湾推行了一种与日本国内不同的合作制。如合作社理事、监事选任及解职须经当地政府知事或日伪厅长的许可,信用社存款、贷款利率远高于商业银行,贷款以担保为条件,联合社基本由日本人把持等,使合作社脱离民主、互助的特性,成为日本殖民统治的工具。在日本控制下的伪满洲国,1934 年 9 月曾颁布《金融合作社法》,由于在实践中推行日系理事主义,金融合作社业务全由理事决定,而理事必为日本人,所以金融合作社毫无合作精神可言,而是日寇控制、掠夺农村金融的工具。"七七"事变后,华北沦陷,日寇控制下的伪华北临时政府颁布《新民合作社暂行经营要领》,后又成立伪华北合作事业总会。1938 年,日本侵略军的特务机关在苏、浙、皖沦陷区开始组建合作社,1939 年 10 月发布《中国合作社设立纲要》,1943 年,为贯彻"以华制华"方针,日军在华中沦陷区组建的合作社移交给汪伪国民政府。于树德曾指出:日本侵占我国台湾期间办的合作社,是殖民地性质的。台湾合作社是在日本侵占时代殖民政策之下发展起来的,日本人之所以要卖力地扶植台湾合作事业,目的就是要借此掠夺台湾的资源。就好像"要喝牛奶,就得饲养奶牛,要吃鸡蛋,就得饲养母鸡,

---

① 吴雁南. 中国近代社会思潮(第三卷). 长沙:湖南教育出版社,1998.
② 薛暮桥,冯和法. 中国农村论文选. 北京:人民出版社,1983.

牛越壮奶越好,鸡越壮蛋越好",这就是日本扶植台湾合作事业的根本道理。

总之,国民政府时期,合作金融理论体系、制度建设在借鉴西方发达国家理论和实践的基础上得到全面且相对规范的确立和发展,国民政府确立的《合作社法》也是根据国际合作联盟的要求制定的。但是,国民党政府在合作社的具体推行及实施中,对合作社的目的和原则,又多有违背,如违背入社自愿退社自由原则——1940年颁布的《县各级合作社组织大纲》上规定:"县各级合作社之推进,以达每保一社,每户一社员的原则。"《合作社法》还规定:被剥夺"公权"和"破产者"这两种人不能被吸收为合作社社员,这就把革命的人民群众和广大贫困农民拒之门外。又如违背合作社的民主原则:《合作社法》虽确立了民主选举和每社员只有一票表决权等合作社的民主原则,却没有明确规定社员大会是合作社的最高权力机关,而是规定主管机关可以解除"危害合作社之情事者"监理事职务,这在实际上是保有了政府对合作社监理事的任免大权,是对合作社民主权利的侵害。一般说来,由政府主导"推进"的合作事业,作为一种强制性的制度变迁,容易达到收效迅速的目的,但不易为农民所真正接受;而由政府"引动"的合作运动,则是一种诱致性的制度变迁,它能够保持农村合作组织的独立地位,但前提必须是广大农民有这种变革农村现状的需要,即必须有制度变迁的需求。因此,虽然后一种观点在理论上更有优势,但由于中国是一个发展中国家,诱致性的制度变迁需要较长时日,因此在实际中,政府往往采取"强动"的方式。国民政府强行将合作社绑架在其反共反人民的战车上,最终也随着国民党政权的垮台而葬送了合作事业。

国民政府在全国现代新式金融体系建设中创新设计,注重政策金融、商业金融与合作金融的融合贯通,由中央和地方政府组织的农民银行、中国银行和其他金融机关对合作社发放了大量贷款,在城市资金膨胀时把资本渗入农村合作社。农村信用社为都市资金反馈农村奠定了信用基础和运行机制。当时,上海等大都市的资金膨胀和农村金融之枯竭达到极致,"农村通货之极度紧缩,与上海通货之极度膨胀"形成鲜明对比。[1] 都市资金反馈农村客观上

---

① 章乃器. 发展农业金融以巩固经济基础议. 银行周报(16卷21号),1932年6月7日.

有利于农村技术进步和乡村建设。但当时有一批具有马克思主义倾向的学者对此持批判态度。如骆耕漠认为，上海银行家对内地信用合作社的投资，是希望通过农村金融的松动，使一般农业生产可以恢复前进，以便达到通过合作社统制农产品甚至生产过程的目的，他们虽然有复兴农村的设想，但实际上对农村的帮助很小。[①] 李紫翔也认为，农村改良主义者企图用种子、工具的改良和合作社的流通资金来挽救农村经济的破产是行不通的。当时农民的现状是普遍缺乏土地，改良种子或农具的成效甚微，而且旨在融通农村金融的合作社流通资金，不仅没有代替农村的高利贷资本，反而成为城市银行资本在农村逐利的落脚点。[②]

　　乡村建设运动中的合作社理论与实践，是一种诱致性的制度变迁。梁漱溟、晏阳初等以乡村建设理论为基础，提出发展合作社的一整套计划和方案，丰富了中国农村合作社的理论和实践。他们所建立的许多合作社，基本上是按照国际合作社原则运作的，这对于中国农村合作社规范化发展有一定示范意义。在他们所及的试验区域，通过兴办合作社，在一定程度上解决了当地的一些问题，如社员能获得低息贷款，生产物能得以运销等。乡村建设运动及其合作社随着日本帝国主义的侵略而最终破产，但他们在农村对乡村建设运动所作的宣传，则启蒙了农民的思想，为建国后的合作运动打下了良好的基础。

---

① 寿勉成,郑厚博. 中国合作运动史. 南京：正中书局,1937.
② 薛暮桥,冯和法. 中国农村论文选. 北京：人民出版社,1983.

第四节　台湾合作金融制度的形成、发展和变异

　　台湾省的合作金融是由台湾省合作金库、农渔会信用部、信用合作社、保险合作社、农会保险部和储蓄互助会组成。合作金库是台湾合作金融的上层机构,信用合作社和农渔会信用部、储蓄互助会则分别是台湾城市和乡村合作金融的基层机构,它们构成了具有一定特色的台湾合作金融制度。[①]

　　早在 1895 年日本占据台湾时期,台湾就已经有少数与信用合作社相类似的资金融通互助组织。之后根据日本政府公布的"产业组合规则",成立了台湾产业金库和包括部分城市信用合作社和兼营信用合作业务的乡镇农业会在内的基层合作金融社团,经过多年自下而上的建立、调整和发展,逐步形成了由台湾省产业金库和基层各种合作社、各级农水产业会组成的上、下两级制的合作金融体系。

　　1945 年 10 月,台湾光复,国民党政权接管了由日本控制的"台湾产业组合联合会",并改组为台湾产业金库。1946 年由台湾省政府和农渔会、农田水利会及合作社共同出资设立台湾省合作金库,其宗旨是调节合作事业资金融通,配合业务发展需要办理农渔业金融业务,为农渔业会及其成员提供服务,供应一般工商企业的必要资金。同时,原有股东社团中的农业会分别依法改组为各级农会和乡镇合作社,原有农会兼办的信用合作业务全部划归乡镇合作社办理。1949 年年底又把乡镇区合作社并入农会,在农会内部专门成立了信用部。农会信用部是台湾省合作金库的股东团体,办理信用合作业务。1950 年 6 月,原来的各级渔业会与渔业生产合作社改组合并为渔会,成为台湾省合作金库的基层社团,作为台湾省合作金库的资金调剂对象和服务对象。后来,在渔会内部设立渔会信用部。台湾农会信用部和渔会信用部合称为台湾农渔会信用部。经过多次分合演变,农渔会信用部现已成为专为农

[①] 林玉妹. 台湾合作金融制度的发展及其对我们的启示. 福建师范大学学报,1999(3).

会、渔会及其成员服务的台湾基层金融组织。

台湾的信用合作社最早成立于 1909 年。1945 年,国民党当局接收了日本侵占时期的信用合作社,并于 1949 年把农村信用合作社最终并入农会。现有的信用合作社主要分布在城市,其成员以中小商业者占绝大多数,以许尔志式的信用合作社为模式,在一定区域范围内经批准可设立分社。

储蓄互助社是根据雷发巽模式组织的一种信用合作社,由"中华民国储蓄互助协会"所创设和推动。该会最初由天主教发起组织,1964 年在新竹成立第一个储蓄互助社。储蓄互助社是一群相同职业或居住地的人,基于自愿互助的原则,以储蓄方式谋求经济利益和改善生活的组织。储蓄互助社主要分布在农村,社员以基督教和天主教信友为主。

台湾合作金融制度的特点:

1. 坚持社员自有、自治、自享的原则。根据农会法,农会会员股金成为农会信用部事业的主要基金。农会信用部的服务范围仅限于所辖乡镇范围内的农民。业务为吸收会员存款,对会员发放低利贷款。其中农业产销贷款不得低于放款总额的 70%。这些规定体现了"取之于农,用之于农"的经营方针。信用合作社社员必须缴纳股金,民主管理,按股分红。根据规定,每个社员只能加入一社,缴纳股金至少 5 股,每股 100 元。社员代表大会是最高权力机构。社员代表必须是信用优良、无违反业务规定、入社满 2 年以上者。定期存款占该社存款总额 1% 以上,或占股金总额的 5% 以上。定期存款达不到要求的,应有殷实的担保人。理监事不得向信用社申请信用贷款。信用合作社放款以社员为主要对象,对每一社员放款有最高额限制,一般不对非社员放款。

2. 自主营运、自我发展、多元经营。台湾合作金融制度历经几十年发展逐步完善,现已颁布实施《合作金库条例》《信用合作社法》《台湾地区农会信用部管理办法》《台湾地区渔会信用部管理办法》等合作金融法规,台湾各合作金融机构依法经营,自主营运资金。同时,台湾信用合作社和农渔会信用部都是以所在城镇、乡村和渔区设立的合作金融机构,所以,它们的经营具有明显的区域性,为所有成员服务,风险共担、利益同享、自我发展。

台湾合作金融除吸收社员存款,对社员发放贷款,代理行库及政府的政策性农贷外,还可经营其他业务。如信用合作社可经营投资各类债券、票据贴现、汇兑、保证、保管、信用卡业务,签发信用证,代收税款,代售印花,代售统一发票,代理公库,代售公债、公司债券和股票等业务。

3. 信用合作社可以变更为商业银行。随着台湾经济的发展,大量农业人口转移到城市,农村人口仅占总人口的 18%。为适应这一新情况,1974 年台湾当局再次对农会进行改革,公布了《新农会法》,废止会员股金制度,农会总干事候选人由政府主管机关挑选。这就使得农会背离了原来互助合作的性质。离开了互助合作的性质,也就失去了它赖以存在和发展的基础,即会员的支持。一般的农民只把它看作取钱和存钱的机构,这就迫使农会信用部向商业化发展。在 20 世纪 50 年代,城市信用社的会员以城市中小工商业者为主。不少中小工商业者后来发展为中产阶级,甚至大资产阶级,已经不满足于原来的信用合作社。1993 年《信用合作社法》颁布后,信用合作社的设立、分支机构、业务范围与一般商业银行几乎没有什么差别,再加上盈余分配采取按股分红,商业化趋势已十分明显。而且《信用合作社法》规定信用合作社发展到一定规模,条件成熟后,经社员代表大会通过和主管部门审核许可,可以变更为商业银行,换发营业执照后,可按商业银行性质经营。[①]

台湾合作金融制度 80 多年的变革和发展历程,基本遵循国际合作原则运作,尤其是在税收方面的减免优惠,减轻了合作金融机构的竞争压力。但由于"中华民国信用合作联合社"纯属服务性质,基本上不经营信用社具体业务,所以台湾合作金融的联合体制存在重大缺陷,任何一家信用社发生危机,都会因缺乏救助而易波及整个信用社系统。特别是在金融业自由化的背景下,信用社的业务范围、经营区域都在与大银行的竞争中处于劣势,已有一些信用社弃"合作"理念而改制为商业银行,或基于某些诱因被商业银行并购,这对合作事业无疑是一种挫折和不幸。1997 年台湾颁布《储蓄互助社法》后,该机构的功能及发展方向始终坚持合作制。[②]

---

① 张文棋. 台湾合作金融制度剖析与借鉴. 金融理论与实践,1996(3).
② 陈静夫. 台湾储蓄互助运动的功能及发展方向. 合作发展,1998(221).
　胡忠一. 徘徊在歧路上的台湾合作运动. 合作发展,1998(223).

第五节　共产党人和革命根据地及边区的合作金融制度建设及展业思想学说和主张

十月革命胜利后,马克思、列宁的合作思想在中国得到传播。1922 年 7 月,中国共产党第二次全国代表大会决议就指出要注意和活动合作社组织。1923 年,共产党人于树德受聘于中国华洋义赈救灾总会担任合作指导员,在河北香河县利用救灾总会的赈灾款,首次建立了雷发巽式的农村信用社。1923 年 2 月 7 日,在江西省萍乡市安源老街成立的安源路矿工人消费合作社,是共产党组织和领导的第一个合作社。它的成立,揭开了中国合作运动的新篇章。信用合作社也从无到有,从小到大,在打击高利贷剥削、扶助劳苦大众的生产和生活方面发挥作用,有力地配合了革命事业的成功。

一、第一次国内革命战争时期关于合作社的政策主张

第一次国内革命战争时期,中国共产党领导的合作运动与农民运动相结合,开始在农村展开。1925 年 6 月 1 日,中国共产党广东区执行委员会在《对广东时局宣言》中,要求广东工会的工友们和农民协会的农友们,扶助工农经济合作事业的发展。1926 年 5 月,广东省第二次农民代表大会专门作出《农民合作运动决议案》,"决定对合作社之组织,今后当努力向农民宣传",在农民中组织信用合作社、消费合作社和贩卖合作社。1926 年 9 月,中国共产党第三次中央扩大执行委员会《关于农民运动决策》规定:要深入农村发起组织消费合作社。1926 年 12 月,湖南省第一次农民代表大会专门作出《农村合作社问题决议案》,指出:贫苦的农民,为免除高利贷的盘剥,应组织信用合作社;为免除农产品卖出时受奸商压价,应组织贩卖合作社;为免除农民购买日常消费品受商人中间剥削,应组织消费合作社;为谋农业生产力增加,可组织

生产合作社；为谋农具、种子、肥料廉价，可组织购买合作社；为谋对农产品的加工，可组织利用合作社。1927 年 3 月，江西省第一次全省农民代表大会《合作社决议案》中亦指出："对于各种合作社，应极力对各农友宣传"，"将地方积谷及公款，请求政府拨给农民协会，作各种合作社基金"。毛泽东在广州主持农民运动讲习所时，曾设"合作社运动实施法"课程；1927 年 3 月，他到武汉任全国农民协会总干事，主持中央农民运动讲习所，聘请于树德讲授"农村合作"课程。中国共产党领导下的合作运动，在广东、江西、湖北等省的广大农村，同农民运动一起发展起来。毛泽东在《湖南农民运动考察报告》中，高度评价了消费、贩卖、信用三种合作社对维护农民利益所起的重大作用。

二、土地革命时期根据地合作金融理论和制度建设及展业政策

1927 年到 1937 年爆发了第二次国内革命战争，也称土地革命战争。土地革命时期的金融战线，在整个经济斗争中占有重要地位。根据地的金融体系是工农民主专政的强有力工具，它在支持革命战争，发展工农业生产，促进商品流通，支持合作社的发展，巩固工农民主政权等方面发挥着重要作用。这一时期合作金融理论方面、制度建设及展业政策方面具有鲜明的特色。①

(一) 信用社是工农民主政府建立的新的信贷形式

革命后工农成了主人，掌握了政权，但是没有坚实的经济力量做基础，政权还是不能巩固。工农不仅要掌握政权，还要掌握强大的资金。每个工农个人的经济力量很弱小，应"经过经济建设公债及银行招股存款等方式，把群众资本吸收到建设国家企业，发展对外贸易，与帮助合作社事业等方面来"，"主要是吸收群众资本，把他们组织在生产的消费社与信用的合作社之内，应该

---

① 许毅. 中央革命根据地财政经济史长编. 北京：人民出版社，1982.
　刘仁荣. 湘鄂赣革命根据地财政经济史料摘编. 长沙：湖南人民出版社，1989.

注意信用合作社的发展,使在打倒高利贷资本之后能够成为它的代替物"。[①]
1934 年印发的《瑞金县建立信用合作社传单》中说:"我们这些主人翁,为要有资本发展我们自己的一切生产,为要不再受资本家、富农的高利贷剥削,那么,只有由我们自己,大家拿出力量来,普遍地组织信贷机关——信用合作社。"

　　金融战线的革命斗争就是摧毁反动的金融体系,建立新型的革命的金融体系。这一方面包括取缔白区票币在根据地的流通和使用自己发行的货币,另一方面包括废除旧的信贷形式,建立新的信贷形式。在农村,旧的信贷形式主要是高利贷,它像寄生虫蚕食着农民的血汗。根据地里工农民主政府严格禁止高利贷活动,在高利贷被取缔后,赣南闽西一度都发生过农民告贷无门的困难局面,信用合作社、贫民借贷所等形式便应运而生了。这些民间的、集体组织的借贷机构都是为解决贫苦农民资金需要而设立的,它需要国家在资金上给予支持。因此,国家的、地方的银行加上信用合作社(贫民借贷所)等等就形成了一个革命根据地的信贷体系。

(二) 根据阶级成分不同制定有区别的金融政策

　　1927 年 9 月,毛泽东率领秋收起义部队进军井冈山,创立了第一个农村革命根据地。随后,毛泽东和朱德率领红四军转战于赣南闽西的广大地区,开辟了赣南闽西根据地,建立政权,开展废债分田斗争,破除旧的信用关系。

　　1929 年 7 月,党在闽西召开第一次代表大会,毛泽东参加了这次大会。大会在废债问题上,对不同阶级规定了不同政策:

　　对欠土豪地主的债务,规定:"工农穷人欠土豪地主之债不还,债券借条,限期缴交苏维埃政府或农会焚毁。"

　　对工农穷人及商家之间的债务,规定:"工农穷人自己来往账目及商家交

---

① 毛泽东. 中华苏维埃共和国中央执行委员会与人民委员会对第二次全国苏维埃代表大会的报告,
1934.

易之账仍旧要还,但民国十六年底以前的旧债及非本身之债务不还。"

对"超过各地普遍利息以上的高利债务",规定:"本利不还,其超过新定利率,而未超过以前普遍利息率者还本不还利。"

对"商业土豪、地主欠农民或小资产阶级之债",规定:"不论新旧都要还。"

至于传统合作金融形式合会、谷会则"需看各县情形而定,其土豪先得者多则照旧维持,但须割免会首会款。如系农民先得者多则取消之"。这条规定基于如下理由:会首一般是有困难才要求打会的人,故不要求再还款;"土豪先得者多"是指二会、三会或四会都是由土豪得到的,所以要"照旧维持",以保障排在后面的农民在利益上不受损失。"农民先得者多则取消之",就等于废了农民欠土豪的债。

(三) 实行低利借贷,因地制宜规定合理利率

在取消高利贷的同时,闽西第一次党代会规定:"目前社会还需要金融之周转,利息不能取消,但须禁止高利贷。"并且说明"利息过低,富人闭借,农民不利,各地得斟酌情形规定利息为一分五厘或其他相互利益"。

信用合作社实行低利借贷。《中华苏维埃共和国临时中央政府关于合作社暂行组织条例的决议》中规定:信用合作社的借贷者,要以社员为主体。对于社员,除享受红利外,还有应用低利借贷的特别权利。对于非社员的利息,亦不能超过社会一般规定。1932 年 2 月 1 日颁布的《中华苏维埃共和国临时中央政府关于借贷暂行条例的决议》中的规定更为具体:"苏区中借贷利率,最高者短期每月不能超过一分二厘,长期周年不得超过一分,……一切利息都不得利上加利。"但"信用合作社借出借入之利息都不宜太低,太低了不能收外存款"。[①] 实际工作中,信用社贷款存款利率水平与当时社会上的利率水平相比是低的。

---

① 参见 1932 年 9 月江西工农民主政府发布的合作社工作纲要。

（四）合作金融是经济上弱者之联合，富农不准入社

1913 年 4 月，闽西苏维埃政府召开了经济委员会扩大会议，规定"富农不准加入合作社，以前已加入的，停止他的分红及一切权利，其股金展期归还，已入股的社员要发证章"。

（五）规范信用社业务经营

1933 年 9 月 10 日，苏区中央政府颁发了合作社标准章程。信用合作社业务主要有存款、放款、贴现及代理业务。

存款主要有政府收入的商业税和打土豪收入的现金，一时不需用的款子暂时存入信用社，群众存款很少。

放款主要用于生产事业之借款，维持生活之借款，帮助治病之借款，而对于助长封建迷信及浪费之借款则不借，有被欠之危险者不借。

信用合作社可与粮食合作社互相存借款项，当粮食合作社正月后粜谷时卖得款子可予信用社活动，到了收获时信用合作社收入之款即还给粮食社收囤谷子。

（六）在特定时期赋予信用社代行国家银行发行纸币的权力

1930 年 3 月 18 日，闽西特委召开了第一次工农兵代表大会，成立了闽西工农兵政府。为了适应调剂金融、沟通贸易、发展经济的需要，会议决定要普遍发展信用合作社组织，还制定了《合作社条例》《借贷条例》和《取缔纸币条例》。明确规定："一、各地不得自由发行纸币。二、发行纸币机关，要信用合作社才有资格。三、信用合作社要有五千元以上现金，请得闽西政府批准者，才准发行纸币，但不得超过现金之半数。四、纸币数量限一角、二角、五角三种，不得发到十角以上。"信用社发行的纸币在一定范围内通过贷款形式引入流通。1931 年 4 月，闽西苏维埃政府经济委员会扩大会议决定，工农银行成立后取消合作社发行纸票的权力。

(七) 信用合作社与国家银行的关系

信用合作社是银行的得力助手。第一,信用合作社充实银行的股金;第二,信用合作社为银行代理私人借款业务;第三,负责兑现和宣传使用纸币。信用合作社还代理公债票发行还本和借谷票等业务。各地信用合作社通过对农民生产贷款促进了生产,补助了国家银行的不足。

(八) 合作社与政府关系

1932 年 9 月江西工农民主政府颁发的《合作社工作纲要》,第一次较系统地规定了合作社与工农民主政府的关系:

1. 合作社于开办时要按照工商业登记条例,向县政府财政部登记,但各级政府直属机关合作社则向该同级政府登记。

2. 在合作社指导系统未建立以前,在结账时要向政府财政部报告营业状况与盈亏情形。

3. 政府给予合作社免税减租及一切承租之优先权。

4. 政府保护合作社货物之流通及赊货,如有货款被抢或赊账被欠者,政府帮助催收。

5. 银行应设法提一部分款子借与合作社活动。

6. 政府不干涉合作社之财政,但舞弊者政府帮助取缔。

7. 政府经常帮助合作社的宣传组织工作。

8. 国家工厂商店及国家运转机关对合作社买货运输有优先权并减少价钱。

9. 合作社对红军家属买货与社员同样优待。

根据地的工农银行和信用合作社完全代表了工农群众的利益,在消灭高利贷剥削、支持工农业生产、活跃市场贸易、配合革命战争、便利群众生活等方面发挥了很大作用。

三、抗日战争时期边区合作金融理论和制度建设及展业政策

抗日战争时期,在共产党中央和边区政府的领导下,陕甘宁边区、晋察冀边区的合作运动得到很大发展,合作社经济成为边区新民主主义经济的重要组成部分。各种形式的合作社把边区的广大人民群众组织起来,发展生产,搞活流通,稳定金融。这对于发展边区经济,实现丰衣足食,战胜日本帝国主义和国民党顽固派的经济封锁,夺取抗日战争的胜利,发挥了十分重要的作用。

这一特殊历史时期内的边区合作金融制度建设,理论上有特色,体制上更完善,经营上更规范:[①]

1. 合作社是统一战线性质的。日本帝国主义侵入中国后,中国国内阶级矛盾出现了新的变化。这时期边区的合作社是统一战线性质的,所有农民、工人、地主、资本家都可以参加,它是政府领导、各阶层人民联合经营的经济、文化及社会公益事业的组织,目的是建立民主的经济、人民大众的经济。

2. 合作社是综合性的群众组织。边区地广人稀、交通不便,如果搞单纯的生产合作社或单纯的消费合作社、信用合作社,则不容易发展。但如果生产、运输、信用、卫生、消费样样俱全,就既适应群众要求,又容易经营发展。因此,边区的合作社,既是经济组织,又是事业性单位。

边区信用社的组织形式有两种:第一种是综合性合作社下的一个单位,下面还设有消费品营业,服从于信用业务,从信用社内部来调剂资金;第二种也是综合性合作社下的一个单位,但它本身除信用业务外,不作其他营业。

3. 合作社实行公私结合、民办公助、公私两利。合作社虽是群众组织,但边区的群众较贫穷,政府在合作社创办时应给予帮助,或者由国家机关入股,这对合作社和国家机关都有利。

---

① 抗日战争时期晋察冀边区财政经济史料选编. 天津:南开大学出版社,1984.
　抗日战争时期陕甘宁边区财政经济史料摘编. 西安:陕西人民出版社,1981.

4. 行政手段是快速发展合作事业的有效方式。1938 年 1 月 15 日，晋察冀边区政府成立。边区政府成立后即号召群众开展合作事业，设立合作运动科，颁布合作条例，并定当年 6 月至 9 月为"合运"建设期，号召为增加十万社员而努力。为解决合作社干部缺乏的困难，在抗战学院成立了合作人员训练班。1939 年 5 月 27 日，边区行政委员会发布了《关于普遍推广合作事业的通知》，通令"各该署县，于奉命之日起，对所属乡村合作社之设立，迅即拟具计划，分期规定必须完成社数。至于县社及中心区社，务在最短期间，全部组成并充实之，使起领导及示范作用，以资影响"。同年 7 月，边区行政委员会又发布关于发展边区合作事业的指示，关于信用合作的组织问题，指出"信用合作是资金上的化零为整。……发展生产事业，……只有奖励信用合作，动员埋藏的、逃走的、分散的资金，低利投到生产事业上去。我们希望在政府积极帮助、切实保障之下，普遍成立起信用合作，以解决金融上的枯滞。这些合作社同时可以作为边区银行的代办所而办理农工矿事业的低利放款"。

边区政府还设立了完备的合作行政系统，对合作理论也有较系统的认识，合作社的各项法规条例也较健全，如《合作社暂行规程》《联合社章程》《晋察冀边区合作社法草案》《合作社组织条例》《各县合作事业促进会组织办法》等。从 1938 年春到 1939 年春，仅一年光景，合作社就基本普及并逐步走入正轨。

5. 边区内新、旧借贷关系共生。边区政府实行抗日民族统一战线政策，各种经济成分共存共生。高利贷、请会、信用合作社等各种信用形式都得到发展。

边区农民的土地问题，在土地革命时即已彻底解决，在普遍实行男耕女织的情况下，农村借贷需求增加，高利贷和旧的信用形式请会则乘机发展。至 1944 年，一般私人放账利息达 30%～50%；延安附近各集市借款，借款五天，每元须一角的利钱。同时，传统的合作金融形式请会也相当盛行。请会是农村群众互助的一种借贷形式，土地革命前曾普遍在边区各地流行，它的利息一般较低。土地革命中，废止一切旧债，所有的"会"都随之"烂包"了。至 1941 年以后，请会又重新抬头，当时农村中请会、随会的户数占村里户数的

33%～70%，请会的利息比一般私人放账甚至比信用社借款利息还低。

高利贷和请会的盛行，说明农村急需金融的调剂，需要举办信用合作社。另一方面，在边区建立信用合作社，在资金来源上也有可能。有些农民及手工业者，出售产品的钱，需要聚零为整，才能办事业；各机关、部队、学校人员，由于历年来的生产自给运动，也有一定积蓄；集市的工人、学徒也有零星小款；老人和妇女有不用的养老金和私房钱，娃娃有不用的压岁钱等，都可成为信用社的资金来源。

6. 首次阐明信用合作社经营的重要理论和原则。

第一，边区信用合作社吸收存款的原则，一是利导，即给予必要的利息和保证还本付息；二是自由，即随时存取，不受限制。反对任何形式的强制或摊派，以达到大量吸收存款的目的。

第二，信用社发放贷款的种类既包括生产放款，也包括消费贷款。生产放款以能用于直接帮助生产并发挥最大效能为目的，既不是放给富有者去买牛出租，赚取租子，也不是放给那些去搞投机冒险的人，更不是放给无劳动力、不能生产而缺吃少穿的人（这是救济机关的任务）。据此，发放贷款应讲究实效，而不求普遍；应有所选择，而不有求必应。除了生产费用外，婚丧急用以及某些经营正当商业、脚踏实地的小商人一时资金不足也酌量发放。但对于不正当的用途与无还本付息保证的，则予以拒放。

第三，实践中产生的合作金融利息理论。边区信用社的实践表明，制定适当的利率政策和利率水平是搞好存放款业务的关键所在。有的社忽视物价上涨率较快的背景，实行实际上的负利率，结果吸收不到存款，没有资金来源也就无款可放，只好坐视高利贷活动；有的社则在物价平稳后不及时降低利率，结果出现有的生产单位将生产资金存入信用合作社，图以利息代替生产收入，而借钱者又因利息过高而贱卖粮食归还借款，这说明利息过高也不能促进生产，反而可能引起生产资金流入信用领域。据此，陕甘宁边区政府建设厅、边区银行的利息政策是：[1]

---

[1] 参见陕甘宁边区政府建设厅、边区银行在 1944 年 10 月 14 日关于信用社问题给贺龙、陈云的报告。

（1）逐步降低利息，以达到低利借贷，抵制高利贷。此次联席会议决定，利益由20％降为15％，以后再看情况逐渐降低。

（2）为了照顾存款、推进储蓄，利息不能过低于社会上一般利润率，但要逐渐达到低于或者相当于生产利润。故定利息时，应以物价变动及一般利润为标准，同时参考当地借贷关系及信用社资力情形。在物价不断高涨下，要呆板地规定一个不变的利率是不可能的。

（3）生产用的借款利息，应低于商业借款，尤其是有特殊需要的生产事业，更须照顾。对贫苦的工人、农民，应斟酌减少其利息。

边区信用社的任务之一是与高利贷作斗争，所以信用社业务中长期存在的偏向是认为利息率越低越好，这一片面认识在实践中逐渐得到了纠正。实际工作者总结了利率升降的依据和判断高利贷的标准并进行了较为科学的论述：①

　　关于利率升降的依据，大体上有如下条件：即当时当地一般物价变化，当时当地社会企业利润，当时当地旧的借贷利息水平，借款的性质、用途（如工业、农业、运输业或直接生产费用、间接生产费用、婚丧疾病费用等）、对象（团体或个人——工人、农民、小贩、脚户等）。除了这些基本条件外，并注意照顾同业（即其他信用社）与自己的资金力量，不是随便可以升降，也不是死板无变动，而应在不同时期不同情况下适当去处理。如果丢开这些实际去空谈什么高利贷不高利贷，反于事无补。只要信用社利率比当时当地一般社会利润低，因地因时因事制宜，那就不算高利贷了。

7. 首次阐明了建立信用合作社的方针政策。边区的信用合作事业在艰难的岁月里得到了长足的发展，从其经验教训中总结出了建立信用合作社应采取的政策：

第一，要坚持自愿入股。搞好信用社工作，关键在于多吸收资金，而能否

---

① 肖长浩.介绍边区的信用合作社.解放日报,1945-7-1.

多吸收资金,就要看其办法是否对人民有利,是否使人民自愿。只有坚持自愿互利原则,合作事业才能发展。

第二,坚持民办公助、民主管理。信用合作社是由银行拿钱来办,还是完全由老百姓自己办? 边区信用合作的实践证明:老百姓办起来,银行再给它一些帮助,这个形式比较好。这就是所谓民办公助的方针。边区信用社在创立发展过程中,也出现过一些领导包办代替的错误,但都逐步得到了纠正。民办公助的合作社,须实行民主管理。

第三,坚持合作性质,克服单纯营利思想。边区信用合作社在发展过程中,有许多社抛弃了互助合作的本旨,不是从发展储蓄、组织借贷、扶助生产出发,而是单纯从营利出发。它们在物价平稳时不愿降低利息,有的还提高利息——有的社只压低存款利息,不减放款利息,加大了存放款之间的利差;有的社在营利思想的引导下,不及时收回贷款,认为收回款会影响利息收入,结果造成大批烂账;有的社为了追求利润,将大量贷款贷给商人,无意中助长了商业投机。这些情况说明,必须让干部职工明确合作社的基本性质和任务,并建立严格的规章制度,否则,信用合作事业就会走入歧途。

8. 首次正确认识合作社的性质及信用合作社与各方面的关系。信用社与银行的关系,只是一种互相合作、互相帮助的关系。银行帮助信用社发展,信用社协助银行开展业务。行社业务往来方面,应该公平合理,信用社在银行存款,银行给利息;银行放给信用社的钱也要算利息,不过比信用社放款的利息要低。

信用分社与中心社、基层社与联合社的关系。分社与中心社是一个连贯的系统,各方面可以互相挹注、相藉发展,其营业与会计可以独立。"联合社是由多数社鉴于自己单独经营的力量太小,乃更进一步把附近同样社联合起来,而另外再组成一个区或县的联合社,以其多数属社共同出集的力量,统筹融汇起来,以加强各种业务,发展及提高指导经营技术的组织,所以这又叫

'合作的合作'。"①

合作社与政府的关系。1944 年 2 月 10 日晋察冀边区行政委员会关于合作社工作的指示中指出:"政府对合作社有指导关系,县政府、区村公所对县联社、区办事处、村合作社要积极扶植与帮助,健全与扩大其组织,政府在执行法令范围内,有检查合作社之权……但不得干涉其业务。……县联社区办事处村社要遵守政府法令,具体实现政府经济合作政策,根据政府一定时期经济建设方针从业务上完成任务,在进行工作确定业务计划时要与各级政府多加协商征求意见。"

抗战时期对合作社的性质也进行了探讨,如提出"合作社不是资本主义经济,因为合作社基本上不是剥削的组织,但合作社也不是社会主义经济,因为合作社是建筑在涣散的个体农业生产和手工业生产上面,而不是建筑在大规模的有组织的机械生产上面,合作经济是一种新形式的经济,是新民主主义经济的一种组织形式","合作社是群众性广泛的统一战线的经济组织"。边区信用合作社对于打击高利贷剥削、扶助生产、奖励储蓄、推动节约都起到了良好的作用。

到中华人民共和国成立时为止,信用合作事业在中国已有整整 30 年的历史。由于处于半封建半殖民地的社会背景里,合作社在中国也就与在资本主义国家有若干基本性质的不同。抗战之前和抗战时期在国民党统治区只有少数带有群众性的合作社,在短时期内表现过一些经济防御作用。但这些合作社不久不是破产解散,就是变为由少数人操纵的资本主义企业。至于一般合作社,由于其实际上都受官僚资本和地主阶级直接或间接操纵,难以起到减轻农民负担的作用,农民对合作社自然也就没有好感。因此,国民党统治区的合作社,并没有真正表现出它的经济防御作用,也没有像在资本主义国家那样,起过维持当权统治的作用。合作社在解放区与国民党区显然有所不同。它是在新民主主义政权领导下,在战争、土改、灾荒三个特殊条件之下产生和发展起来的。合作运动虽然经过几起几落,存在着不少严重的缺点与偏

---

① 财政部财政科学研究所. 革命根据地的财政经济. 北京:中国财政经济出版社,1985.

向,但一般说来,解放区的真正群众性的合作社,在不同地区和不同时期,对于发展生产、保障供给、支援战争、对敌斗争和巩固政权都起过一定的有时甚至是重要的作用。在这动荡的30年里,信用合作社从无到有,从单个到成系统,从受政府排斥到受政府支持,合作金融的理论也逐渐成体系,合作金融制度建设及展业体制也日益规范。

第三章

1949—1978 年新中国改革开放前时期合作金融制度建设及展业思想学说和主张

第一节　过渡时期合作化方针的理论依据与信用合作实践

一、合作化方针的理论依据

从中华人民共和国成立，到生产资料的社会主义改造基本完成，这是一个过渡时期。过渡时期的任务是要改变生产资料的所有制，把个体所有制逐步改造为社会主义集体所有制，把资本主义所有制逐步改造为社会主义全民所有制。在农村贯彻这条总路线，就是要用合作社的形式来逐步实现对小农经济的社会主义改造。

在无产阶级夺取政权以后，制度变迁引起生产关系的重大变革。怎样引导农民走上社会主义道路，革命导师对这一问题都曾十分注意。由于农民既是占有一定生产资料的小私有者，又是自食其力的劳动者，所以对农民进行社会主义改造是一个非常特殊的问题。马克思、恩格斯认为，要改造小农必须采取合作社的形式，通过合作社引导农民走上社会主义道路。列宁认为，经济落后、小农经济占绝对优势的国家向社会主义过渡，不仅要保证整体利益和国家利益，而且要兼顾农民个人利益，而能把整体利益和个人利益有效地结合起来并使个人利益服务于整体利益的组织，就是合作社。

中国共产党遵循了马克思主义的这一基本原则。在 1949 年 3 月举行的七届二中全会上，毛泽东就明确指出："占国民经济总产值 90％ 的分散的个体的农业经济和手工业经济，是可能和必须谨慎地、逐步地而又积极地引导它们向着现代化和集体化的方向发展的，任其自流的观点是错误的。必须组织生产的、消费的和信用的合作社，和中央、省、市、县、区的合作社的领导机关。""单有国营经济而没有合作社经济，我们就不可能领导劳动人民的个体经济逐步地走向集体化，就不可能由新民主主义社会发展到将来的社会主义社会,就不可能巩固无产阶级在国家政权中的领导权。"[1]

中国共产党关于农业合作化的方针,在1949年9月举行的政协第一次会议通过的起临时宪法作用的《共同纲领》中得到确认。《共同纲领》第二十六条明确规定:国家应在经营范围、原料供给、销售市场、劳动条件、技术设备、财政政策、金融政策等方面,调剂国营经济、合作社经济、农民和手工业者的个体经济、私人资本主义经济和国家资本主义经济,使各种社会经济成分在国营经济领导之下,分工合作、各得其所,以促进整个社会经济的发展。第二十九条规定:合作社经济为半社会主义性质的经济,为整个人民经济的一个重要组成部分。人民政府应扶助其发展,并给予优待。第三十八条特别提出,关于合作社:鼓励和扶助广大劳动人民根据自愿原则发展合作事业。在城镇中和乡村中组织供销合作社、消费合作社、信用合作社、生产合作社和运输合作社。

二、信用合作组织的试办和大办

1950年7月5日至27日,全国合作社工作者第一届代表会议举行。会议决定今后农村中应着重组织发展供销合作社及农业生产信用合作社,以促进农业生产和人民生活,发展农村中新的借贷关系。

1952年5月,中国人民银行总行召开了第一次全国农村金融工作会议。为了全面开展农村金融工作,决定普遍建立区级银行机构和重点试办农村信用合作,在国家银行领导下,二者互相补充、互相帮助,共同配合帮助农民解决生产和生活上资金的调剂和供给问题。

关于农村信用合作的组织形式,会议也明确规定:农村信用互助的组织形式,应该多种多样,广泛开展,才能使农村金融趋于活跃,不应是一成不变的。银行对农村信用合作应负主要领导责任,各级合作社应积极推动,视为共同任务,以适应广大群众的需要,目前可以采取的组织形式如下:(1)信用

---

[1] 毛泽东选集(第2版,第4卷).北京:人民出版社,1991:1432.

合作社。(2)供销社内设的信用部。(3)信用互助小组。在群众自发基础上,一个行政村内可组织一个或几个信用互助小组。(4)原有的组织形式。农村中各种私人借贷的原有信用组织如合会等仍可存在,并可鼓励其扩大互助范围。

为了推动信用合作更好地、规范地发展,1951 年中国人民银行总行又颁布了《农村信用合作社章程准则(草案)》《农村信用互助小组公约(草案)》及《农村信用合作业务规则范本(草案)》。

由于有统一领导、有国家银行的支持以及较完备的规则,我国农村信用合作事业真正开始蓬蓬勃勃、兴旺发达了。到 1952 年年底我国国民经济恢复工作基本结束时,全国各地试办的信用合作组织已达 20 067 个。

1953 年 12 月 16 日通过的中共中央《关于发展农业生产合作社的决议》中指出:农业生产互助合作、农村供销合作和农村信用合作是农村合作化的三种形式。这三种合作互相分工而又互相联系和互相促进,从而逐步地把农村的经济活动与国家的经济建设计划联结起来,逐步地在生产合作的基础上,改造小农经济。决议要求继续贯彻“只许办好,不许办坏”的方针,使合作运动有一个大的发展。

1954 年 2 月,人民银行总行召开了第一次农村信用合作工作座谈会。会议回顾了建国后四年多时间农村信用合作事业所取得的成就,总结了工作中的经验教训,研究了发展信用合作事业的具体方针和步骤。会议之后,全国各地兴起了大办信用合作的运动。1954 年 9 月 12 日,《人民日报》发表了题为《积极发展农村信用合作》的社论,为信用合作运动推波助澜。这样,从1954 年到 1955 年上半年,我国信用合作事业出现了一个大发展时期。1955 年 6 月底,全国基本实现了一乡一社,提前两年实现原定的信用合作化目标。在这次发展高潮中,有不少信用组和信用部都转成了信用社,同时成立了一些新社。1955 年后,针对存在的问题,根据“业务开展、账目清楚、民主管理健全、执行国家金融政策、群众拥护”的标准,进行了巩固信用社工作。

1956 年,全国农村信用社为 10.3 万个,农村信用社在帮助农民解决生产生活困难、恢复和发展农业生产、打击高利贷、支持农村合作化运动等方面都发挥了重要作用。这一时期农村信用社的经营目标、管理、分配原则基本上符合合作制原则。经过典型试办、逐步推广和运动方式,在坚持自愿、民办、民主管理、灵活利率的前提下,信用合作运动得到飞快发展。

三、国家银行的合作金融工作

过渡时期,国家通过银行给予合作事业多方面的支持。由于没有专设合作银行,国家对合作事业的扶助支持都是通过中国人民银行和中国农业银行具体实现的,合作银行的职能也是由这两家银行兼任的。

1950年4月24日,中央合作事业管理局、中国人民银行总行联合签订了《1950年全国合作长短期放款协议》,由国家财政拨出合作贷款基金,通过银行优惠贷给合作社。10月20日,两家再次共同制定了《关于国家银行扶助合作社的决定》。国家银行根据上述决议精神,在过渡时期发放了大量优惠利率的合作贷款。同时,设在城市的国家银行也积极从事农村及合作金融工作。1951年7月中国人民银行总行发布《关于城市行对农村及合作金融工作的办法》,具体规定了城市行所设农业合作金融机构的名称及领导关系。

为了加强对合作金融的管控,1955年3月,中国农业银行成立,更加强了对信用合作工作的领导力量。

这一时期信用社虽然坚持了民办,但由于其理论和组织形式基本移植欧洲社区合作的做法,缺乏与中国农村实际相结合的创新,为以后信用社逐步走向"官办"埋下了伏笔。

第二节 关于过渡时期合作社是否属于
社会主义性质的争论

对农业社会主义改造时期信用合作社的性质问题,当时曾经引起过一场争论,大致有两种看法。

一、认为信用合作社是半社会主义性质的经济组织

一种看法认为信用合作社是半社会主义性质的经济组织,其理由主要有:

1. 农业生产合作社是半社会主义的。[①] 其主要标志是土地私有及由此而产生的土地分红。土地的个人私有与合作社的公有财产相对立,土地分红与劳力分红的原则相对立。信用合作社的资金来源主要是存款,而存款是私有的财产,同时又是要付息的,还要实行股金分红,所以不能是社会主义性质。农业生产合作社是生产单位,主要是从生产资料的所有制确定它的性质;信用合作社是信用单位,也必须从资金归谁所有去确定它的性质。

2. 信用合作社建立在小农经济占优势的基础上,只限于信用的活动,并不能决定生产关系本质的变化。对于生产活动来说,信用活动只能是从属的关系,如果生产方面是个体的,则信用活动就不可能是社会主义的。由于对农业生产关系的改变有决定意义的农业生产合作社是半社会主义性质的,所以属于从属性质的信用合作社也只能是半社会主义的。

3. 信用合作社分红制度是以按资分配为形式之一,社会主义的分配原则是按劳分配,按资分配应逐步转变为按劳分配,所以信用合作社应看成半社

---

① 毛泽东选集(第5卷):184—185.

　　刘少奇论合作经济.北京:中国财政经济出版社,1987:6.

会主义性质的。

二、认为信用合作社是社会主义性质的

另一种看法认为信用合作社是社会主义性质的,主要理由如下:

1. 信用合作社是群众的互助组织,分析它的性质须从它所处的政治制度、经济制度、领导关系与经济关系等基本方面加以考察。过渡时期的信用社,是在以工人阶级为领导、工农联盟为基础的人民民主专政的政权下,经过党与政府的倡导、组织发展起来的。它与国营经济发生着联系并通过国家银行接受国营经济的领导,成为社会主义农村金融体系的组成部分。它通过信用活动使小农经济与国家计划产生联系,在信贷关系上组织广大农民,把富农孤立起来,帮助农民解决生产、生活困难,并削弱以至于断绝与资本主义的联系,巩固工农联盟。因此,这必然决定它成为社会主义性质的经济组织。由于信用合作社是狭小的、分散的信用单位,要完成它所担负的任务,单靠本身的力量是不可能的,它必须在国家银行的领导与扶助下,才能克服自身的许多不足,顺利地开展业务,成为强大的金融力量。国家的领导对于信用社的组织、业务以至于职能都发生着重大影响,这是不能低估的。

2. 信用合作社的股金、公积金及业务盈余等为全体社员所公有,是社会主义所有制形式的一种。它不允许地主、富农加入信用合作组织;它影响并改变了农村中自发的、有追逐利润倾向的、有发展成为高利贷可能的私人借贷制度,消灭了资金使用过程中的剥削关系。因此,从所有制、从对旧借贷关系的改革、从消灭信贷关系中的剥削这些方面来看,信用社也是社会主义性质的。

3. 信用社是完全按照社会主义的原则进行经营的,它的任务是集中社会资金并对这些资金进行再分配。在具体的业务活动中,它执行国家的金融政策;贷款扶助的对象及贷款用途的效果,有助于贫困农民经济地位的提高,有助于农业、副业、手工业生产的增长,有助于农村中互助合作运动的巩固与发展。这些业务活动符合党改造农业的政策,因而也构成它的社会主义因素。

信用合作社内部盈余分配原则与农业生产合作社不同,全部盈余是按公积金、公益金与奖励金比例分配的。有些地方,根据当地情况及社员要求,以不超过 20％的盈余按股分红,这是对社员入股的奖励。其分红部分也只是盈余中的极少部分,基本不存在两种分配原则的对立。

4. 从信用社存款的所有权来分析信用社的性质是不能成立的。信用合作社资金的主要来源是存款,虽然存款是属于私人的,但所有权和使用权是可以分离的,在存款没有被提取之前,信用合作社完全可以按照社会主义的原则运用到经济活动中去,并不受所有权的约束;当存款被提取,又属私人所有制支配的时候,就同时不再是存款,与信用社没有关系了。同时,存款是信用合作社的一种业务活动,其数量的多寡,影响不到信用社性质的变化,正如国家银行也有工商业资本家的存款,而国家银行的性质仍然是社会主义经济成分一样。过渡时期的社会是新民主主义社会。"新民主主义的合作社是和社会主义的合作社有差别的,但是,两者之间并没有隔着一条不可逾越的鸿沟。"[1]

新民主主义的合作社虽然以私有财产为基础,虽然还只是一种集体劳动,可是,这种组织一经发展下去,便会从集体劳动的组织走向集体财产、集体农庄的组织。到了那个时候,"新民主主义的合作社便走入社会主义合作社的境界了"。[2] 新民主主义社会的经济是过渡性的,因此,具有依附性的信用合作的性质也是过渡性的,如果说在新民主主义社会的前期信用合作还是"半社会主义性",那么在后期则应该说"几乎是社会主义性的了"。[3]

---

① 许涤新. 新民主主义的经济. 上海:三联书店,1949.
② 同①。
③ 李乡朴. 论新民主主义的合作社经济. 文汇报,1949 - 10 - 31.

第三节 "大跃进"和"文革"时期错误理论指导下的错误实践

过渡时期结束后,我国进入社会主义初级阶段。在中共十一届三中全会以前的这一段时期,农村信用合作社在错误的理论和政策指导下,走过了一个艰难曲折的历程。

一、"大跃进"中空前混乱的信用合作体制

1958年是我国第二个五年计划的第一年,也是各方面工作进行"大跃进"的一年。在"鼓足干劲、力争上游、多快好省地建设社会主义"的总路线的指引下,全国人民迸发出极大的热情。但是,在这一时期,客观经济规律被抛到了一边,瞎指挥风、浮夸风、共产风、强迫命令风等风盛行,给经济工作造成极大危害。农业生产需要"大跃进",资金就需要大供应。1958年2月,中国人民银行总行发出《关于积极开展农村存款为农业生产高涨准备充裕资金的指示》,要求1958年6月底农村储蓄存款余额要在上年同期的基础上,增加50%左右。同年,在安徽阜阳和上海召开了为农业生产大跃进筹集资金的现场会。此后,各地大办实物存款,弄虚作假、强迫命令等不正之风在农村金融战线上乱刮起来。信用社(后来变为信用分部)被当作社队平调社员财物的工具。公社、生产大队和生产队强迫征用社员的木料、砖瓦、农具等财物,折成现款,算作社员在信用社的存款,开给存单,同时算作信用社对社队的贷款,立贷款借据。这样一折腾,信用社或信用分部的存放款数字,在几天甚至一天之内就翻几番,真是"一夜之间,卫星上天"。有些地区的社队强迫群众出卖金银首饰,向信用分部存款,甚至连群众正在使用的铜、铁器具也得变卖存款;有的地区连全社有多少只鸡、能生多少蛋、能卖多少钱,都算作存款的

源泉,进行规划,按户按人给社员分配存款任务,真是"充分挖掘"了农村资金潜力;更有的银行和信用分部的干部、职工,坐在办公室里"大跃进",既不见钱,也不见物,干脆弄虚作假,记空账,虚存虚贷、虚收虚付,现代商业银行的信用创造能力也远不及此,真是所谓的"自来水笔货币"。

与此相适应,农村信贷体制也进行了大的"改进"。为了适应1958年实现人民公社化后的形势,同年底,中共中央、国务院印发文件,规定设在人民公社的国家银行营业所和农村信用社合并,组成人民公社信用部。1959年上半年,中共中央和人民银行总行再次分别印发文件,规定将下放给人民公社的银行营业所收回,不再下放给人民公社了;将原来的信用社从人民公社信用部里分出来,下放给生产大队变为信用分部。信用分部的职工由生产大队管理,盈亏归生产大队统一核算,业务经营由生产大队和公社信用部双重领导。之后,全国各地基本上以生产大队为单位建立了信用分部。信用分部成了生产大队所属的一个部门,大队有权决定和指挥信用分部的工作,有权调用信用分部的职工,有权使用信用分部的资金,有权决定信用分部的贷款。结果,有的地区的社队没有钱给社员发工资或分配兑现,就让信用分部给社员开存单,算作工资或分配收入转存入信用分部,信用分部再算作贷款给社队,增记社队贷款;有的地区的社队强迫信用分部发放不符合政策规定的贷款,或随意挪用分部资金作财政性开支,甚至贪污、挥霍浪费信用分部资金;有的地区信用分部的职工被长期抽调搞其他工作,严重影响了信用分部业务的正常开展。建立信用分部的教训是惨痛的。1962年中央总结了多年来的经验教训,决定进一步加强银行信贷的集中管理。同年11月,中共中央和国务院将中国人民银行总行《关于农村信用社若干问题的规定》批转各地试行。该规定重新明确了信用社的性质、任务、业务经营范围、管理体制等,指出信用社是集体所有制的农村人民的资金互助组织,是国家银行的助手,是我国社会主义金融体系的重要组成部分;信用社的财产属信用社社员集体所有,信用社的资金和存款,任何部门和个人都无权抽调挪用,信用社实行独立核算、自负盈亏;信用社的最高权力机关是社员代表大会,信用社的重大事宜要经社员代表大会决定,信用社实行民主管理制度;其他方面的规定如盈余分配、干部职工的任免及工薪待遇、信用社与国家银行的关系、存贷款业务方面的规定等，都大体反映了合作金融组织的要求。

信用社经过整顿恢复，各项工作逐步走入正常。在三年困难时期，农村中高利贷死灰复燃，信用社在支持社会主义集体经济、支持贫下中农、打击高利贷剥削等方面，发挥了重大作用，重新赢得了广大社员群众的信赖。

二、"文革"时期错误理论指导下的失败改革

"文化大革命"期间，对农村信用合作社也进行了"改革"，但这种"改革"是在错误理论指导下的失败改革。

1969年1月，中国人民银行总行在天津召开信用社改革座谈会。对于信用社的机构设置，会议上介绍了两种形式：一是保留设在公社的信用社，在生产大队建立信用站；二是把信用社下放给大队（或几个大队联合办信用社），公社设银行服务所（即银行营业所）。会议认为，一个公社一般不应同时设银行服务所和信用社两个机构。会议指出，信用社改革的两个根本性问题，一是实行贫下中农管理，二是职工不脱产，走亦工亦农的道路。所谓贫下中农管理，就是要把信用社的人权、财产和资金使用权交由贫下中农掌管；所谓职工走亦工亦农道路，就是要把信用社的脱产职工下放，改为不脱产，边参加生产劳动，边办信用社业务。

从各地的试行结果看，就信用社的机构设置而言，绝大多数省区都是在公社建立信用社，在生产大队建立信用站，部分地区还在生产队设立信用小组或代表，实行信用社统一核算、两级管理；只有少数省区的全部或部分地区实行在生产大队设信用社，或由几个大队联合办信用社。此外，也有一些地区，在公社一级实行银行营业所和信用社合一（有的叫合署办公），一套人马、两块牌子、两套账、分别核算。关于贫下中农管理问题，大部分地区都建立了贫下中农管理委员会。但这种委员会根本就是文不对题的，它完全否定了合作社的社员民主管理性质，否定了社员在信用社中的主人地位，因为"贫下中农"的范围既包括信用社社员，也包括非社员。这种委员会在实践中性质不

清,任务不清,组织形式不清,只能给信用合作工作带来混乱。关于信用社职工实行亦工亦农问题,这种改革从一开始便推行不动,强行实施的结果是给信用社职工思想上造成极大伤害,生活上带来许多困难。合作金融组织在创立初期业务量少、服务范围小、组织松散化的情形下,是可以采用职工不脱产形式的,但在我国地域广阔、信用社已发展多年、服务面广、业务量大且信用社又多设在公社所在地的情况下,推行亦工亦农的改革显然是"左倾"盲动。

"文化大革命"给信用合作工作带来的破坏是巨大的。其间,歪风邪气盛行,信用社业务发展缓慢,农村高利贷活动猖獗。信用社不再是农民的"小银行",而成为"无产阶级专政的工具"。

三、信用社"两重性质"的谬论

"文革"结束后,我国进入了一个新的历史时期。由于长期"左倾"意识的影响,人们的思想并没有得到彻底的拨乱反正。1977 年 11 月,国务院发出《关于整顿和加强银行工作的几项规定》,提出"信用社是集体金融组织,又是国家银行在农村的基层机构。……信用社的资金应当纳入国家信贷计划,人员编制应当纳入县集体劳动工资计划,职工待遇应当与人民银行基本一致"。为贯彻国务院指示,中国人民银行总行于 1978 年 5 月,就信用社的机构设置、领导关系、业务经营等方面作出了具体规定:农村基层金融机构的设置,原则上按人民公社设信用社,或营业所、信用社合一的机构。根据需要在生产大队设信用站。在经济活动集中或边远分散的地方,可设信用分社。在一个公社已有银行营业所,又有信用社的,所、社合为一个机构,实行统一领导,挂两块牌子,使用两个印章,办理银行和信用社的业务。只有信用社没有营业所的,只挂信用社的牌子,使用信用社的印章,由信用社承办银行和信用社的各项业务。以上两种机构形式,同样都是国家银行在农村的基层机构,执行统一的金融政策、统一的计划管理和统一的规章制度。上述体制对于统一银行、信用社的力量,加强对信用社的管理无疑是起了一定的作用的,特别是经过清财务、清资金、清账务的"三清"整顿工作,信用合作工作又呈现出新的面貌。但是,上述体制的缺陷也是明显的,突出表现在,它抹杀了信用社的合作金融性质,将两类不同性质的金融组织人为地合并在一起,使信用社丧失了组织上的群众性、管理上的民主性和经营上的灵活性。

回顾多年来信用合作社的发展历程,无论是"下放"给人民公社和生产大队,成为社队的财务部,还是接受贫下中农管理,走亦工亦农道路,或是与银行营业所合并,成为银行的基层机构,不仅都未能找到一条适应合作金融事业健康发展的正确道路,而且给合作金融事业带来许多危害。

四、改革开放前合作金融制度建设及展业方面的经验教训

过渡时期的信用合作工作,是在小农经济如汪洋大海般的我国广大农村中破除旧的借贷关系、建立新的借贷关系的一场深刻变革。在这一伟大变革过程中,有成功的经验,也有失误的教训。

1. 组织信用社必须掌握自愿原则,积极而又稳妥地进行。信用合作社是群众自己的金融组织,只有群众真正自觉自愿地接受了,入社后才能积极参加信用社的活动。信用社有了社员群众的支持配合,才能稳步地发展壮大。坚持自愿原则,就是在群众愿意的前提下,积极地把他们组织起来。也就是说,不能用强迫的办法使农民入社。越是强迫农民加入,农民便越躲得远。没有人与信用合作社来往,信用社就会变成"空城"。

2. 把握信用合作社业务的经营方向。信用社成立后,一部分社遵循信用合作的宗旨,帮助农业社和农民解决生产、生活所需资金,发展、壮大社员及农业社的经济;另一部分社则不顾信用合作社章程,贪图赚钱。既然要赚钱,在业务上就难免走歪路,甚至出现商业投机行为等。这些社往往过分强调信用的一些特征,在吸收存款和发放贷款的时候,总是怕和贫农往来。一怕贫农要求贷款多,给信用社增加困难;二怕贫农贷款收不回来。总愿意锦上添花,不愿意雪中送炭,这样就使信用合作社偏离了合作互助的宗旨。

3. 不应强加给信用合作社过多的政治使命。信用社是对农业实行社会主义改造的一个途径,当时要求信用合作工作一定要正确贯彻共产党在农村

的阶级路线,具体说就是要依靠贫农和中农的积极分子组织信用合作社,吸收贫农和中农入社,不准富农参加。实际中执行这条路线的错误,也有两种:一是过分热心中农入社,产生了排挤贫农的偏向。这些社认为中农存款多,还款快,买公债多,并把贫农入社看成"包袱",不愿贷款帮助贫农解决困难。二是有的社抱着"揩中农油"的错误思想,在建社时违反自愿互利原则,强迫中农多入股,或者只动员中农存款而不贷款给中农解决困难,或者强调贫农应占优势,限制中农当社干,这样就伤害了贫、中农的团结,也阻碍了信用合作社的发展和巩固。

以1959年人民公社的"公有化"运动为起点,至1980年农村经济体制改革废除人民公社制度为止,在"左"的思潮干扰下,在高度集中的计划经济的大背景下,农村信用合作社几次大起大落,丧失了为社员服务的合作金融性质,农村信用社曾两度先后下放给人民公社、生产大队和贫下中农进行管理,又最终收回归人民银行管理。而农业银行作为从事农业信贷的专业银行,也经历了"三次成立,三次撤销"的命运,也没有发挥应有的作用。信用社逐步从创社之初的合作金融组织演变成改革开放前的国家银行基层机构,成为"官办"机构,合作经济组织变成向计划经济过渡的工具。

总而言之,从中华人民共和国成立到改革开放前近三十年,这一时期的社会主义合作经济理论认为生产关系变革即为"制度变革",合作化的演进适应着生产关系的调整。而且,以快速过渡的方式完成"改造"的目的,严重忽视了生产关系背后的生产力的客观要求,而这些要求才是推动"制度变迁"的真正动力。这一时期社会主义合作经济理论与其在实际中的运用出现的一些问题不是技术性问题,而是制度性问题。有学者认为,从规范的合作经济学的视野看,这些制度性问题主要有:[1]

第一,阶级斗争意识与集体化意识无法激励社员在农业合作社化中采取一致的集体行动。

第二,以"改造"作为农业合作化的理论核心,无法克服激励不相容问题。

---

[1] 于跃门. 大陆农业合作化的省思. 合作发展,1998(10).

第三,利用集体化方式推动农业合作化,导致生产关系恶化,无法发挥合作化的正面效果。

第四,视生产关系变革为制度变迁,无法降低合作化的交易成本。

第五,农业合作化只强调"劳动密集"与"组织密集",无法实现规模经济。

第六,社会主义民主管理阻碍社员实际参与经济决策,降低社员对合作社的认同感。

第七,无限制地累积集体财产,扩大农业合作化的经济效率损失。

第四章

1978年至今改革开放时期合作金融制度建设及展业思想学说和主张

第一节 "把信用社真正办成合作金融组织"的方针与创新

一、正本清源:"把信用社真正办成合作金融组织"

(一) 农村信用合作社的改革历程

中国共产党十一届三中全会以后,我国的经济体制展开了全面深入的改革。农村信用合作社的改革也引起了广泛的重视。

1980 年,中央财经领导小组认为信用社不能"下放"给人民公社,也不能"官办",这都不是把信用社办成真正集体的金融组织。信用社应该在银行的领导下,实行独立核算,自负盈亏,要起民间借贷的作用。这是改革开放后最初确定的信用社改革指导思想。[①]

1983 年中央文件第一次明确信用社应坚持合作金融的性质,1984 年中央文件再次指示:"信用社要进行改革,真正办成群众性的合作金融组织。"至此,我国农村信用合作社经过多年曲折之后,终于找到了一条正确之路。此后中央的有关文件里,对恢复合作金融性质的信用社的改革又作了明确的规定,指出要恢复农村信用社"三性"即"组织上的群众性、管理上的民主性和经营上的灵活性",在国家方针政策指导下,实行独立经营、自负盈亏、独立核算,充分发挥其民间借贷的作用,逐步把信用社办成群众性的合作金融组织。尽管已开始注意到合作金融的"民办合作性",但这一时期尚未认识到经营形式应当具有市场经济的性质,"三性"也并未充分反映合作制的本质。该时期合作金融的理论研究集中在合作金融的性质是否是集体经济方面,在实践上

---

① 参见《中国农村信用社改革发展大事记》。

的结果是信用社的经营管理体制没有发生实质性的变化。

从1983年改革试点开始至1996年的十多年时间里,信用社改革经历了两个阶段。1983年开始是宣传发动阶段。改革的主要内容是清股扩股,实施分红,成立各种民主组织,加强宣传工作。信用社从国家银行机构改革为合作金融机构的思想得到了广泛的宣传,同时,信用社在自主经营方面有了较大突破,信用社开始有了资金营运权、贷款审批权、利率浮动权和利润分配权。全国县一级均成立了联社,信用社的劳动工资制度也开始按合作性质进行改革。改革的总趋势是:行社脱钩,信用社从国家银行的基层机构向自主经营、自负盈亏、自担风险的合作金融方向发展。

1996年8月,国务院发布了《关于农村金融体制改革的决定》,明确指出我国农村金融体制改革的目标是建立和完善以合作金融为基础,商业金融、政策金融分工协作的农村金融服务体系,同时明确重点是改革农村信用社管理体制,建立和完善农村合作金融体系,改革的核心是按合作制规范农村信用社,把信用社改造成真正的合作金融组织。按照这一决定要求,到1996年年底,全国农村信用社与农业银行实现了平稳脱钩,不再由农业银行领导和管理。1997年6月,中国人民银行内设专门的农村合作金融监督管理部门,承担对农村信用社的行业管理和监督职能,加强了农村信用社的县级联合社的建设。1999年,农村信用社行业自律组织开始试点组建。行业自律组织对信用社实行自我管理、自我约束,反映和维护信用社的合法权益,对信用社承担管理、指导、协调、服务职能。

2003年6月,国务院印发《深化农村信用社改革试点方案》,开始了全国8个省市信用社的改革试点。改革要求按照"明晰产权关系、强化掣束机制、增强服务功能、国家适当支持、地方政府负责"的总体要求,加快农村信用社管理体制和产权制度改革,把农村信用社逐步办成由农民、农村工商户和各类经济组织入股,为农民、农业和农村经济发展服务的社区性地方金融机构,充分发挥农村信用社农村金融主力军和联系农民的金融纽带作用。

(二) 城市信用合作社的歧路

中共十一届三中全会以后,城镇集体经济和个体经济蓬勃发展,商品流通渠道扩大,市场交易活跃,货币收支频繁,银行业务骤增,一时出现了城镇集体企业和个体经济户在银行开户难、贷款难、存款难、结算难的问题。在这种情况下,以城镇集体经济、个体经济为主要服务对象的城市信用合作社应运而生。

1979 年,河南省漯河县成立了城市信用合作社。1984 年,中国工商银行设立了以城镇个体经济信贷和个人消费信贷为主要业务的个体业务部,领导和管理城市信用社的业务。1988 年 8 月 16 日,中国人民银行发布《城市信用合作社管理规定》,规定城市信用社必须实行独立核算、自主经营、自负盈亏、民主管理,办成具有法人地位的独立的经济实体,不得作为银行或其他任何部门的附属机构。城市信用社主要设在大、中城市,不得设立分支机构。城市信用社的设立和经营受中国人民银行领导、管理、协调、监督和稽核。城市信用社实行民主管理,由股东代表大会选举理事会和监事会,实行理事会领导下的主任负责制。可以成立城市信用社市联社。但是,大多数城市信用合作社并没有完全遵循合作社的原则,实际上是一个面向社会提供金融服务的股份制小商业银行。在城市信用合作社发展过程中存在着规模小、风险大、资金成本高等问题。也有一些城市信用社股权结构不合理,经营管理混乱,管理体制不健全,受组建单位或挂靠行政部门干预严重,甚至为少数企业和个人所控制。如有些地方没有资金且无合格的管理人员,也办了城市信用社;有些组建部门将城市信用社当作自己的附属机构;有的吸收国营单位、国家机关入股;有的擅自向国营企业、国家机关、部队吸收存款和发放贷款——均违背了《城市信用合作社管理规定》。

针对城市信用社发展中出现的问题,中国人民银行决定从 1989 年下半年起对城市信用社进行清理整顿。这次清理整顿结束不久,我国经济发展又出现过热,金融秩序出现了乱拆借、乱集资、乱投资的"三乱"。在地方利益驱动下,城市信用社发展失控,贷款受地方干预大,有些信用社超范围经营,乱拆借、炒股票、炒房地产等，造成资产质量低，经营风险大，有的甚至出现支付危机。但城市信用社还是得到了较快发展，1994 年年底，全国城市信用社已发展到 5 200 家。

1993 年 12 月，国务院《关于金融体制改革的决定》中提出："积极稳妥地发展合作银行体系。合作银行体系主要包括两部分：城市合作银行和农村合作银行，其主要任务是为中小企业、农业和发展地区经济服务。"

对组建城市合作银行问题，鉴于大多数城市信用社已背离了信用合作制的原则，成为小商业银行，1995 年 9 月国务院《关于组建城市合作银行的通知》决定，在城市信用合作社的基础上组建城市合作银行，凡不符合人民银行新发布的《城市信用合作社管理规定》的城市信用社都必须加入，以利于清理整顿城市信用社，解决现存的问题。这次组建的城市合作银行实行股份制，因此它的性质已不属于合作金融，而是商业银行。在城市合作银行组建后，仍要继续发展城市信用合作社，但必须办成真正的合作金融组织；按规定，由社区居民、个体工商户和资本不超过 100 万元的企业等入股组成，由社员民主管理，成为主要为社员提供服务的社区金融组织，即股份制的"城市合作银行"（商业银行）和合作制的城市信用合作社将共同存在。显然，城市信用合作社在向合作银行的转化过程中步入了误区，具体表现在：

第一，合作银行虽然在名称上保留了"合作"，但它是商业银行，接受《商业银行法》约束。由于合作社与公司是两种相互独立的企业形式，如果合作银行为合作社性质，又要采取公司形式，在法理上是矛盾的。因而，合作银行不应该是合作社。正因为如此，在理论界的压力和各方面的责难面前，1998 年 1 月，中国人民银行决定把城市合作银行更名为城市商业银行。

第二，行政性地取消原城市信用合作社的法人地位，实行一级法人制。城市信用合作社虽是按照现代企业制度的模式建立起来的，但缺乏现代企业所具有的有效的公司治理结构：一是出资者虽然"确实在位"，但合作金融组织的实际控制权掌握在政府选派或指定的高层经理人员手中，不能确保他们按照出资人的利益和合作银行自身的经营目标而有效地工作；二是在由计划经济向市场经济过渡的转轨时期，经理人员损害合作银行股东或外部股东利益行为的"内部人控制"现象不可避免,城市合作金融的制度性绩效也不可能实现。[1]

二、增加新型金融机构,培育竞争性的农村金融市场

2005 年 1 月,国务院颁布《关于进一步加强农村工作提高农业综合生产能力若干政策的意见》,重新提出建立农村金融体系。指出要针对农村金融需求的特点,加快构建功能完善、分工合理、产权明晰、监管有力的农村金融体系;继续深化农村信用社改革;培育竞争性的农村金融市场;在有条件的地方,可以探索建立更加贴近农民和农村需要的小额信贷组织。此后,农村地区银行业金融机构准入政策放宽,三类新型农村金融机构——村镇银行、贷款公司和农村资金互助社应运而生。农村资金互助社是一种正规合作金融,股份制性质的村镇银行则被某些学者称为"农民合作金融组织创新的新形式"。

村镇银行的快速发展,无疑给农村金融市场注入了新的活力,一度弥补了农村金融市场部分业务需求的空缺,缓解了部分农村金融不足的压力。与此同时,也在一定程度上打破了农村合作金融机构在金融领域的垄断地位,形成了与农村合作金融机构相互竞争的局面。2011 年年底,全国 242 家银行业金融机构共发起设立 786 家新型农村金融机构,其中村镇银行 726 家,贷款公司 10 家,农村资金互助社 50 家。

进入 21 世纪以来,国家对农村金融体系建设的重视程度日渐提高。但农村金融体系的完善不是一朝一夕可以完成的,应深化改革,继续加强农村合作金融机构建设;规范农村民间金融,推进新型农村金融机构的发展;建立健全农村金融风险控制机制;出台扶持农村金融的法规,尤其是《合作金融法》;创造良好的经营环境,让农村金融持续稳健发展。

---

[1]　何广文.合作金融理论与实践.国家哲学社会科学课题研究成果,1999.6.

第二节 计划经济向商品经济过渡时期合作金融理论的全面探索

中国共产党十一届三中全会以后，我国的经济体制展开了全面深入的改革，由计划经济开始向商品经济过渡。过渡时期合作金融的理论研究集中在合作金融的性质是否属于公有制性质的集体经济组织方面，但也有学者开始系统地对合作金融的特性、原则，合作金融与商业金融、与股份金融、与集体金融的区别与联系，合作金融的组织形式，合作金融与国家的关系，合作金融的必要性和地位，我国农村信用社改革要坚持合作金融方向等方面进行研究。首次明确合作金融与商业金融、政策金融一起，是我国金融体系的重要的组成部分，是我国农村金融体系的主体。[①] 过渡时期提出的这些基本理论问题，在社会主义市场经济理论提出后，又有新的认识。

农村信用合作社改革在初期也是方向不明。1980 年，中央财经领导小组认为信用社不能"下放"给人民公社，也不能"官办"，这都不是把信用社办成真正集体的金融组织。信用社应该在银行的领导下，实行独立核算，自负盈亏，要起民间借贷的作用。这是改革开放后第一次确定的信用社改革指导思想，信用社被定性为"集体的金融组织"。

1983 年中央 1 号文件《当前农村经济政策的若干问题》明确指出：信用社应坚持合作金融的性质。这是新中国成立后第一次提出了信用社的合作金融性质。1984 年中央 1 号文件《关于 1984 年农村工作的通知》再次指示："信用社要进行改革，真正办成群众性的合作金融组织。"

合作金融与集体金融是不是一回事？两者之间的关系如何？信用社是否属于公有制性质的集体经济？这些问题既是理论问题，也是改革实践亟需

---

① 李树生，岳志. 合作金融概论. 长春：吉林人民出版社，1989.

解决的方向性问题。弄清这一问题首先要阐明什么是合作金融,它有哪些特征。由于新中国建立后有三十多年未出现过"合作金融"这一概念,而是通用"信用合作"这一名词,因此理论界和实际工作者对"合作金融"这一经济范畴已十分陌生,于是,对合作金融理论的探索便从基本概念开始。

一、合作金融概念与特征

1988年,《财经科学》杂志刊文《合作金融的概念特点初探》,[①]从合作金融发展历史及所体现的经济关系角度,探讨了合作金融的概念和特点:

合作金融依其发展过程可区分为传统的合作金融和现代的合作金融两种形式。传统的合作金融形式,如我国古代的社仓制度、合会形式等,是在商品货币关系有了一定发展的社会经济条件下,劳动群众为避免高利贷剥削而自愿组成、自营自享的一种资金融通形式。封建社会里,高利贷信用在借贷领域里居主要地位,劳动群众不堪忍受其重利盘剥而组织合会等具有充分互助合作精神的融资形式。进入资本主义社会,银行信用占据统治地位。但一般贫民信用力量薄弱,很难获得银行的贷款,唯一出路便是联合起来,采用合作制的形式,组建自有、自营、自享的金融机构,即信用合作社,来达成自助、互助的目的。在社会主义社会,由于商业银行要实行企业化经营,规模效益的原则使其业务活动只能局限于一定范围,而合作金融组织在一定区域和范围仍有效率优势,仍有继续存在和发展的必要。

从合作金融所体现的经济关系看,其融资活动的前提是会员缴入一定货币资金,融资过程则是按自主经营、民主管理等方式进行,经营活动的结果是成员获得优惠的服务和经济利益,合作金融体现的是一种自愿、民主、互利的合作关系。

合作金融虽然也采取集资入股的方式,但它与股份公司有明显的区别——它带有明显的劳动群众集体占有性质,但它又没有采取完全集体占有

---

① 岳志. 合作金融的概念特点初探. 财经科学,1988(5).

的方式,而含有个人占有的因素(例如信用合作社自有资金中,积累部分是公有共用的财产,社员股金可随时退股,属私有共用的财产);它虽然是合作互助组织,但又不同于慈善机构;合作金融组织的宗旨表明,它既是金融企业,又是群众性的合作经济团体。在众多的金融组织形式中,它是一个特殊存在。

总之,合作金融是商品经济条件下劳动群众为改善自己的生产与生活条件,自愿入股联合,实行民主管理,获得服务和利益的一种集体所有和个人所有相结合的特殊的资金融通形式。自愿、民主、互利的合作关系是其在不同的社会制度下所具有的共性。信用合作社、合作银行、合作企业特设的各种融资组织都属于合作金融组织。合会及部分具有互助性质的民间自由借贷,它们的活动基本不依据现代合作原则,属于传统意义上的合作金融。

1996年,曾康霖指出:按国际合作联盟提出的六条标准,"合作"的核心应是"人的合作",而我国城市信用社基本上是"资的合作",而且这种"资的合作"又发展到"协同融资"。因此,合作金融中的"合作"的含义需要发展,需要从我国的现实出发作出新的概括。①

1997年,杨少俊在《对合作金融的理论思考》一文中提出:合作金融是一个组合概念,是兼具合作经济与金融企业共同特征的一个特殊范畴。作为合作经济组织,它必须具备一般合作企业的特征,而作为金融企业,经营货币的特殊性决定了它作为劳动者联合的方式更多地体现为资金的联合,而非直接体力劳动的联合,并决定了它的服务方式是通过存、贷款业务服务于社员。②

1999年,何广文在《合作金融理论与实践》研究报告中认为,作为一种经济现象,"合作金融"概念具有较为广泛的涵义,它至少包含了以下几方面的内容:

第一,从狭义角度理解,表达的是在尊重个人财产所有权的基础上,人们彼此间按照国际通行的合作原则而建立起来的相互协作、互助互利式的"合作性"资金融通关系,是金融活动的一种形式。

---

① 曾康霖. 对建立我国合作金融体系的一点看法. 财贸经济,1996(2).
② 杨少俊. 对合作金融的理论思考. 中国农村信用合作,1997(8).

第二,从广义角度理解,是一种在自愿互利的基础上由经济人(个人和法人)按照国际通行的合作原则组成的互助性、非营利性的金融机构,是一种合作组织形式。在此种意义上,它表达的是合作金融机构、一种经济企业的概念。这种机构是由那些为取得资金信用、改善生产和生活条件的经济人,按照合作制原则自愿集资组织起来,并按信用合作社法注册的法人金融组织。合作金融组织是由分享其服务的利益的人们所拥有和经营的组织,该组织的经济主体是社员。信用合作社、合作银行、合作基金会、互助储金会、合作金库等是合作金融的具体的组织形式和承载主体。

第三,表达的是一种合作金融经济的概念。广义的"合作金融",不仅是指一种组织形式,而且是社会金融经济乃至社会经济结构中的一种重要的经济形式——合作经济,即合作社经济,是社会经济结构的有机组成部分。

第四,表达的是一种金融制度的概念,即合作金融制度。合作金融制度和股份金融制度是现代金融制度的两大基本类型。

典型的合作金融具有以下特点:①

第一,合作金融是经济上的弱者采用合作组织形式所经营的金融。

商品经济的发展必然造成人们经济地位的不平等。在资本主义条件下,在经济生活中处于弱者地位的中下层劳动群众难以从寡头金融机构那里获得信用。即使获得信用,也必然附加着苛刻的条件。对于资本主义社会的种种弊病,人们设想了各种医治方案,较有影响的便是合作主义学说。合作主义者按照自己的理想设计了合作原则,并进行了创办合作社的试验。具有进步意义的合作社为广大劳动群众所接受,他们按合作原则,组织自己的金融机构——信用合作社和合作银行,借以使自己的资金聚零成整、续短为长;或通过合作组织取得信用,向外融资,解决社员对于资金的需要。

第二,合作金融虽有精神及道德要素但不具慈善性质。

经济上的弱者之所以要组织信用合作社,是因为他们一般除了拥有劳动能力和少量生产资料以外,极缺货币资金。为了生产上和生活上的需要,他

---

① 岳志. 合作金融的概念特点初探. 财经科学,1988(5).

们大都有向别人借入资金的要求。在这种情形下,他们凭什么作保以向别人取得信用? 显然,除了其劳动能力及少量生产资料以外,必须依靠自己正直勤勉、忠实可信的人格。信用合作社吸收社员,特别注重其人格,不守信用、品质低劣者不能成为社员。这就使得经济上的弱者要提高人格素养,并且要互助互信、互负责任、互相鼓励。

合作金融机构的授信业务,以改善社员的生产条件为主要目标。传统合作金融组织如合会,会员筹集资金一般都是用于婚丧嫁娶、盖房医病等非生产性用途,而用于发展生产的需求反而不能成为借款的理由。合作金融也不同于高利贷,高利贷一般只注重偿还的保障,而不注重借款用途。另外,合作社特别重视自己的教育职责,利用各种机会向群众宣传合作思想,提高人格信用,并采取多种措施帮助社员及合作企业培训财务人员,加强财务管理,协助制订生产计划,等等,这一点与其他金融组织是不同的。

虽然合作金融的宗旨是互助互利,具有精神及道德的成分,但它不具有慈善性质。陈果夫说:“合作运动的理论完全建筑于伦理的与经济的两个立足点方面。”任何合作社都不是慈善团体,而是立足于自己的力量,达到一定的经济目的。信用合作社毕竟还是信用机关,它吸收群众储蓄,向社员发放贷款,从金融市场借入资金等,都须遵循信用原则,按条件偿还本金并付利息。至于慈善团体和社会福利机关对贫困群众贷放无息的小额资金,或发放无须偿还的救济资金,这种行为从原则上说不应是合作金融组织的行为,因为信用合作社终究是强调自助互助的团体,它要进行企业化经营。另外,一些人从社会政策角度考虑,主张信用合作社应进行无息或微息的贷款,但实践结果却是使信用合作事业受挫折。

第三,合作金融是相互金融,不以营利为目的。

合作社是为社员服务的机构,它是要利用团体互助的方法,替社员解决个人力量不易解决的经济问题。在信用合作社中,社员有余款存储于社,需用款项时则向社告贷,利用资金余缺的时间差,社员需求得以调剂,互助互利得以实现。合作社向外借入资金时,以全体社员信用作保,即使不需用款的社员,也须共负责任;合作社的业务风险,也须由全体社员承担。所以,合作金融的本性比较稳妥与安全,不求盈利,不图虚伪成绩,不参加投机事业。合作社从原则上说为社员提供服务,一般不会大量为非社员提供服务。既然是主要为自己的社员服务,则营利的动机便无从产生了。合作金融组织如果要保持它固有的原则,并完成它所应负的任务,在资金运用方面必须注意这个特征。因此,评价一个公司经营成绩的优劣,要以它年终盈余的多寡为准绳,但评价一个合作社经营成绩的优劣,就要以它对社员服务的质量为标准。

第四,合作金融是人的结合,而非资本的结合。

合作社是各社员的组织,个人的合作是其基础。合作社的联合组织成员构成虽是各基层合作社,但仍不改变这一特点。合作社之所以强调人的地位,是因为参加合作社的大都是经济薄弱的劳动者,是为了使"无钱之人"有机会加入合作社。而且合作社不限制人数,实行门户开放政策。在股份制企业中,资金具有绝对的权威,股东的表决权及分红权都要以其股金的多寡为标准。合作组织则不如此。它实行一人一票,且将其作为原则,不论缴纳股金多少,每个社员一般都只有一个表决权。资金在这里已失去了特权,它只是充作达到合作社服务目的的一种手段。信用合作社的出资者即为其资金的利用者,主体与客体合二为一了,所以社员对信用社的要求是为他提供更多的服务,而不是取得更多的特权;另外,信用社社员大多是社会上的经济弱者,并不是资本雄厚的人,他们一般也没有力量去购买大股,而且各国对合作社社员认股的最高数额多有限制性的规定。

第五,合作金融组织以业务交易量作为社员权责利的标准。

合作社是以对社员提供服务为宗旨的机构。这种服务主要表现在社员与合作社的业务往来中,社员与合作社业务往来量的多少也就表现出社员获得服务的多少。资金既然是合作社对社员提供服务所需使用的手段,那么接受服务较多的人,自然应该对提供资金有较多的责任和义务。根据这个道理,有些国家便规定社员缴纳股金的数额与其交易额成比例。业务交易量大的社员担负更多的责任,对合作社的业务方针、财务管理、盈亏分配等方面取得较多的权利,就合作制度的原理来说,也是合理的。所以有些国家不但将合作社的盈余按社员与合作社的交易额比例分配,而且对业务交易量特别多的人,在一人一票之外另增加其表决权。

第六,合作金融可得到政府的特殊优待。

合作社是平民即经济力量比较薄弱的人们的组织,农村的合作金融还面临农业比较利益偏低的问题,政府无论就其社会政策的观点,还是经济政策的观点,都会感到有予以支持的必要。在过去只是少数国家如此,现在已是多数国家都这样做。政府对合作金融组织的支持,或者是给予长期低息贷款,或是协助设立合作银行,或是在税收上给予优惠,等等,这是一般金融企业所享受不到的。

合作金融的上述特点是就其基本方面概括的,是典型的合作金融组织的活动所应具有的。由于合作金融事业在不断发展,合作金融组织在组织形式、管理体制、业务经营、分配方式等方面一直在随着生存环境的变化而不断变化,加上各国政府对合作制的干预,合作金融的上述特点有的已不那么明显,有的演变出新的特质。根据这些变化,戴相龙概括我国农村合作金融有三个特征:"合作制本质特征就是由社员入股组成,实行民主管理,主要为社员服务。只要体现了这些原则,农村信用社就是合作金融组织。"[1]何广文概括合作金融有两个基本特征:一是"自我服务",即通过资金余缺在投资者或社员间调剂所体现出的资金互助性,服务对象以本社社员为主。二是非盈利性,即信用合作机构不以盈利为目的。[2]

徐永健从产权关系、管理体制和经营方式等方面概括了合作金融组织的基本特征:[3]

第一个层面,合作金融组织作为经营货币、信用的特殊企业,企业经营所需的各种生产要素,是以承认合作者个人财产所有权为基础,以自愿入股投资形式组织起来的。合作者的股权代表个人对财产的最终所有权,不仅是参与合作劳动和经营活动的资格,也是参加权益分配的重要依据。

---

[1] 参见戴相龙 1997 年 2 月 24 日在全国农村信用社管理体制改革工作会议上的讲话《把农村信用社办成合作金融组织,更好地支持农业和农村经济发展》。
[2] 何广文. 合作金融改革研究中几个理论问题的述评. 浙江金融,1997(6).
[3] 徐永健. 论合作金融的基本特征. 财贸经济,1998(1).

第二个层面,合作金融组织采取最能体现合作者主体信用的民主管理体制,按照权责明确的原则,其法人治理结构,通常采取所有权和经营权分离,立法、执法和司法职能部分相互制衡的形式。

第三个层面,合作金融组织的业务服务,贯彻主要面向合作者优先提供的原则。合作金融组织是合作者的利益共同体,合作者的利益,并非单纯从获取合作金融组织经营活动的最终结果——利润的形式得到实现,而在很大程度上是以低于一般市场交易成本的代价获得各种金融服务的形式得到实现。

二、合作金融与集体金融的关系的讨论

对这一问题出现的争论,大致有以下几种认识。

1. 合作金融是集体金融的一部分。认为合作经济并不是独立的经济成分,它在实质上从属于一种能够表明社会特征的公有制形式即集体所有制。合作金融组织的组建和业务经营是按照集体经济的特征进行的,即生产资料属集体所有,集体经营、民主管理,收益实行按劳分配。恢复信用社的合作金融性质,就是要真正按照集体所有制性质的一整套管理办法来管理信用社。[①]

2. 合作金融包含着集体金融,后者是前者的较高形态。集体金融组织是单一的所有制,而合作金融既有单一所有制,也有复合所有制。现存信用社是以集体所有制为基础的合作信用组织,而不是合作金融组织的唯一形式。

还有学者认为我国的农村合作金融并不仅仅是一个信用合作社,而是比信用合作社层次要高、结构也较为复杂的一个有机整体。确切地说,就是中国农业银行与农村信用社围绕着为发展农村经济服务的共同目标,在不改变各自所有制的前提下,按照一定的内在联系而组合起来的一种体系。即我国农村合作金融既包括集体所有制的信用合作社,也包括全民所有制的国家

---

① 孙根深. 论信用社的性质和改革任务.

银行。[①]

3. 集体金融等于合作金融。二者只有词义上的差别,而无实质区别,它们是一种东西的两个名称。从合作经济的自愿联合、民主管理、平等互利等几个特点看,集体经济与其内涵完全相符,外延也是一致的。不存在一种集体所有制以外的合作经济,也不存在与合作原则相悖的集体经济,二者是完全相同的。

4. 合作金融与集体金融是两种不同的经济成分,是两个不同的概念。一是产生的历史条件不同:现代合作金融产生于自由经济社会,是为了对抗大资本而组织和发展起来的,而集体金融则是在无产阶级专政的条件下,为了对小农进行社会主义改造而建立和发展起来的;二是经营的目标不同:合作金融组织是为自我服务,服务性是它的特征和最显著的标志,而集体金融组织,作为一个完全的金融企业,其所追求的目标应该是利润;三是管理的方式和原则不同,"权务均等,一人一票"是合作金融组织的活的灵魂;四是合作金融组织不是一种独立的所有制形式,它是不同的所有者、不同的经济成分的混合体,而集体金融组织则是社会主义公有制的两种形式之一;五是集体金融组织财产归社员集体所有,在国家银行的直接领导下经营业务,职工由国家银行任免,合作金融组织监理事则由合作社社员选举。集体金融组织是适应集体经济发展需要而存在和发展的,而合作金融的基本特征体现在国际公认的流通领域的若干合作原则上。[②]

集体所有制与合作制是两种差别很大的企业财产组织形式。集体所有制产生于生产资料公有制体系中公有化程度较低的层次,其所体现的产权关系基本特征是:除劳动力外的一切生产要素都归劳动者集体所有。劳动者个人作为劳动集体的一员,虽属于所有者,但个人现实的财产权利是无法体现的,不论参加劳动集体的成员拥有过多少生产资料,他一旦加入了集体,就失去个人的所有权。而合作制是在个人财产所有权基础上形成的生产资料混

① 孙少毅,高铁峰. 对农村合作金融再认识.
② 李怡农. 关于我国农村信用社改革问题的研究报告,1991.

合所有制,其财产关系是:参与合作者所提供的所有生产要素,在合作社生产经营活动中是被集体共同运用的,但合作参与者始终拥有财产所有权。两种产权形式的最主要差异在于是否保留、存在最终所有者的私人财产所有权。①

5. 合作金融与集体金融是一种交叉关系,有些合作企业也可以被认为是集体经济企业,有些集体企业也可以看作是合作企业。集体金融是合作金融在社会主义计划经济时期的一个特例,在计划经济时期,集体金融就是合作金融,二者始终是同一的,不存在合作金融之外的集体金融,也不存在集体金融之外的合作金融。②

合作金融与集体金融的关系扩展一点说就是合作经济与集体经济的关系。合作经济与集体经济是同一事物的两个方面,从经营和组织的形式上把它叫作合作经济或合作社经济,从所有制上把它叫作集体经济。这里,我们把集体所有制经济又分为完全集体所有和不完全集体所有两种形态。完全集体所有制的合作经济是社会主义社会合作经济主要的基本的形态,其主要特征是生产资料完全归集体所有,全部实行按劳分配;不完全集体所有制的合作经济以其多变的形式适应着当代社会主义国家经济改革不断变化的状况,占据越来越重要的地位,这种形态的合作社一般以入股形式联合起来,一部分生产资料的所有权归属于不同类型的所有者(个人、合作企业、经济联合体等),但共同使用,用公共积累增加新的生产资料,实行按劳分配及一部分股金分红。所以,合作经济就是集体经济,合作所有制也就是集体所有制。这一认识不是产生于机械地将合作经济与集体经济二者的所谓特征进行比较。因为在社会主义国家不断变革着的经济实践中,合作经济的形式是在不断变化着的,它的特征也并非一成不变,同样,集体经济的形式及特征也是不断变化着的。因此,依据二者各自在某一经济时期内表现出的特点并把这些特点当作它们各自固有的特征而机械地将二者进行比较、区分是不

---

① 徐永健. 论强化合作金融机构的产权约束,1994.
　　孙家驹. 农村信用社向农村合作银行发展过程中的几个问题. 财经理论与实践,1996(3).
② 岳志. 论集体金融与合作金融. 信用合作,1988(9).

科学的。①

社会主义国家的宪法和文献中,合作经济与集体经济也是相通的。由保加利亚、匈牙利、德意志民主共和国、波兰、捷克和苏联的中央合作联社联合撰写,国际合作社联盟第二十七届代表大会通过的《展望2000年世界合作经济》这一文献中的有关论述集中反映了世界主要社会主义国家对合作经济与集体经济关系的看法:"社会主义国家发展的基本规律之一,是在建设社会主义和共产主义的所有阶段都运用了合作社的业务经营、所有制与民主管理等形式。社会主义国家的经济制度建立在生产资料社会主义所有制的基础之上,包括全民所有制与合作社所有制两种形式。它们具有同样的社会主义经济性质,而其差别则在于生产资料和交换资料的社会化程度有所不同,在组织固定资产和流动资产的方式上和经营管理的方式上也有所不同。当社会主义国家向共产主义迈进时,合作社所有制将稳步地提高其社会化水平,直到成为全民所有制。……全民所有制与合作社所有制实际上是相同的类型,……它们友好相处,具有社会主义的互助合作的特征和无拘无束的发展生产力的机会,并保证社会主义国家和合作运动的共同目标能逐步完成,即尽最大可能满足全体人民、当然也包括合作社社员的物质和精神上的需要。"

我国农村近年来出现的合作金融组织中,一些由乡镇合作企业创办的合作基金会等,其自有资金来源于乡镇合作企业及合作企业的主管部门,属于完全集体所有制性质;城乡信用合作社,其自有资金的社员股金部分是私有共用的财产,积累部分是公有共用的财产。所以,信用社是不完全的集体所有制或混合所有制金融组织。传统的合会形式是一种松散组织,也可看作是不完全集体所有制组织的一种低级形式。总的来看,我国的合作金融组织形式与国外相比还比较单一,应该为合作金融的制度创新提供宽松的环境。

---

① 岳志.论合作经济与集体经济.合作经济研究,1989(4).

三、合作金融与股份金融的区别与联系

合作金融组织与股份金融组织从表面上看来,二者有很多相似之处。如二者的产生都是根源于资本主义的基本矛盾,都是在资本主义信用制度广泛发展的基础上产生的信用联合形式,都采取集资入股的方式,经营管理上都采取集体决策的方式,分配上都采取分红的方式,等等。但是,这只不过是表面的相似而已,事实上,二者在经营方针、管理原则、分配方式等方面都存在着本质的区别。[①]

1. 组织成分和联合的目的不同。合作金融组织的入股者主要是各类劳动者,且总是合作金融业务的需要者;同时十分重视入股者的个人信用,不愿履行合作社义务的人是不被欢迎入社的。股份公司的股票则是谁有钱都可卖,认钱不认人,在资本主义条件下,股份公司的股票绝大多数都是被大大小小的资本家购买。股份公司的经营目的是利润最大化,股东购买股票也是作为投资获利的一种手段,并不需要公司经营的业务为他服务,股东与客户是分离的。合作金融组织的经营宗旨则是通过联合力量来解决社员在融资方面的需求,是为社员提供服务,社员购买股票只是作为获得这种服务的一个手段。合作金融组织的股东与客户是同一的,由此决定了其经营不能单纯追求利润。合作金融组织自然也要讲求核算和经营效果,但其经营也是作为实现服务目的的一种手段。

2. 联合的内容不同。信用合作社是先取得社员资格然后才能认购社股,股票不能买卖,没有行市,不能进入股票市场,不受股票市场动荡的影响。社员要退社时,若信用合作社备有出资让渡资金,可将股票收回,以票面价值转让于其他社员。股份公司则是先买了股票才可成为股东,公司的股票可以自由买卖与转让,但不能退股。合作社股金的总额不固定,但每个社员认购的最高额有限制;公司股票个人购买额无限制,但其总额是固定的。

---

① 岳志. 怎样区分合作金融与股份金融. 广东农村金融研究,1989(1).

3. 管理方式不同。股份公司是资本的联合,其权利与义务均以股东所投资的资本的数额为标准。公司的表决权是以股金为准的,投资较多的人,对公司掌握较大的控制权,如果他的股金超过总额的半数,则公司的全部权力掌握在他一个人的手中。合作金融组织不仅是采用入股方式的资金的联合,更重要的是它是劳动者的劳动联合,实行民主管理制度,社员是合作社的主人。合作原则认为"人人生而平等",不能依财产数量取得支配别人的权力。不管社员入股额多少,都只有一票表决权,合作社的一人一票与股份公司的一股一票形成鲜明对比。当然,如果各社员与合作社的交易额差距很大,为了公平合理,社员的表决权就不能不采取比例制,但这也不是以股金额为比例,而是以交易额为比例,并且予以最高额的限制。有的合作社,其业务经营所需资金也由社员按其所享有的服务即贷款额,以缴纳股金的方式按比例地提供,那么合作社如果有了亏损,形式上是以社员认购股金的多少为准分别负担,实质上也是以交易额为比例分担责任。

4. 分配方式不同。股份公司的盈利,完全按股金比例分配,即按资分配,投资较多的人,便可获得较多的红利。公司有了亏损,也以股金的多寡作为股东负责的标准。合作社的盈余分配主要采取两种方式:一是按章程规定,对社股发给固定的利息,即这种利息不因合作社的盈亏状况而变动。二是按照社员在合作社进行的交易额分配红利,这实质上是利润返还。利润从社员那里来,再返回到社员手里。按交易额返还利润是合作社的主要分配方式,它属于按劳分配的一种形式。

总之,股份公司是资本的结合,它的经营目标、管理方式、分配方式都体现资本的特性,都依资本多少为标准。合作社是劳动者的劳动结合,资本在这里便失去了它的主宰作用,其经营方针、管理和分配原则都体现劳动者互助合作的经济关系。

目前西方一些国家的某些合作金融机构为克服自身产权制度、分配制度、管理制度方面存在的缺陷,转为股份化经营,并且上市交易,我国也出现了所谓的股份合作经济。这是具有公平特性的合作社借鉴股份公司具有较高效率的组织形式的一种试验,其目的在于组合二者的优势,希望形成一种既能兼顾公平、又能体现效率的经济联合体。在西方国家,这种股份化的合作社由于坚持门户开放和按交易额返还部分的利润,有的还实行民主管理,因而人们仍把它们看成是合作社的一种新形式。在我国,这种新形式的合作经济人们特别称之为股份合作,以区别于传统本来意义上的互助式合作,这是合作社的一种创新。当然,现实中也有些合作金融组织丢弃互助合作的宗旨,完全演变成股份金融公司。[①]

四、合作金融的利息理论

(一) 合作金融利息的决定因素[②]

利息是从属于信用关系的一个经济范畴。不同的信用形式,其利率决定因素也不同。这些差异不仅体现在利率水平的不同,也反映出各种信用形式所产生的利率在性质方面的差异。

合作信用是一种特殊的信用形式,其利率的决定有着不同于其他信用形式的独特的依据。合作信用利率的决定依据须从合作金融组织的性质上来寻求。合作金融组织是非营利性的服务性组织,这一本性决定了它与以营利为目的的商业金融的定价原则存在着本质的区别。

英国合作金融学者戈思特说:根据合作的观点,利息是资金的使用费,资金不是为了赚钱而只是为了对社员有所助益而发放的。从这一点出发,我们看到:第一,平均利润论在这里是不适用的。因为这一理论是以银行资本也要获得社会平均利润为依据,倒求出银行的利率水平。而这一条件对合作金融组织来说并非必然存在,合作金融组织尽管也要有盈利,但不存在获取社会平均利润的必然性。

第二,积累论与合作金融利率决定论有些相通,但也不完全适用于合作

---

① 岳志. 论我国新型合作金融. 合作经济研究,1989(1).
② 岳志. 论合作金融的利率决定. 金融研究,1988(11).

信用的利率决定。积累论认为国有银行利率的制定依据是贷款利率要与存款利率保持适当利差,这一利差区间的大小取决于银行自身积累和国家通过利息上缴增加积累的需要。合作信用也是要保持适当利差的,但这一利差的大小只取决于合作金融组织进行经济核算、保持适当盈余的需要,而不需要保持能获得平均利润的利差,也不需要保持使国家得到满意的积累额的利差。合作金融是群众性的组织,国家一般无权干涉合作金融组织的利率决定,而且在税收上也应尽量给予优待。

第三,供求论也不能包容合作金融的利率理论。古典学派的利率理论,现代的可贷资金利率理论、流动性偏好利率理论都是以若干经济变量对利率存在弹性为基础而构造其理论框架的。合作金融并不否认弹性,但供求因素在合作金融领域里并不产生决定性作用,因为道义上的、章程上的、政策上的因素都对利率决定产生影响。提高利率会招来道义上的斥责;合作金融章程多规定实行稳定不变的利率,以显示其比动荡不定的商业金融市场的价格的优越;实行低利率是大多数国家农业政策的一个组成部分。凡此种种,限制了资金供求对利率变动的影响,资金供求与利率之间的弹性关系弱小。

第四,近年来日渐兴起的理性预期理论更无法解释合作金融的利率现象。理性预期理论建立在一种实证研究基础之上,即货币与资本市场是消化影响利率与证券价格的新信息方面的高效率组织。如当有关投资、储蓄或货币供给的新信息出现时,投资者立刻把那些新信息转变成了借入或贷出资金的决定,利率和证券价格在极短的时间内就会发生变化以反映这些信息。理性预期理论的重要假设和结论是:证券价格与利率应反映所有可获得的信息,市场利用所有这些信息建立了一个预期未来价格与利率的概率分布;利率与证券价格的变化只与未预期到的而不是预期到的信息相关。合作金融的利率决不可能对新信息产生如此高效的反映,合作金融组织章程大多标明实行低利借贷,这也限制了合作金融资金供求双方对未来的理性预期,合作金融的现实也实实在在地实践着低利借贷的理念。

合作金融的利率学说,是一种微观利率学说,整个社会资金供求所决定的均衡利率对合作金融利率只起影响作用。合作金融利率学说从微观出发,根据分析角度的不同,也形成不同的表述。一是杠杆利率说,其主要内容是把利率看成一种经济杠杆,这一杠杆应根据不同的情况变换支点,以调节贷款对象的经济行为。换句话说,利率水平要定在合适的位置上,它不能过高,以避免给社员造成过重负担,也不能过低,以避免储蓄不足及社员浪费性地使用资金。利率应保持在借贷两利的水平上。一是成本利率说,亦可称有限利润说。这是合作金融利率理论中具有代表性的说法。贷款的成本(含有限利润)一般由以下因素构成:

第一,机会成本。货币的机会成本可以是乡村储蓄者放弃流动性或是放弃投资于自己农场的机会,抑或是放弃盖新房享受的代价——亦即当地居民的货币供应价格,或如我们习惯说的储蓄利率;货币的机会成本也可以是金融机构从外部得到资金所花费的成本,例如信用社从城市商业银行借入款项或从金融市场拆入资金所花费的成本,这也可以看成是一国的货币供应价格;货币的机会成本还可以是金融机构的资金处于闲置状态的代价。

第二,管理费用。金融机构的管理费用包括职工工资、固定资产折旧、各项业务费用。

第三,风险溢价,是指对于没有风险的贷款所索取的利率与对于某种程度上具有风险的贷款所索取的利率的差距。政府证券可属于没有风险的贷款之列,因为政府可以发行任何数量的货币,足以偿还债务,其他的贷款一般都有违约的风险。

第四,红利和公积金。合作金融组织应有适当的盈利,以保证用于支付股东红利和留作公积金的需要。合作金融组织中的红利一般都是预先在章程中规定了的,是较低且稳定的,它不因业务经营的兴旺或萧条而经常变动。这种预先便规定支付的红利,其特性类似于贷款的成本,必须在贷款利率构成中得到反映。合作金融组织还须有适当利润(有别于商业金融的最大利润),以用来壮大合作金融组织的力量,促进合作金融事业的发展。上述成本项目之和(含有限利润),便形成合作金融的利率水平。

由于合作金融组织的贷款利率是成本化的利率,所以在其章程里常可见到实行低利借贷的条文,罗虚戴尔原则中的按市价交易的合作原则难以运用于信用社。如果实行这一原则，信用社将同乡村放款人一样征收较高的利率，即农村无组织的自由货币市场的利率，这就会使信用社获得一大笔商业利润，这笔利润在财务年终又不得不再返还给社员。这无论是从合作的角度看，或是从管理的角度看都是不必要的，而且在大多数国家，也不为政府的农业政策所允许。

也有观点主张"信用社必须执行商业原则，即按照市场利息提供贷款，这是信用社包括其他农村金融机构得以长期存在的基础"。① 认为这是从印度大规模信用合作社运动失败中得出的教训，因为农村的贷款成本要高于城镇的成本，农村金融机构贷款利率应该弥补其成本，但几乎所有国家出于政治和道义上的压力，给小农贷款的利率往往低于贷款成本，结果导致农村金融服务萎缩。信用社贷款利率受到限制，导致贷款分配的无效率。

(二) 合作金融利率水平分析②

考察各国合作金融的实践，可以发现合作金融机构贷款的利率差别较大。一些较小规模的信用社，如美国的城市信用社，依靠发起人提供的免费的办公用房和管理人员无偿服务的优势，向社员提供高于商业银行的储蓄存款利率和低于商业银行的贷款利率。一些较大规模的合作银行如欧洲国家的合作银行，实行与商业银行大体一致的存贷利率。在一些发展中国家的农村信用社，其存贷款利率往往又高于商业银行或国有银行。

判断某种合作金融机构利率的高低，不能以某些金融机构如商业银行或政策性银行的利率为标准，而应以该合作金融机构的成本水平为依据。如我国农村信用社改革后，利率比改革前提高了，有人据此得出结论说：信用社越改离合作的性质越远了。其实，这一看法是片面的。信用社固然不需要最大限度的盈利，从而盈利这一利率构成因素比商业银行小，但信用社贷款成本中的机会成本、管理费用、风险溢价都趋向大于商业银行，而从金融市场拆借的资金占总负债的比例在某些情况下又高于商业银行，这种拆借的资金，其

---

① 陈玉宇.印度农村信用合作社的盛衰.改革，1996(4).
② 岳志.论合作金融的利率决定.金融研究，1988(11).

利率是按市价计算的,它必然高于储蓄利率;信用社的贷款业务也受到农业季节生产的影响,常常出现季节性的资金多余或紧缺,在资金多余期间易形成闲置,在资金紧缺期间又必须向外筹借,这都加大了信用社贷款的机会成本。从管理费项目看,信用社地处乡镇,邮电、水电、运输等费用也较高。更重要的是,商业银行拥有大规模生产的优越性,即所谓规模经济效益,它可以通过大额贷款使每单位贷款的成本降低。这在管理费中固定费用的分摊上最为明显。信用社的贷款对象是众多分散的社员,这分散的小额贷款的管理费构成了成本的一大要素。从风险溢价项目看,贷款的风险就是借款人违约拖欠。从事大额信贷的商业银行的贷款风险比从事相对较小规模经营的信用合作社的风险要小。

综上所述,农村信用合作社贷款利率构成中的盈利部分比商业银行小,但机会成本、管理费用、风险溢价这些成本要素则比城市商业银行大。所以,信用社贷款的利率不一定非要低于商业银行的利率不可,在一定程度上,等于或高于商业银行利率也是正常的。商业银行位于金融发达的地域,信用社位于金融欠发展的地域,二者所处的金融环境不同,以商业银行贷款利率来衡量信用社利率的高低是不科学的。如果商业银行处于信用社的地位,面对的是众多分散的小客户,那它的贷款利率肯定会提高,甚至会高过信用社。农村中存在的一些小型商业性金融机构的实践也证明了这一点,它们的贷款利率普遍比信用社高。

我国农村信用社在改革之前,曾被强制实行与国家银行相同的利率,结果造成大面积的信用社亏损,既损害了合作金融事业的发展,也没能给信用社社员带来真正的好处。因为实行人为低利率,给社员带来的只是微小的和短暂的好处。信用社若垮台,社员就不得不再回到民间借贷,以更高的利率取得贷款。主张人为地实行低利率,并不真正符合合作精神,而是伪道学的论调。在实行人为的低利率情况下,整个合作金融体系处于僵化的状态。人们没有向合作金融组织投资的积极性,合作金融机构的资金来源只能依靠生产的自然增长,以及政府一次又一次的输血。人为低利率不仅造成贷款机构的经营损失,还引起信贷资金的沉淀和盲目分配。那些较富有的和较有社会地位的社员有着强烈的借款倾向,因为这样做比使用从商业渠道借入的资金便宜得多,甚至有时比使用自己的资金更合算,他们运用其力量按自己的偏好来操纵信用的分配。

信用社的放款利率,应该低于民间自由借贷者。民间借贷者的资金价格高于信用社,其依据仍然要采用前文的框式进行分析。从货币的机会成本看,民间借贷者的外来资金,其出资人的供应价格要比信用社储蓄利率高,原因无非是民间借贷者没有信用社稳定可靠且不能提供其他方面的服务。乡村放款人自有资金的供应价格,亦不能低于其放弃投资于农业、存放于银行所付出的机会成本。另外,乡村放款人的资金更易受农业季节性生产的影响,资金闲置率可能更大,由此也需要付出比银行和信用社更多的机会成本。从管理费项目看,应当说民间借贷者贷款管理费比信用社低多了。从风险溢价看,民间借贷者的小额贷款的拖欠率是金融机构中最低的,因为他对顾客的还款能力最清楚。民间借贷者的贷款也有倒账的风险。例如借款人遇到天灾人祸,或者风险来自政治风暴——政府会突然颁布政策,规定私人借贷违法,一些借款人会以此为由拒绝还款,给民间借贷者带来严重损失。

在利率构成的另一项目即盈利上,信用合作社自身没有追求平均利润的动机。民间借贷者则不仅要获得平均利润,还要获得垄断利润。垄断是造成非正式货币市场高利率的主要原因。在小额贷款规模和与此相联系的低收入水平之下,民间借贷者比信用社和大银行更具有竞争优势。后者的优势体现在规模生产中,对于零星分散的小额贷款,它们没有与民间借贷者竞争的动机,从而形成了在不发达国家的乡村放款人的长期垄断地位,根本原因在于农村资金的供不应求。

信用合作社的利率水平与商业银行和民间借贷者的利率进行比较,从所处的金融地位来说,信用社与民间借贷者更接近,更具有可比性。只要信用社利率低于民间借贷,就基本可以认为信用社是实行了低利率;信用社与城市商业银行处于不同金融环境,可比性差,以城市商业银行利率来判断农村信用社利率是否体现合作性质是不合适的。信用社与政府的农村信贷机构也不可比,因为后者的贷款利率高与低,政府的政策意向在其中起着决定性作用,政府可以财政补贴来发放低息贷款,其他金融机构都奉陪不起。

第三节 市场经济体制时期合作金融制度理论体系的深入研究

改革开放新时期以来,学术界开始对合作金融制度的理论体系进行全面探索。在 20 世纪 80 年代初至 80 年代中后期的计划经济向商品经济过渡的时期,合作金融的理论研究集中在合作金融的性质、特性,合作金融与商业金融、与股份金融、与集体金融的区别与联系,以及合作金融的组织形式等方面。[①]

社会主义市场理论提出以后,明确中国实行社会主义市场经济体制后,学术界开始按市场原则思考合作金融组织的性质及经营问题,在理论来源上,已经开始系统地运用西方市场经济国家的合作经济思想和现代经济学方法并结合中国实际来全面深入地研究合作金融。

在现代西方经济学中,劳动管理型企业的新古典理论认为:合作社或雇员分享企业,无论从经济角度还是非经济角度看,这类工人参加管理的经济都要比其他制度优越,至少与其他制度具有同等的效率。[②] 新制度经济学认为合作社的优势在于它既利用了其成员固有的当地信息资源(The Local Information Pool)和信任资本(Trust Capital),又利用了自我雇佣(Self-Employment)的优势,因而可以降低信息、监督和执行等交易费用,给社员带来更多的利益。[③] 合作社的缺陷在于,同资本主义企业相比,合作社的制度安排会造成更大的"偷懒"、低效率,同时要耗费更多的交易费用。[④] 因此,合作社或

---

① 李树生,岳志. 合作金融概论. 长春:吉林人民出版社,1989.
② 范尼克 J. 工人管理市场经济的一般理论. 纽约:康奈尔大学出版社,1970.
③ 伯纽斯 H. 作为一个企业的合作联合会:一份交易经济学的研究. 制度与理论经济学,1986(142).
④ 阿尔钦 A. A. ,德姆塞茨 H. 生产、信息费用与经济组织. 美国经济评论,1972(62).

者只能停留在小企业的规模上,或者归于破产,或者转化为资本主义企业。[1]

借鉴现代西方经济学中合作经济理论以及现代西方马克思主义经济学家对合作社的研究成果,[2]我国的一些学者开始了对合作金融制度理论体系的全面探索,如合作金融制度产生的根源,合作金融的组织体制,合作金融企业的产权制度、经营管理制度、经营目标及其实现机制,合作金融制度的效率及其在当代金融市场中的确切地位,我国合作金融机构的改革之路等一系列具有重要现实意义的理论问题,取得了丰硕成果。[3]

一、合作金融产生的基础、经营原则与组织体制

合作信用是最古老的信用形式。在人类社会的原始时期,存在着简单的、偶然的货币信用交易,这些交易主要出现在家族、村落内部,带有互助性质,它成为合作信用的萌芽。合作信用早于高利贷信用、银行信用而出现。关联人群、低利借贷、低成本营运是传统合作信用的三个基本特征,这些特征构成现代合作金融原则的基础。[4]

民间自发形成的合作金融活动,总是处于不稳定、偶发性的状况,但有极强的生存适应能力。在有分工、交换的经济环境中,无论是哪种生产方式占主导地位,这种民间自发的合作金融活动总是会不断发生。传统合作金融组织——合会,曾广泛存在于世界各国的经济和社会生活中,其门户灵活、组织形式简单、运作灵便、适应性广的特点,使其在当代广大发展中国家仍发挥着储蓄、信贷和社会保障的功能。它也存在一些负面影响,应依法管理,扬长避短,发挥其拾遗补缺的作用。

现代合作金融组织脱胎于传统合作金融组织,是市场经济内在矛盾的产物。在各市场经济国家,依旧大量存在的小生产者,构成合作经济的深厚土

---

① 威廉姆森 O. E. 市场和科层制. 纽约:纽约自由出版社,1975.

② 罗哲思查尔德 J,怀特 J. A. 合作工厂. 伦敦:坎布里奇大学出版社,1986.

③ 岳志. 现代合作金融制度研究. 北京:中国金融出版社,2002.

④ 同③.

壤。富裕起来的劳动者,不断进入投资者行列,扩大了合作经济加入者的队伍。资本主义工厂制度和信用制度为现代信用合作社的产生提供了制度资源。合作金融的生命力,来自合作经济为它提供的广阔生存空间。在由生产合作、供销合作、消费合作、信用合作等构成的合作经济体系中,合作金融日益居于中心环节,并发育形成相对独立的体系。合作金融的生命力,根源于合作经济内在的经济竞争能力。合作金融的存在和发展具有永久性。

经过一百多年的发展,信用合作原则在实践中经受了反复锤炼,原则的内容得到了丰富与发展。1968年成立的"国际雷发巽协会"提出"三自"即"自我帮助,自我管理,自负盈亏"原则。1984年8月24日,作为当代国际信用社体系最高组织的信用社世界理事会,在国际合作原则的基础上,正式制定了指导各国信用社活动的信用合作原则。这些原则从民主构架、面向会员服务和社会目标三个方面进行了具体的规定,充分体现了信用社的理念。①

(一) 民主构架

1. 入社的开放性和自愿性。会员入社遵循自愿原则,任何具有共同背景的人如果想获得信用社的服务并且愿意承担作为会员的义务,均可加入信用社。

2. 民主管理。信用社会员享有同等的投票权(一人一票)和参加信用社决策的权利。在遵守民主原则的前提下,信用社的后援组织或团体的投票可实行比例代表制。在法律和规章允许的范围内,信用社实行自治,并且被承认是一个为会员服务、由会员管理的合作性机构。被推选出来的负责人自愿为信用社服务且不计报酬,但是办公过程中发生的合理费用由信用社承担。

3. 非歧视性原则。信用社对所有会员均一视同仁,不管其种族、肤色、民族、性别、宗教信仰、生理障碍、家族地位或政治立场等情况有何不同。

---

① 史纪良,张功平.美国信用合作社管理.北京:中国金融出版社,2000:197—199.

(二) 面向会员服务

信用社为会员提供服务,旨在增进全体会员的经济和社会福利水平。

1. 收益分配。为了鼓励储蓄,从而向会员提供贷款和其他服务,信用社在其力所能及的范围内对参加储蓄和存款的会员支付一定的红利。扣除必须划缴的法定准备金后,余下的现有收入加上未分配收益的结余可用来宣布和支付红利。如果在某一特定期间内对存款账户宣布并支付了红利,董事会会准许对在此期间向信用社支付贷款利息的会员偿还一定的退息。董事会有权决定是退息还是利用这笔未分配的资金来促进信用社在其他方面的经营。

2. 增强金融稳定性。对于信用社来说,至关重要的是增强金融实力,包括充足的准备金和适度的内部控制。这样,信用社才能保证长久地向会员提供服务。

(三) 社会目标

1. 长期的教育培训。信用社积极地就其经济、社会宗旨和民主、互助原则向会员、经理人员、雇员及社会公众开展教育培训活动。倡导节俭、合理利用信贷,以及加强对会员的权利与义务教育对信用社来说是极为必要的,这是因为信用社在满足会员需要的同时也承担了社会和经济的双重角色。

2. 合作组织间的合作。在遵循合作理念和合作惯例的前提下,信用社在其力所能及的范围内积极地与其他信用社、合作社以及当地、全国或国际级别的信用社协会开展合作,从而更好地为其会员和所在社区的利益服务。

3. 社会责任。信用社依然坚持不懈地追求着先驱们的理想和信念,致力于为人类社会的进步作出贡献。信用社对社会正义的关注不仅涉及会员个人,还涉及会员工作和居住所在的更广泛的社区。信用社的理想是为一切需要并且能够获取这种服务的人提供服务。每个人要么是信用社的一名会员,要么是一名潜在会员,或者说是涉及信用社利益的一员。信用社在做出决策时应全盘考虑信用社及其会员所在的更广泛的社区的利益。①

　　合作金融的原则是世界相通的。1996 年 10 月在北京召开的中国合作金融理论讨论会上,与会者认为,根据我国合作组织特点,合作原则的主要精神可以归结为三点:一是自愿原则,即入社自愿,退社自由;二是民主原则,这是合作社管理的基本原则,不管他在合作社内的股金是多少,一般都实行一人一票制,所有社员享受同等的表决权;三是互利原则,并作为处理社员之间、社员与基层社、基层社与联合社之间经济关系的准则。合作社经营活动如有盈余,社员应当获取正当合理的经济利益,合作社要留有一定的积累,同时要发展社员福利事业。②

　　2000 年,杨智勇在《合作金融理论的完善与发展》一文中,将国际合作原则浓缩概括为合作金融的四个基本原则:③

　　(1)自愿参加原则,社员可根据经济上的需要自愿参加合作社,合作社对所有能够利用合作社服务和愿意承担社员义务的个人或团体开放,实行入社自愿,退社自由;(2)民主管理原则,按"一人一票"制形成合作社的重大决策;(3)以社员为基本的服务对象,合作社主要为社员提供服务,对非社员的服务只有在基本满足了社员需要的前提下才能提供;(4)股金分红受限制原则和提留积累原则。

　　由于各国社会制度的不同、国情的差异以及对信用合作思想认识的不一致,产生了各具特色的合作金融组织体制。同时,合作金融系统是一国金融体系的有机组成部分,其经营模式取决于整个国家金融业的管理模式,所以合作金融企业经营制度亦可分为全能制和专业制。由于单个合作金融机构规模均较小,不宜进行专业化分工,所以合作金融组织更适宜于综合化经营。在当代银行全能化经营的大趋势中,合作金融机构既要顺应潮流,也要量力而行。合作金融机构也有单元制和分支行制的组织制度之分。与商业银行不同,合作金融机构的单元制是一种复合式单元制:一方面,中央合作银行、

---

① 岳志.谈谈合作金融的原则.农村金融研究,1988(5).

② 别凌.中国合作金融理论研讨会观点综述.中央财经大学学报,1997(1).

③ 杨智勇.合作金融理论的完善与发展.浙江金融,2000(10).

区域合作银行、基层合作银行均是独立法人的单元制;另一方面,三者之间又从下至上控股,形成密切的管理和服务关系以及共同经济利益关系。其基本结构是金字塔状,由众多的基层组织形成这一体系的强大基础,直接从事经营活动;中间层次的组织基本上负责协调、管理、融通资金、沟通信息,并且有对外联系、处理有关法规的任务;最高层次是全国性协调、指导机构,主要任务是促进合作金融的共同利益,负责培训业务、法律及其他工作,还负责同国家政府及其他机构的联系和国际性的业务往来。

各国的合作金融组织,基本上都是采取多级法人制度。各级金融组织都是由各自成员入股,具有自主经营权和独立的法人资格。各级金融组织之间又往往以入股持股的方式,形成合作的网络。合作金融组织这种多级法人的网络,是由其生产经营方式所决定的,即由所有者直接占有生产要素,在社区小范围内联合劳动,集约组织经营管理活动。这种组织体系有助于将合作金融社区范围自我服务的有限性同合作经济大范围集约配置资源的社会性较好地结合。①

合作金融机构的总分行制也是一种"复合"总分行制:一方面合作银行下设全资附属的分支行,另一方面参股上层区域中心合作银行,后者再参股组成中央合作银行。世界各国银行业最终走向分支行制,这是一个理性的制度选择。但在这种环境中,合作金融机构组织体制上的比较优势弱化,经营难度增大。

二、合作金融企业的产权制度及内部治理结构

信用合作社是劳动者自愿集资联合,共同获得服务与利益的一种互助合作式的资金融通形式。尽管劳动者身份各异,但他们都是以货币资金的合作为具体形式的,为了实现这种联合,每个合作者都要缴纳一定金额的入社费或股金,由此形成信用合作社的最基础的营运资金或核心资本。这种由社员

---

① 徐永健.怎样认识合作金融.金融时报,1997-4-19.

直接出资形成的初始股金就构成了合作金融组织产权制度的核心内容。[①]

按照合作制的理念和原则,合作社主要是人的联合。信用合作社本质上也是一种人的联合,是有信用之人在信用领域进行的合作,信用不良的人是不被合作社所接纳的。因此,合作社的股金确实与一般企业的股本性质不同。合作社的股金数额一般都很小,[②]具有浓厚的入社费色彩,是一种资格得到确认的表现形式。社员认购的股份也都有最高限额的限制。[③] 对这部分股金,除了支付利息和股息外,社员在退出时要如数退还。从上述特征看,合作社的初始股金是完全归社员个人所有的,对股金支付的股息或红利是对使用个人所有权支付的成本。

信用合作社初始股金这种原生产权制度是社员对信用合作社股金大体均等的个人所有。这一基本制度在实践中呈现出两个缺陷:一是信用合作社股金采用较低的出资额并有最高额的限制,这就使得信用合作社的资本金较其他企业为弱;二是信用合作社的自愿进出原则,允许社员退社时撤走其投资,使得信用合作社的核心资本处于不稳定状态。信用合作社资本金的弱小和不稳定使得其经营和竞争处于不利地位,内生地要求产权制度的调整和变革。合作金融组织在实践中创造性地采用一些方式来调整和完善产权制度。首先,为了扩大股金规模,合作社多采用放宽股金上限的政策。这一政策使得信用合作社允许个人持有的股金数量有逐步上升的趋势。其次,合作社为持续地扩大资本规模,大多采用鼓励社员将合作社盈余分配所得留在社内,转为股金扩大资本基础的政策。如有些国家的合作金融组织,借鉴股份公司股票可转让但不可退股的办法,把社员股金分为个人活股(最初入社费的股金部分)和储备金积累股,后者为死股,不得抽退,可进行有限制的转让。再次,限制社员自由退社退股。合作社的基本理念之一是实行门户开放政策:

---

① 岳志. 现代合作金融制度研究. 北京:中国金融出版社,2002.
② 丁为民. 西方合作社的制度分析. 北京:经济管理出版社,1998.
　英国有关法律规定,合作社社员每人须认购 1 股股金(最低限额为 1 先令)才能取得社员资格。
③ 石秀和. 国外合作社简介. 北京:中国商业出版社,1989.
　根据 20 世纪初的有关法律,英国合作社社员认购的最高股份不得超过 200 镑。根据社章,限额往往更低。

入社自愿,退社自由。但为了使合作社能够稳定发展,许多合作社修正了退社自由的原则,给社员股金的退出设置了制度障碍。如德国《合作社法》规定:社员需在合作社会计年度终止 3 个月前提出退社要求,合作社可以通过其章程最长将社员的退社要求通知期限界定为 5 年。①

上述三方面的制度调整并没有从根本上修正合作社的基本产权制度,合作社本质上仍然是个人所有,仍然呈现自然人企业的特征。但是,从实际运行的结果看,它们还是在原生的产权制度之外衍生出一些新的内容:股金上限制度和退社自由制度的调整,修正和完善了单纯的、机械的均等共享、自由进出的理念,是合作制的理想与现实的一种务实结合。

上述调整并不能完全解决合作社原生产权制度的内在弱点,因为合作社根本上仍是自然人企业,它的营运仍然受到自然人的变化如退休(有些合作社规定社员退休后可逐步取回某类股金)和死亡的影响。同时,随着现代市场经济广泛深入的发展,各种类型企业之间的竞争日益激烈,合作社普遍感受到增加资本、壮大实力的迫切需要。于是,当代世界各国的合作社普遍采用从盈利中提取公积金的制度。许多国家的合作社法也规定了一个合作社必须从其利润中提取的法定储备金的最低比例,当储备金达到一定规模,如达到股金总额的规模或年交易额的一定比例时则不再提取。各合作社也都会在其章程里规定一个固定的盈利提成比例,以便于在盈利分配时按章程提取积累。由此,合作社在动态发展过程中,就逐步积累起一笔产权不直接属于社员个人而属于合作社社员集体所有的资金,这一资金在合作社的长期发展中起着重大作用。因此,从再生产角度考察信用合作社,其产权制度就是个人所有的股金制度和集体所有的公积金制度的集合。②

当代合作金融组织,其产权制度创新还出现了一些新的内容,如所谓存款化股金制度。1984 年以来,我国农村信用合作社在改革中进行了清股和扩股,突破了股额和股金的限制,一些信用合作社通过吸纳大额股金的方式扩

---

① 何广文.合作金融理论与实践.国家哲学社会科学课题研究成果,1999.6.
② 同①。

大资金来源，即所谓存款化股金或股金形式的存款。这种"存款"与正常存款比较，对信用合作社来说，可以不缴准备金；这种"股金"与正常股金比较，对社员来说，可以在保息的前提下获得稳定、高额的红利收入，又可以取得社员权利意义上的贷款。存款化股金制度是合作金融组织对信用制度和股份制中优先股制度的创造性应用，它已经引起信用合作社产权关系的调整，是一种衍生的合作社产权制度。由此，完整的合作金融产权制度模型亦可表述为：股金制度＋公积金制度＋存款化股金制度。以入社费为核心内容的合作金融企业的原生产权制度具有重大缺陷，发展中逐步形成的公积金制度对合作社的产权制度进行了重要修正和补充，存款化股金制度是对合作金融产权制度的完善。①

产权制度决定着合作金融企业的经营管理制度和经营目标及实现机制。现代合作金融产权制度和治理结构表明合作金融组织既具有团队生产"搭便车"的制度性缺陷，也具有团队生产竞赛激励的优势，同时合作金融组织在实践中还创造了一系列激励约束机制对合作制进行扬长避短。特别是合作金融组织由下至上层层逆向控股形成的既具有各自独立经营（如地方基层社、区域中心联社和中央总联社均为独立法人）的活力又具有分支行制的系统协作优势的独特体制，对现代合作金融制度的成功起到了巨大的支持作用。

合作金融机构曾被称为是"人"的结合，以区别于"资"的结合的商业银行，从而合作金融机构的资本制度有别于商业金融机构的资本制度。在国际合作运动的初期，合作社作为劳动者的联合组织与资本主义企业相对立，把资本放在次要地位。随着合作社自身发展和竞争的需要，对资本的职能作用的认识逐步加深。当代各国合作银行采取多种形式扩充股金，资本规模逐步壮大。合作银行的资本构成可参照国际公认的巴塞尔协议的规定，分为核心资本和附属资本，但具体项目各呈现不同特点。合作银行资本的需求机制体现着银行、社员、债权人、金融监管当局诸利益主体之间的一种利益均衡关系。合作银行资本的供给机制主要有两种：通过利润提留的内在资本来源方

---

① 岳志. 现代合作金融制度研究. 北京：中国金融出版社，2002.

式和通过向社会筹资的外在资本来源方式。当银行资本供给规模与资本需求规模相当时,银行资本运行处于均衡状态。现实中,合作银行资本充足状况也遵循巴塞尔协议中的资本充足率规定。

合作金融机构股金规模较小,资金来源主要依靠短期存款。为更好地服务社员,资金运用中的中长期贷款比例较高,由此形成资产负债期限组合不对称,并成为一种潜在经营风险。为解决这一难题,有效地进行流动性管理,合作金融组织进行了制度创新:从下至上层层组建合作金融机构的联合组织,作为基层合作金融组织的附属服务性机构,对基层合作金融组织资产负债经营和流动性管理进行协调。这种联合体形式是合作金融体制的一大特色。

合作金融企业产权制度决定着企业的内部治理结构、企业的行为方式和行为效率,并深刻地影响着其功能发挥与作用程度。合作金融企业产权的均齐性决定其特有的民主管理制度,产权的开放性决定其富有弹性的内部治理结构,产权的非交易性决定其自治性的内部治理结构,产权主体与服务利用主体的同一性决定其复合性的经营目标。合作金融企业的民主管理一方面表现为对资金运动过程的管理,另一方面表现为对人的行为关系的管理。合作金融组织规模的扩大引起社员民主管理由直接民主管理向间接民主管理转化,即由全体社员直接参与企业经营管理决策转向委派代表参与重大经营管理的决策。随着信用社专职经理职工队伍的形成,民主管理被赋予了新的内涵。

合作金融企业的治理结构与股份制企业不同,是一种循环式自我管理的控制结构,而股份制企业是一种从上至下的单向控制结构。较大规模的合作银行和信用联合社,在法人治理结构上也存在内部人控制与外部人控制两种控制权配置模式。合作金融组织的法人治理结构,通常采取所有权和经营权分离,决策、执行和监督三种职能部门相互制衡的形式。这是符合现代企业制度特点的。社员作为所有者,可以委托符合要求的人承担经营管理职责,而具有专业知识才干的社员也可以受所有者集体委托承担经营管理职责。

进入 21 世纪,理论界在对合作金融产权制度较为全面研究的基础上,对我国农村合作金融产权体制改革实践进行了深入探索。较为一致的观点是，我国农村合作金融面临的经营困难、效率低下，直接来源于它的产权制度缺陷：(1)政府主导下的社员非自愿入股；(2)产权虚置与治理结构的残缺。因此，对农村合作金融的产权制度进行改革势在必行。

1. 关于农村合作金融产权制度的改革方案。有代表性的观点是：以合作金融作为农村金融的主要形式，确立真正的合作金融产权制度，立法明晰并保障合作金融产权关系，完善合作金融组织的治理结构。[①]

首先，将合作金融产权关系用法律形式固定下来。制定《合作金融法》，使这部法律的权威性与已经出台的《商业银行法》相当。通过立法，明确界定农村信用合作社的产权归入股社员所有，社员及社员代表大会享有最高权力。以此为基础，严格按照规范的合作制制定其他的运作规则。其中，最主要的是在产权明晰的基础上，完善合作金融组织的治理结构。特别应当在法律上明确：理事会(经理人员)需将信用合作社经营管理中的重要信息及时向社员代表大会通报，以避免重大情况社员大会不能及时掌握；经理人员如果将重大情况隐瞒不报，应受相应的法律制裁。

其次，必须确保法律的严格实施。(1)中央银行在对农村合作金融组织实施监管时的主要依据是关于合作金融的法律，而不再以其他规定和《商业银行法》为依据；(2)对农村信用合作社的主要管理人员进行更严格的培训，提高他们的业务素质、法律水平和管理能力，对不具备管理人员基本素质的现任管理人员，应该及时更换，当然这种更换是以社员代表大会的决议为准，上级信用联社、地方政府或人民银行都不得强制更换；(3)加强对社员的法制宣传和教育，让他们充分认识到自己作为信用合作社主人所应当拥有的权利和义务，从而调动他们参与农村合作金融民主管理的积极性。通过这些方面的工作，使农村金融市场的交易主体(合作金融机构和社员)和监管主体共同行动，来促成产权关系的真正明晰。

最后，保持适度的合作规模。我国农民中的绝大多数缺乏民主观念，这

---

① 阎庆民，向恒. 农村合作金融产权制度改革研究. 金融研究，2001(7).

是发展农村合作金融最大的非正式制度障碍。必须强化社员的民主管理意识与合作精神，这就要求信用合作社的规模不宜过大，在一段时间内大体维持现有农村合作金融组织的合作规模，即仍然以"一乡一社"的规模为主，保持基层社一级法人制度不变，在此前提下，进行社员的民主、合作意识的培养和教育。待社员合作意识增强、参与民主管理的积极性提高之后，再逐步扩大合作范围，打破"一乡一社"的格局以及取消基层社法人制度。

2. 关于农村信用社法人治理结构的改革设想。[①] 我国农村信用社法人治理结构经历了一个从无到有、逐步完善的过程。这一过程与理论界对企业治理结构的认识基本上是同步的。信用社法人治理结构可以概括地描述为：社员代表大会是信用社的最高权力机构，理事会是其执行机构；信用社主任由理事会提名报上级批准后由理事会聘任，理事长可以兼任信用社主任；监事会负责监督信用社的经营管理和管理层的行为等。

理想的信用社法人治理结构表现为：有效的委托代理制度安排，能够给经营者以足够的控制权自由经营，发挥其企业家才能；保证经营者从社员利益出发而非只顾个人利益来使用经营管理控制权；对经营者有效的激励和控制机制，形成农村信用社有效的执行力和领导力。目前农村信用社法人治理结构的运行效果并不理想，存在明显的异化现象，需要通过深化改革加以解决。

第一，产权异化与内部人控制。

现实中信用社财产权是不明晰的，也没有明确的法律保护。这就会产生内部人控制现象，并造成委托代理关系不明晰，缺乏权力制衡机制。理事会、监事会、社主任三者关系是层层隶属，还是彼此制约，这个信用社组织结构的根本性问题一直没有解决好。一是信用社主任在业务经营中处于中心地位，由理事会提名和聘任，而且理事长可以兼任信用社主任，这就形成了一种难以制约的权力。从监事会作用看，由于没有对理事会成员和社主任的弹劾权，监事会也就形同虚设。而同时，出资人难以对其代理人即管理层进行有

---

① 陈福成，曹京芝，尹程，李子刚. 农村信用社法人治理结构研究. 金融研究，2005(1).

效的监督,外部社员缺乏有效的管理渠道和机制,内部社员利益等同于管理层利益,形成"软约束"。二是委托人与代理人的信息不对称过大,外部社员几乎无法得到有关信用社风险的信息。经营者有可能向能够为他个人提供利益的主体寻租,也有可能向能够为组织目的带来利益的超经济权力主体寻租。三是行使民主管理权可能对社员带来负效应,遏止了社员参与民主管理的主动性。

深化改革要彻底解决信用社法人财产权不稳定的问题,形成完整的可支配法人财产权,强化股权约束,增强所有权内生权力的基础和刚性约束,通过所有权改革完善控制权,明确社员对信用社法人财产权的最终所有权和经营管理层对法人财权的独立经营权,探索对经营管理层的激励约束机制,建立与长期发展目标相联系的薪酬奖励分配制度,防止经营管理的短期行为和道德风险。

第二,法人财产权异化与外部人控制。

信用社体制目前采取基层信用社向县联社入股、县联社向市联社入股、市县联社向省联社入股的结构模式。从股本结构来看,基层信用社应拥有对县联社、县联社应拥有对市联社、市县联社应拥有对省联社的控制、约束权力。但现实中信用社主任产生模式是由联社提名,经基层信用社理事会表决通过后任命;联社主任的任命需要经过上级管理部门同意。县级联社演变为基层信用社的上级行政管理机构,控制了基层信用社的法人财产权、人事权,基层信用社的独立法人地位得不到很好的体现,法人治理结构的完善运行自然也无从谈起。市联社对县联社的控制虽然较弱,但只要存在行政式的人事任命体制,对法人治理结构的扭曲就不可避免,对每一级下层信用社客观上必然会形成"外部人"控制。因此,与国际通行的合作制"倒金字塔"体制相比,目前我国信用社的管理体制和权力分布形成了"正金字塔"结构。

我国"大政府"的格局尚未发生根本转变,一方面,行政的超经济权力不时影响信用社的正常运行,如各级政府对信用社选择具体放贷对象的干涉以及涉及信用社分立、合并、兼并其他金融机构或经济组织的决策。拥有这些超经济权力的主体未必与信用社有共同的效用函数,这种行政推动事实上造成了对法人治理结构的侵犯,甚至构成了对出资者所有权的侵犯。

深化农村信用社改革必须弱化政府对农村信用社的管理力,制度安排上政府应为监督者而非参与者身份,运行中以资本授予为基础,把信用社基本决策权交给所有者、理事会和其任命的经营管理层。

通过所有权安排和决策权独立,农村信用社法人治理结构应在一系列制衡、监督、约束的制度安排下运行,以有效的内部控制和强有力的外部监督,实现农村信用社的稳健发展。

三、关于合作金融企业产权属性的不同学术观点

合作金融组织产权制度的表现形式及其演化:

(一) 自然人产权制度与无限责任制

从历史上看,自然人产权制度是商品经济发展初期一般企业和银行普遍采用的一种产权制度。合作金融的传统组织形态合会和信用合作社在初期发展阶段都体现出自然人产权制度的特征。

自然人产权制度的典型企业形态是独资制和合伙制。出资者作为银行的自然人代表,直接经营自己的资本。这时的产权是统一的,所有权与经营权是一体化的。相应地,出资者对银行的全部债务承担无限责任。

独资经营的银行的潜在优势在于小规模经营状态。在小规模的团体里,业主占有所有剩余,具有强烈的动力去监督、管理和衡量其雇员的工作情况。由于所有者十分了解企业情况并且一直处在企业里,只要单个人就能有效地进行监督和管理,监督雇员的成本就比较低。因此,企业主制的集权结构在小规模的银行组织中是最有效的制度安排。

但是,银行是一种特殊企业,它更适应大规模经营。大规模经营的需要暴露出业主制银行的缺陷。业主制银行导致银行资本实力不足,信誉度不高,业务范围狭窄,经营风险过大。产权关系的独占性导致银行经营方式的

封闭落后,组织稳定性差,生存寿命短。[①]

为克服业主制银行资本薄弱的缺陷,合伙制应运而生。合伙制企业是指两个或两个以上的自然人共同出资、共同经营管理、共同监督并分享剩余、分担亏损和债务的企业。由于合伙人将他们的资本拼在一起,合伙企业一般大于独资企业。合伙企业在很多方面与独资企业是相似的,合伙企业对债务也负有无限责任,即所有合伙人的私人资产都可作为其债权人的担保品。

合伙制银行需要在各个出资人之间就共同履行监督职能并分享剩余等方面达成协议。如果每个合伙人的监督努力都达到了最大,并且可以毫无代价地加以观察,那么合伙制的产权结构将是增进团队生产力的理想制度,从而有利于银行规模的扩大。但是,一旦每个合伙人的行为不易观察或监督合伙人的行为需要花费较大代价,就会出现道德风险问题。大多数合伙制银行采用无限责任制,每一合伙人对整个合伙银行的负债负有无限的责任,这表明合伙制银行对合伙人来说具有很大的风险。合伙协议使得合伙份额买卖的程序复杂化。只要有一个合伙人发现现有的合同不能令人满意或想退出,就可以使一个合伙银行解散。合伙制的法律也使得没有全体合伙者的一致同意,原有的合伙人便不可能出卖他们的份额给新加入者。从产权角度说,每个合伙人的产权无法自由转让或出售。如果一个合伙人离开或死亡,合伙制银行就会瓦解或者必须重新组织。[②]

合伙制内生的上述种种缺陷增大了合伙银行的经营困难。银行壮大资本实力的一个方式是增加股东、增加股份资本。合伙银行在接纳新合伙人方面本是没有限制的,以至于“在经纪人商号和银行界,曾经有过 100 个以上的合伙人”。[③] 但合伙人越多,企业内生交易摩擦就越多,最终使得合伙银行不会发展成较大规模。实力单薄的合伙银行难以抗拒较大的金融风险。1852年,英国黄金储备外流,在席卷英国的倒闭风潮中,合伙银行的倒闭是骇人听闻的。就英格兰而言,合伙银行从 1821 年的 781 家减少到了 1831 年的 321

① 金德尔伯格 P. 西欧金融史. 北京:中国金融出版社,1991:108,118,124.

② 张军. 合作团队的经济学. 上海:上海财经大学出版社,1991.

③ 萨缪尔森 B. A,诺德豪斯 W. D. 经济学(第 12 版). 北京:中国发展出版社,1992:718.

家,倒闭率为 59%。

个人业主制企业和合伙制企业都属于私人企业制度,是反映资本主义本质的制度形式。资本主义的深入发展引致私人企业制度的失效,企业制度的变革成为必然。从历史上看,私人企业制度的演进分成两条路径进行:一是适应消除私人企业制度中要素契约的不平等的需求,产生了一种以非个人的企业产权来代替私人企业产权的制度形式——合作制企业;另一个是适应解决稀缺生产要素的需求,产生了一种能够克服单个资本的有限与企业迅速扩大的矛盾的产权安排——股份制企业。

作为合作金融组织的信用合作社,在其早期发展阶段与合伙银行有许多相似之处,如都是劳动者个人之间自愿联合、共同出资、共同经营、共负盈亏的利益共同体,特别是在对外经济法律关系方面,两者均多采用无限责任制。雷发巽 1854 年首创农村信用合作社时,实行的就是无限责任制,社员不必缴纳入社费,而以其全部财产对信用合作社承担无限责任。1899 年瑞士创建信用合作社时也是实行无限责任制。1867 年德国第一部《合作社法》对无限责任制也给予了肯定。

对于合作金融组织来说,无限责任制有利于强化社员与信用合作社之间的利益关系,促进社员积极参与信用合作社的经营与管理;有利于保障债权人的利益;有利于提高信用合作社的社会信誉,以便于筹集社会资金。

无限责任制也存在以下缺陷:

1. 尽管每位社员在法律上对信用合作社的债务都承担无限清偿责任,但当信用合作社经营失败时,清偿责任实际上往往由那些较富裕的社员来承担,这造成社员之间债务分担的不合理。

2. 合作制的原则是门户开放,当信用合作社经营出现困难时,社员为避免因信用合作社倒闭而承担无限清偿责任,便会预先纷纷退社。这加剧了信用合作社的困境,使之更快地瓦解。

3. 尽管信用合作社相对于其他企业形式对广大小生产者更具有吸引力,但无限责任的风险往往使他们在进入合作社大门前望而却步。特别对于合作金融组织,面对它们管理的巨额资本,"强调全面的、无限制的团结互助显得是不实际的"。①

　　因此,尽管无限责任制优点很多,但它的缺点也是致命的。鉴于此,法国在1894年制定关于农业信贷互助银行的法律时,立法者没有采用无限责任制。

(二) 法人产权制度与有限责任

　　合作银行与商业银行有着不同的产权结构和治理结构,但二者所面临的社会经济环境是相同的,二者在产权制度变迁的路径方面也呈现大体的一致性。但在变迁的速度方面,合作银行落后于商业银行。

　　法人产权制度是相对于自然人产权制度而言的。由于自然人产权制度下的银行不适应经济金融的发展要求,必须对之进行变革。

　　商业银行法人产权制度的确立,从所负责任的角度看,是以商业银行股东承担有限责任、银行本身承担有限责任为标志;从组织形式上看,是以银行采用公司制为标志。只有承担有限责任的有限责任公司和股份有限公司才具备法人资格。法人商业银行最早可追溯到17世纪末,1694年7月27日由政府特许成立的英格兰银行率先采用股份制组织形式,成为世界上第一家股份制商业银行。英格兰银行成立时,向民间募集了股本120万镑,股东均为私人,并只负有限责任。股东大会选举的董事会是该行的最高行政组织,日常经营则由董事会聘任的经理人员进行。这样,商业银行的原始产权一分为二,演变为既相互区别又相互联系的两个组成部分:出资者所有权(股权)和法人财产权。其中,前者主要包括资本收益权(剩余索取权)、重大决策权和管理者选择权,后者包括资本占有权、使用权及处分权,即经营管理权。

　　法律是滞后于现实的。对于商业银行的产权制度,直到1826年英国条例才明确规定"授权股份银行得以职务上的名义进行诉讼和被诉讼",确立了股份银行的民事主体资格;1857年维多利亚法令准许"新银行按有限责任制组

---

① 马居歇N等.法国农业信贷银行.北京:中国农业出版社,1988:9.

织,并准许老银行登记为有限公司"。[①] 1878 年英国议会通过法令将有限责任立为法典,允许无限责任的银行在某种条件下注册登记为"有限银行"。19 世纪后半期,股份制商业银行逐步规范了有限责任原则和法人支配财产原则,而且建立了规范化的股票发行交易制度,证券市场的发展又反过来推动了股份制的完善。股份制商业银行在英、美、德等国家成为一种普遍的形式,不仅新建的银行采用股份制形式,私人银行、合伙银行也开始向股份制转化。

早期的信用合作社是无限责任和有限责任两种形式并存的。城市信用合作之父许尔志 1850 年创办的信用合作社即实行有限责任制,入社者须缴入社费。继雷发巽和许尔志之后,哈斯成为德国合作运动的领导人,他领导下的合作社,既允许有限责任,也允许无限责任。德国 1867 年第一个合作社法肯定了无限责任制后,1889 年的合作社法又确立了有限责任制的法律地位。第二次世界大战期间,欧洲许多国家出现大量信用合作社破产倒闭的现象,不少实行无限责任的信用合作社在破产清偿债务时拖累许多社员陷入生活困境,而实行有限责任的信用合作社破产对社员的影响要小得多。于是,为了使社员能够预见到一个较为稳定的未来,激励社会大众入社,鼓励社员在合作金融组织出现经营危机时与其共命运,一些原来实行无限责任的信用合作社纷纷修订章程,改为有限责任,新成立的也均采用有限责任,有限责任制合作金融组织遂逐渐成为主导形式。

旧中国的信用合作社先驱——上海国民合作储蓄银行于 1919 年成立时,其章程规定社员负有限责任。新中国建立初期成立的信用合作社也采取有限责任制。1951 年中国人民银行颁发的《农村信用合作社章程准则(草案)》规定:"本社社员为有限责任,如有特殊亏损仅以股金赔偿为限。"

有限责任制的优点在于:它更适应作为合作社社员的农民和小生产者的谨慎心理,对他们加入信用合作社和合作银行具有一定的促进或鼓励作用;同时,责任的有限性使所有社员的投资入股风险均局限在其认股金额的范围内,这既可以避免无限责任制下往往由有信用、有财产的社员承担大部分清

---

① 克拉潘. 现代英国经济史(上卷第二分册). 北京:商务印书馆,1986:346.

偿责任的缺陷,也可以在一定程度上防止在信用合作社经营困难时发生大量社员退股而加速倒闭的现象。

有限责任制的缺陷主要表现在:(1)责任的有限性不利于最大限度地强化社员同信用合作社之间的权责关系,尤其是那些认股额较少的社员更难像无限责任社员那样从自身利益的高度去关心信用合作社的经营活动,积极参与经营管理。(2)有限责任制使社员对信用合作社债务的清偿责任限制在其认股金额以内,除此之外,任何社员均不承担用自己的私有财产偿还信用合作社债务的义务。因此,在这种组织形式下信用合作社的债权人难以得到可靠保证,一旦合作社倒闭而其现有的财产又不足以进行债务清偿时,债权人只能自认倒霉。(3)有些合作银行的规模较小,在债权人的利益得不到可靠保证的情况下,规模较小的有限责任制银行所提供的债务商品必然被投资者视为高风险的投资对象而不愿购买,这也不利于银行对外吸收存款。

(三) 混合产权制度与保证责任

当代,合作金融组织最新的也是预示着方向性的责任形式是在有限责任框架内发展出的向无限责任回归半步的保证责任制。

如前所述,有限责任制取代无限责任制后,有限责任制在实践中亦暴露出其缺陷。特别是对于合作金融组织社员来说,由于其所负清偿责任仅限于入社时所交纳的股本金,而这些本来具有入社费性质的股本金都是小额的,相对于合作银行所经营的巨额负债而言是微不足道的,若仅以这些微不足道的股本金来担负起它相对应的巨额负债的责任,则对于广大债权人特别是一些非社员债权人来说是极不公平的。因此,合作社就在实践中创造了一种独特的介于无限责任和有限责任之间的责任担保形式——保证责任。在这种组织形式下,社员对银行债务所承担的清偿责任既不是无限制的,也不是仅以其认股金额为限的,而是局限在其认股额及其保证额的范围内,超过这一范围社员即不承担清偿义务。

目前德国的信用合作组织都采取这种形式。德国《信贷法》对合作金融机构成员的担保责任进行了界定,即为社员所投入的自有资本加附加责任。

如德国诺斯多夫雷发巽银行的章程规定,社员入社的资格费为 300 马克,但其承担的担保责任为 500 马克,即社员以 500 马克为限对合作金融企业的债权人承担责任,社员投入合作金融组织的财产与他个人的其他财产是完全分开的。根据德国附加费条例,负有限附加担保责任义务的有限责任制合作社的附加担保责任一般为社员认缴份额的两倍。到 1995 年年底,这种附加担保责任已逐步降至承担责任的自有资本的 25%。[①]

我国台湾的信用合作社原来采用有限责任制,现已全部改为保证责任制。按照台湾当局的规定,社员的保证金额以不超过其认股额的 10 倍为原则。由于这种组织形式是无限责任制和有限责任制两种组织形式的折中,所以其本身的优缺点也表现出一定的中性:就加强社员与银行的权责关系、保障债权人的利益和促进银行外部资金的筹措而言,它逊于无限责任制,却优于有限责任制;在适应社员的谨慎心理、公平承担银行债务清偿责任和保证银行经营稳定方面,它不如有限责任制,却强于无限责任制。因此,从最小损失的策略出发,保证责任制应该说是一种较为理想的合作银行组织形式。

至于合作金融组织的产权属性,则是一个复杂的问题。理论界目前对合作社产权制度的性质有多种观点:

1. 认为合作社的产权结构是以职工个人所有为核心的,它实质上是私人产权。合作社的初始产权结构以及社员在合作社经营中体现的自然人产权特征支持这一观点。[②]

2. 认为合作社的产权是劳动财产权。劳动财产权属于个人财产权,但这里的劳动者个人,明确为社员和合作社职工,以与资本家个人相区别。不仅投入合作社的资源是劳动成果,合作社的产出也是劳动的成果。合作社的社员和职工就是劳动者,他们合法地占有他们劳动的成果,合作社产权属于劳动财产权。[③]

3. 认为合作社在产权和管理制度上呈现出两个特点,一是实行个人所有

---

① 何广文. 合作金融理论与实践: 39.
② 范尼克 J. 工人参加管理的经济. 现代国外经济学论文选(第 9 辑). 北京: 商务印书馆, 1986.
③ 艾勒曼 D. P. 民主的公司制. 北京: 新华出版社, 1998.

与合作社集体所有相结合的产权关系,二是实行社员集体占有、使用的经营关系。可称之为二元所有、一元经营的产权制度说。[①]

4. 认为合作社的生产资料归合作社成员集体占有,由集体支配使用,社员股金一旦投入合作社,就成为联合使用的社会资金,具有了集体占有性质,合作社的积累是集体所有的,合作社社员之间的关系也体现出集体经济性质,所以合作社是劳动群众的集体所有制。[②]

5. 认为合作经济是建立在个人所有制基础上的集体所有,更符合马克思所说的作为资本主义社会替代物的自由人联合体的概念,更接近马克思设想的共同占有基础上的个人所有制。可称之为个人联合所有制。[③]

对同一事物的产权属性出现如此众多的不同观点,固然与每位作者的立场、观点差异有关,但也足以说明合作社产权制度的复杂性。纵观实际生活中的合作社组织,其产权形式确实呈现出丰富多样的类型。

1. 生产资料全部属劳动者个人所有的形式,即合作社的生产资料全部属劳动者个人所有,而由组织起来的劳动者集体占有、支配和使用。这类合作社获得的税后利润,通过股金分红和劳动分红,全部分给劳动者个人,不提留公共积累,扩大再生产时由劳动者重新入股。历史上拉萨尔(Ferdinand Lassalle)的不折不扣分配主张和杜林(Eugen Karl Dühring)的不留积累主张,曾受到马克思、恩格斯的批判。北欧有些国家的合作社就不提留公共积累,它们承认遵守拉萨尔等人的理论指导。我国也曾出现过有些合作经济组织实际上不提留公共积累,税后利润以各种形式、各种名目全部分配给职工个人的情况。

2. 生产资料个人所有与集体所有相结合的形式。合作社的生产资料,既有个人所有的部分,如股金,又有集体所有的部分,即公共积累。这种产权形式将个人利益与集体利益结合起来。职工的股金虽属个人所有,但由集体占有、支配和使用;公共积累属集体所有,并由集体占有、支配和使用;股金和公

---

① 石秀和. 论合作经济的性质及其发展前途. 财贸研究,1991(4).
② 洪远朋. 合作经济的理论与实践. 上海:复旦大学出版社,1996.
③ 晓亮. 论联合起来的个人所有制. 天津社会科学,1996(5).

共积累均用来谋求劳动者的共同利益和社会利益。这种形式的合作社在现实中占绝大多数。

3. 生产资料全部属于集体所有的形式。合作社的生产资料全部归集体所有，没有个人所有的部分。我国自"大跃进"至改革开放之前的一段时期，合作经济受极"左"思潮冲击，采取了这种产权形式；苏联和东欧社会主义国家的合作社在相当长时期内也是采用类似的集体所有。由于产权关系不明、生产效率低下，这种产权形式不适应现阶段生产力发展的要求。

4. 生产资料属联社所有的形式。联社是合作社的联合经济组织，是互助合作的第二个层次，它的主要职能是为基层企业服务。联社资本金的来源主要有三个渠道：一是基层合作社的入股；二是联社自身经营的利润；三是基层社上缴的合作事业基金和基层企业上缴的利润，这两项在我国已有数十年的历史。由此可见，联社的资产大部分来自基层企业的利润和入股资金，理应属联社范围内合作社劳动者集体所有，但这种公有的范围，已扩大到联社范围内的各个合作社。

5. 企业资本中含有少量外来股份的形式。合作经济组织可以通过各种渠道吸收外来资金，但一般不吸收外来股份，如果外来股份只占很小比重或外来股份在股份分红、民主管理上受到限制，合作社经营管理仍依据合作制原则，则这样的企业仍属合作企业。

由于现实生活中存在多种所有制形式的合作社，所以我们认为合作社应该一般性地概括为混合产权制度。这既可以广义地概括复杂多样的合作经济形式，又可以狭义地特指最广泛存在的、最具代表性的社员个人所有和集体所有相结合的混合产权形式。这种个人所有和集体所有相结合的产权形式在其他企业形式中也有出现。两者的区别在于，合作社所指的个人所有是社员个人所有，合作社的社员一般来说，既是资产所有者，又是经营管理者，从而也是产品和服务的占有者和利用者，亦是资产增值的受益者；合作社所指的集体所有与股份公司的股东对企业积累的拥有也是不同的，股东对股份公司积累的所有权完全在股票市价中得到体现，出售股票就可实现其所有权价值，而合作社社员退社时对集体积累的所有权往往得不到体现。

作为混合产权制度的合作制,与作为法人产权制度的公司制有什么差别呢?公司制度是法人企业制度,是现代企业制度的典型形式。那么,合作制企业是不是法人企业制度呢?

在西方国家的合作社法中,合作社多被定义为一种团体。1889年修订后的德国《合作社法》把合作社定义为:社员数量不受限制的团体,其目的在于借助于共同的业务企业,对其社员的收益或经济给予促进。瑞士《合作社法》的定义是:合作社是组织在一起的联结个人和商业(数量不限)的团体,其主要目的是促进或保证在团结自助原则下各成员的经济利益,不允许合作社预先确定基础资本。法国《合作社法》对合作社的定义为:是为满足共同需求、不以利润为目标且不参与或从事政治和宗教活动的依据特有的公民权利组建在一起的由不同个体组成的团体。印度1912年颁布的《合作社法》规定:按照合作社原则以促进社员经济发展为目标的经济团体,可以作为合作社加以登记。国外学者对合作社的看法与此相近,如美国学者 D·格林沃尔德(D. Greenwald)主编的《现代经济词典》对合作社的解释是"由那些共同分享其全部利益的人创立、拥有和经营的从事某种经济活动的一种自愿组织"。[1]可见,与合作社自身一样,合作社法的制定者及经济学者都不把合作社看作是一个公司。合作社与公司是有区别的。(有些国家的合作社法把合作社定义为一种有特殊内涵的公司。如芬兰《合作社法》规定:合作社是其社员设立的公司,注册资本无限额要求,它通过开展诸如社员利用公司的服务来参与各项经济活动以达到促进社员经济利益的目标。)至于合作社是不是法人企业,学者的看法是含糊其辞的,他们把合作社看作是注册法人实体,其含义为合作社经登记注册后即可成立,没有最低资本金要求,没有参加人数限制(与公司的成立是不同的),是具有法人要素的实体。德国学者格罗费尔德·阿尔德约翰(Feld Alderjdhann)认为合作社是一个通过共同的经营管理来资助和促进其社员各自经济活动的属于私法范畴的合伙组织和服务性企业,是一个成员数量不定的公司。

---

[1] 格林沃尔德 D. 现代经济词典. 北京:商务印书馆,1983.

理论上之所以对合作社的法人地位不易给予明确肯定,是因为合作社实行门户开放政策,社员进出自由。对于这种成员数量不定的公司,其承担民事权利和义务的可靠性当然大打折扣,或者只可称其为准法人。但现实中,一个规范的合作社,其社员人数是相对固定的,社员退社也是偶然发生的,个别社员的退社不会影响合作社的正常经营。特别是一些利用发行股票方式筹资组建的股份制合作社,社员股金一般不得抽资退股或转让,更增强了合作社经营的稳定性,所以这一类的合作社是属于法人企业制度的。对其而言,第一,合作社(合作企业)具有独立的法人财产制度,因而有能力作为独立的民事主体行使民事权利和履行民事义务。第二,合作社能以其全部法人资产对其债务承担清偿责任。第三,社员对合作社建立法人财产制度承担出资责任,每位社员必须缴足合作社章程规定的最低入股金额,同时全体社员实缴股本总额不得低于法定的合作社注册资本最低限额。第四,由于合作社的法人财产与社员其他财产相分离而独立,个别成员或部分成员的退出或加入,不改变合作社的法人地位,从而不致影响合作社的存续。合作社的上述制度结构,使合作社在对外交易(即同非社员交易)中,能够成为像公司一样的法人实体。在这个意义上,可以说合作社也是公司的一种形式。当然,它是同常规公司有区别的一种特殊形式的公司。

至于合作金融组织中的信用合作社和合作银行,由于其经营的是特殊的信用商品,国家对其进行着严格的规范管理,加之信用合作社和合作银行的资产规模相对较大,即使遇经营危机,也多被收购或合并重组,债权人利益较有保障,因此,它们均属于法人企业制度。

对于我国合作金融机构究竟应采取哪种产权组织形式,有多种不同认识:

我国城、乡信用合作机构应办成真正的"合作"金融机构,而不应办成股份制商业银行。[1] 股份合作制是我国合作金融的最优选择。[2]

---

[1] 邱兆祥. 关于组建城乡合作银行的几点思考. 金融时报,1995 - 3 - 20.
[2] 张忠山. 城市合作金融发展的理论与实践. 银行与企业,1994(12).
　　徐雨云,张凤琴. 试论把城市信用社办成股份制合作银行. 金融时报,1994 - 3 - 15.
　　都本伟. 农村信用社法人治理研究. 北京:中国金融出版社,2009.

　　股份制是我国合作金融机构的最佳选择①；城乡信用合作金融机构宜采用有限责任公司的形式。② 城乡信用社是集体所有的合作金融组织。③

　　只要坚持财产股权量化到每个投资合作者的基本特征，合作金融企业可以采取多种产权形式。④ 在以农户为主要生产单位的广大农村地区，农村信用社进行合作制改革既有必要，也有可能。合作制的农村信用社存在的必要性在于它兼顾了效率与公平；而合作制的农村信用社存在的可能性在于它们已经存在。在不以农户为主要生产单位的非农产业发达的农村地区，农村信用社进行合作制改革既无必要，也无可能，必须进行股份制改革。⑤

四、合作金融企业的经营目标

(一) 对合作社经营目标的不同表述

　　第一种观点：合作社的目标是为了实现社员个人利益最大化。在生产合作社中，这种社员个人利益的最大化表现为社员个人收入最大化；在流通合作社中，社员个人利益的最大化表现为对社员个人服务的最大化。这种观点强调合作社目标的个体性（为了社员个人而不是合作社整体）和单一性（目标是一元的而不是多元的）。它最早由沃德(B. Ward)在 1958 年的一篇关于劳动管理型企业的论文中提出，后又在合作学者和东西方经济学家的有关论著中多有反映。⑥ 德国学者肯特·阿瑟·沃弗(Kent Arthur Wolfe)和埃卡尔特·亨尼森(EcKhart Hennison)在《德国合作社制度的基本特征》一文中说："合作社制度的基本使命是提高其社员的经济发展水平，这一使命是全世界

---

① 马有德. 组建合作银行的核心——产权形成问题. 金融时报,1994 - 11 - 24.
　　王保江,孙守民. 股份制——规范城市合作银行的选择. 金融时报,1995 - 9 - 21.
② 杜平,王明立. 城市信用合作社的性质及其所有权界定. 金融时报,1995 - 3 - 20.
③ 郑良芳. 城市合作金融的性质、产权关系不能变. 金融时报,1995 - 3 - 20.
④ 徐永健. 论强化合作金融机构的产权约束. 金融研究,1994(10).
⑤ 陈雪飞. 合作制与股份制：不同经济背景下农村信用社的制度选择. 金融研究,2003(6).
⑥ 丁为民. 西方合作社的制度分析. 北京：经济管理出版社,1998：206.

各国合作社共同追求的目标,亦是合作社的本质特征。"由于现实中合作社的社员既有自然人社员也有法人社员,肯特补充道:"与之相对的是参加合作社的社员或参加合作社的企业的经济增长才是合作社的本质目标。"①

第二种观点:合作社的目标是对内实现社员利益最大化,对外实现利润最大化。这是一种二元目标论。国际合作社联盟主席罗伯特·罗德里格斯(Robert Rodriguez)的论述可作为这一观点的代表:"一边是共同的市场,在这里合作社必须以富有进取的形式插进去,以竞争性的价格及优质产品和服务争得空间。合作社必须具有追逐利润的商业优势!……另一边是个人的幸福,社员的福利。没有利润,就无法为社员服务。我们的方向是:合作社在市场上公开竞争,以便为社员提供服务。一边是市场,另一边是社员福利。这就是合作社企业经营需要被发展的新的理念。"②国内许多学者也持有这种观点。

第三种观点:合作社的目标是多元的。合作社制度曾被人们当作资本主义制度和社会主义制度之间促进社会经济发展的第三条道路,因此人们对合作社寄予了很多希望,赋予其很多目标。国际合作社联盟1995年9月在其100周年代表大会上通过的《关于合作社特征的宣言》中,重新确定了合作社的定义并予以阐明:"合作社是人们自愿联合、通过共同所有和民主管理的企业来满足他们共同的经济和社会需求的自治组织。……社员的需要可能是单一的和有限的,也可能是多样;可能是政治的,也可能是纯经济的,但不管是什么需要,它们是合作社存在的主要目的。"③国内外学者亦多持有这种观点,或者表述为合作社的目标有核心目标和补充目标之分,或者表述为合作社目标有经济目标和非经济目标之分。核心目标或经济目标是指提高社员经济发展水平,补充目标或非经济目标是指为社员提供就业保障、培训和提高技术、平等的地位、消除剥削、促进社区发展、环境保护等。这些非经济目标在历史上的某些类型合作社内曾居于重要位置,后来,情况逐渐发生了

---

① 阿瑟沃弗 K,亨尼森 E. 德国合作社制度的基本特征. 刘波译. 农村经济,1997(8).
② 参见罗伯特 1998 年 6 月 24 日在加拿大合作社协会第三次全国代表大会上的特邀发言,刘惠译。
③ 管爱国,符纯华. 现代世界合作社经济. 北京:中国农业出版社,2000:6.

变化。1956年,哈斯便意识到降低非经济目标的重要性是大势所趋。目前,这一思潮又有所"复兴",有些所谓"替换式合作社"或所谓"新合作社"又重新倡导这些非经济目标,但它不是国际合作运动的主流趋势。

第四种观点:合作社的目标是动态变化的。在合作社的初期阶段主要是为社员提供服务并实现其利益最大化,中期阶段兼有为社员服务和赢利的双重目标,第三阶段转变为以盈利最大化为目标。这种变化是合作社为适应社会经济环境的变化而进行的自我调整。[①]

第五种观点:合作社的目标是有层次的,是由最终目标和直接目标构成的体系。每一个社员利益的最大化是合作社的最终目标,它既是合作社产生和发展的出发点和原动力,又是合作社经营活动的最终归宿;集体利益最大化是合作社的直接目标,它既是合作社最终目标作用的结果,又是最终目标得以实现的保障,是合作社目标体系的派生层次和中间环节。所谓要处理好社员个人利益与合作社集体利益之间的关系,正是由于这种不同层次目标之间的关系所决定的。[②]

上述关于合作社目标的不同观点,一方面反映了论者各自不同的视角和分析方法,另一方面也反映了合作社自身属性的多重特征。德国知名合作经济学者格沃基·德拉海姆(Gearg Draheim,1952)认为,每一个合作社都有双重属性:一方面,它是由人组成的协会,是一个社会团体,这个组织是由社会学和社会心理学的定义确定的,组织的成员是拥有合作社财产份额的单个的成员;另一方面,它又是一个由合作社社员经营的企业实体。这个实体的所有者同样是组成这个组织的那些单个的人。在早期的合作社中,这种双重特征十分明显;在当代,人们着重于合作社的企业特征而忽视合作社的社会团体特征,但全面地看待当代合作社,双重性仍然是它的本质特征。如一人一票制的民主管理、经营中的合作团队精神,都是由于合作社的社会团体特征衍生的。"所以说,真正的合作社所依赖的不仅仅是理论思维,还有理性情

① 黄少安.合作经济的一般规律与我国供销社改革.中国农村经济,1998(7).
② 丁为民.西方合作社的制度分析.北京:经济管理出版社,1998:223.

感。"德拉海姆认为,作为一个社会团体,合作社的团队精神是其商誉的基本构成之一。因此,合作精神应该被看作是能够对合作制企业产生重要影响的因素。合作社中的人际关系和经济关系是互相依赖、互相影响的,并直接影响着合作社的行为。当人们既看到合作社的企业性又看到合作社的社团性时,人们提出合作社的目标是二元的或多元的;当人们侧重合作社的企业性时,人们提出合作社目标的一元论;当人们考察合作社的发展历史,发现合作社随着环境变化而不断调整着经营行为时,人们提出合作社的目标是变化的;当人们考察当代合作社受现代企业法人制度影响,所有权与经营权分离,合作社成为独立于股东社员之外的一个客观存在(法人实体)时,人们提出合作社的最终目标是社员利益最大化,直接目标是合作社集体利益最大化。因此,各种关于合作社目标的观点都有其充分的论据,反映出论者立场和研究方法的差异。正如德国学者杜尔费(Dulfer)1984 年所批评的那样,对合作社双重特征的分析及其相关的合作社目标分析的混乱,表明了统一的跨学科研究的明显缺乏。

(二) 对合作金融企业经营目标的分析

从合作社最基础的、共同的经营宗旨——社员利益最大化的角度,合作金融企业社员利益最大化这一目标有着与其他合作社不同的内涵。合作金融企业是社员资金互助的组织,除这一基本点外,人们组织信用合作社还要求得到其他方面的金融服务。因此,信用合作社的目标——社员利益最大化就具体表现为社员利用信用社贷款得到的收益、利用信用社其他金融服务得到的收益和信用社利润返还得到的收益三者之和的最大化。第一,社员利用贷款得到的收益包括贷款的较低利率和较低交易费用带来的利益,还包括贷款用于经营后产生的收益扣除各项成本和利息后的净收益,这种净收益应理解为一种机会收益,是社员难以从商业银行贷出款项而易于从信用社贷出款项从而产生的一种机会收益。第二,利用信用社其他金融服务得到的利益,包括在信用社存款得到的高于商业银行利率的利息收入,还包括没有商业银行机构而仅有合作金融机构这种情况下由存款代替窖藏所产生的利息收入,类似地还包括利用信用社结算手段和其他金融服务得到的收益。第三,信用社利润返还得到的收益。信用社利润有来自对社员服务所产生的收益和来自对非社员服务所产生的收益两部分。信用社在对内满足社员金融服务需求的同时,在对外服务经营中获得的利润是社员股东的权益,成为社员从信用社所得收益的一个来源。信用社对内部社员的服务理论上可采取成本化的、微利的、市场化的三种形式,采取何种形式取决于社员的理性选择和情感偏好。成本化价格的金融服务是最优惠的服务,但同时社员因此得不到利润返还;微利化价格的服务是有优惠的服务,社员同时只能得到较少的利润返还;市场化价格的服务对社员和非社员一视同仁,社员没有得到价格优惠,但得到的利润返还最多。从根本上说,合作社由社员创办,为社员服务应直接采取成本化的价格,但在实际经营中,信用社既对内服务,又对外经营,对内部社员实行成本价,对外部非社员实行市场价,两套核算体系,增大了交易成本,因而是不经济的。从经济的角度,内外一体化的价格有利于节省交易成本,信用社盈利则通过按交易额返还的形式回到社员手中,所谓"取之于社员,还之于社员",亦同样体现出合作的原旨。但对社员实行与非社员同等条件的服务易直接引起社员的反感,不利于维护社员与合作社的天然紧密关系。因此,现实中许多信用社采取中庸形式,即对外实行市场化的服务,对内实行优惠性的服务——在统一价格的情况下对内部社员在贷款条件和金额方面给予优惠,既考虑到信用社经济核算的需要,又照顾到社员的心理需求。[1]

根据合作金融不同于一般金融机构的四个基本特征——一是自愿性,二是互助共济性,三是民主管理性,四是非营利性,有学者用模型对经典的合作金融进行了目标和行为分析。[2]合作金融产生的主要目的是满足社员的信贷需求,因此在理论上可以构筑以下合作金融目标函数:

合作金融目标函数: $\max\limits_{r_L,l,r,s} U = \sum\limits_{i=1}^{n} \left[u_i(l) + rs - r_L l \right],$

---

[1] 岳志. 现代合作金融制度研究. 北京:中国金融出版社,2002 年.
[2] 陆磊,丁俊峰. 中国农村合作金融转型的理论分析. 金融研究,2006(6).

遵从预算约束：$r_L nl - rns - C(nl) \geqslant 0$，

遵从行为约束：$l \geqslant l_d$，其中，信贷需求不超过可筹资金总额：$\sum_{i=1}^{n} S_i \geqslant \sum_{i=1}^{n} l_d^l$。

信用社的效用函数直接表现为 n 个社员各自效用函数的累加，以第 i 个社员的效用代表所有社员的效用特征。其目标函数可以分解为以下两个组成部分：

第一，"社员融资目标"：$\sum_{i=1}^{n} [u_i(l) - r_L l]$，即每个社员通过获得信贷而得到的净收益为信贷需求效用 $u_i(l)$ 和信贷成本 $r_L l$ 的差；这里假定社员的小规模性和无差异性，因此，可以定义每个社员得到平均意义上相等的信贷 l。

第二，"盈利返还目标"：信用社的非赢利性表明其所有盈余应当返还社员，因此有分红得到的现金流量 rs，其中，r 是红利回报率，s 是股份额度。

同时需要说明的是合作金融机构的预算约束：$r_L nl \geqslant rns + C(nl)$。这表明，虽然合作金融机构不追求赢利性，但为了维持经营，至少应该遵从信贷收益（$r_L nl$）大于分红（rns）和经营成本 $C(nl)$ 的原则。行为约束表明合作金融机构向社员提供的信贷应完全满足社员的信贷需求。

（三）对合作社经营目标相关问题的研究意见

1. 合作社的服务性与营利性的关系

关于服务性。合作社两重属性中的社团性已表明合作社必须为其成员提供服务。关于社团，国外一些学者把合作社视为公益法人，合作社法中也有把合作社规范为社团法人性质的，日本商法则把合作社定为中间法人，以区别于股份公司等营利法人和各种协会等纯公益法人。合作社同工会、妇联、学生会、居委会等群众团体一样都是为其成员服务的。但后者主要通过思想和文化教育、福利和事务性工作为其成员服务，一般不进行经济活动；合作社是经济实体，它通过经济活动为其成员服务。合作社也要对其成员进行教育培训工作，但它的基本职能是在经济上为社员服务。特别是流通领域的合作社如信用社,它的服务性更为明显。强调合作社的服务性对于纠正合作社忽视社员利益、忘记服务宗旨的不良倾向具有重要现实意义。

合作社是在商品经济大环境中从事经营活动的,它必须采用社会通用的标准和行为方式才有效率。因此合作社为其社员服务,不能是无偿奉献,而必须采用商品交换形式,联合劳动者之间的劳动交换同样是商品交换关系。至于情感上、道义上的互助合作关系,在商品经济条件下合作社的经营活动中,不能成为合作社基本的、主体的经济关系。合作社也必须像其他经济实体一样,自主经营、自负盈亏。它必须进行经济核算,核算劳动消耗和成本高低,核算劳动效率和经济效益,以最小的投入获得最大的产出,而且它还受到市场机制和市场竞争的制约。因此,产品的优质和适销对路,服务的优良和为社员需要,就成为合作社的经营原则和经营方针。信用合作社作为服务性合作社,入股者为大量劳动者,但不在社内工作,在社内工作的只是少数人,其任务就是为大量的入股者服务。要纠正信用社为内部人控制、为内部人服务的错误做法。

关于营利性。商品经济条件下的合作社的经营机制受等价交换规律和市场竞争法则支配。信用合作社吸收存款和发放贷款、资金拆入或拆出,受资金市场价格的制约,信用社其他金融服务也必须按照同业公会约定的价格执行,等等。当信用社按照市价进行经营时,经营活动的结果自然已产生利润,因为存贷利差和服务收费扣除各项费用成本后即为利润。合作社盈利的分配要按交易额返还,返还的利润又回到社员手中。合作社的盈利成为为社员服务的手段,成为社员利益的构成部分。不赢利或亏损的合作社自身的生存都成问题,为社员服务更无从谈起。

追求不追求利润是一种经营原则。无论是股份制还是合作制的组织,利润都是生存发展所必要的基本条件,只不过股份制以追求利润最大化为最高目标,而合作制则以为社员提供最佳服务为最高目标,但并不能因此而认为合作制就不需要追求利润。实际上,合作社要实现它的最高目标,即为社员提供最佳的服务,就必须不断地实现更多的利润,增加更多的积累,因为社员的需要在不断发展变化,需要的水平也在不断提高。合作社要满足这些水平不断提高的需要,就必须对其技术装备水平和服务手段不断地进行改造、提高,而没有利润、没有积累,是无法实现这些目标的。因此,合作制本身与追求利润之间不存在矛盾。[①] 合作社只有赢利,才有能力适应市场经济不断发展的需要,自身才能得以发展。只有赢利,才能增加合作社职工的收入,提高合作社职工的办社积极性。也只有赢利,才能对社员按交易量进行利润返还,才能进一步得到社员的支持和拥护。[②]

2. 合作制与商业化的关系

吴晓灵认为,对合作金融来讲,它的商业化仅仅指它的服务范围,它的业务领域不再局限于社员之间,而是可以面向社会开放的,而合作制原则本身并没有发生变化。世界上一些合作金融搞得好的国家,商业银行能做的业务合作金融基本都能做,但它们仍然是合作性的金融机构,因为它坚持着合作金融的基本原则。虽然经过一百多年的发展,发达国家的合作金融机构的实力可和世界最大的商业银行相比,业务种类五花八门,范围也拓展到了全世界,但合作制的原则并没有变。合作制与商业性的功能并不对立。只要把握住合作制的基本精髓,尽可以借鉴商业银行先进的经营管理技术,拓展现代的业务。只有上升到这种认识,才能正确理解今天发达国家合作金融的成功发展现象,才能为我国合作金融的今后发展拓宽道路。[③]

3. 集体利益和社员利益的关系

合作社的目标是社员利益最大化,但由于社员人数众多,各自对金融服务的需求不同,造成社员利益最大化这一目标的实现程度在实践中难以衡量和判断。作为社员集体利益最大化的直接集中体现——合作社利益最大化或合作社盈利最大化则易于衡量和计算。因此,现实中许多合作社直接将合作社的规模壮大或盈利增长作为自身的经营目标,合作社社员也往往以此作为对合作社经营绩效的考评依据。粗略地说,每一位社员利益最大化与合作社利益最大化并无多大区别:只有实现合作社集体利益最大化,才能保证每

---

① 杨少俊. 对按合作制原则规范农村信用社几个问题的认识. 中国农村信用合作,1997(5).
② 赵长义. 谈合作制. 中国农村信用合作,1997(6).
③ 吴晓灵. 有关合作金融发展的认识与政策支持问题. 金融研究,1997(2).

一位社员个人利益的最大化；或者反过来说，要想实现集体中每一个个体利益的最大化，也必须首先实现集体利益的最大化。二者合乎逻辑的关系应该是：在社员个人利益的驱动下组织合作社，在合作社制度的基础上形成集体利益，在集体利益最大化的基础上实现每位社员利益的最大化。[①] 社员个人利益的最大化是合作社制度的出发点和归宿点，集体利益作为一个过程和必要的实现手段，用埃内克·波特切尔的话就是，"合作社是一个有共同经济行为的个体组织的协会，在这个协会里，个体通过其集体拥有和集体经营的企业来提高他们的经济水平"。[②] 这种关系也为合作社制度的实践所证实。

处理好合作社内社员之间的利益关系和社员个人利益与集体利益之间的关系，首先要求合作社要坚持民主管理制度，建立以集体主义为核心的企业文化，使社员真正认识到集体利益的存在及集体利益与个人利益的根本一致性。其次，合作社要理直气壮地加强经营管理，实现良好效益。对于农村信用社来说，由于其服务对象——农民社员是经济上的弱势群体，其服务的农业也是弱势产业，风险较大，能够赢利已属不易，况且有时风险损失大于收益，形成亏损，需要以盈补亏。因此，信用社一定要争创赢利，有备无患，走可持续发展之路。再次，合作社是具有自然人特征的企业，由于社员情况千差万别，对于盈利分配各自有不同的要求。合作社盈利一部分用于利润返还，一部分要作为公积金用于合作社扩大再生产。要合理确定二者分配比例，妥善处理好社员眼前利益和长远利益的关系。

4. 为社员服务和为非社员服务的关系

为社员服务、满足社员需求是合作社的基本职责。但社员的需求必须是有效需求，社员对信用社的贷款需求必须是有偿还能力的需求。信用的基本特征是偿还并支付利息，合作金融企业的经营还须遵循流动性、营利性、安全性协调统一的原则。这就要求信用社只能满足社员低风险的融资需求，对社员高风险的贷款需求不应满足。信用社在满足了社员的有效需求之后，可以

---

① 丁为民. 西方合作社的制度分析. 北京：经济管理出版社,1998：218.
② 阿瑟沃弗 K,亨尼森 E. 德国合作社制度的基本特征. 刘波译. 农村经济,1997(8).

用剩余资源满足非社员的有效需求。这符合谋求社员利益最大化的宗旨。有人根据信用社为非社员贷款比例的增长判断信用社偏离了为社员服务的方向,这不一定准确。关键应看信用社是否满足了社员的有效需求。在满足了社员有效需求的前提下,信用社向非社员提供服务,充分利用了闲置资源,扩大了业务,增加了盈利,这符合社员利益最大化的目标,因为盈利是体现社员利益的一个方面。因此,应以社员利益最大化而不应以社员贷款需求满足度为标准来判断信用合作社的经营方向。[①]

五、合作金融企业的经营管理机制及其效率比较

(一) 合作金融企业经营目标的实现机制

合作金融企业的目标需要通过一定的经营管理机制来实现,其中合作金融企业的治理结构是最重要的一种机制,合作金融企业的资本制度、分业或混业经营制度、复合总分行制度对目标的实现有一定的影响作用。除此之外,合作金融企业在实践中还形成了以下几种机制:自我约束机制,发展机制,职工和社员的激励贡献机制、教育机制、相互监督机制、竞赛机制等,它们对于合作金融企业目标的实现也具有重要作用。

1. 教育的机制

合作社历来重视教育。世界上第一个现代合作社——罗虚戴尔公平先锋社的管理原则就曾规定:每年要从合作社盈利中提取 2.5% 作为社员的教育费用。国际公认的合作社原则也将教育、培训和信息的原则列入其中。

1995 年,国际合作社联盟总结了世界合作运动中教育原则的重要性后规定:合作社要为社员、选举的代表、经理和雇员提供教育和培训,以更好地推动合作社的发展。合作社要向公众特别是青年人和舆论名流宣传有关合作的性质和益处。教育意味着增长知识和鼓励惠顾,意味着丰富社员、选举的

---

① 岳志. 现代合作金融制度研究. 北京:中国金融出版社,2002.

代表、经理和雇员的思想,使其全面了解合作社思想和行为的丰富内涵。培训意味着保证所有与合作社合作的人拥有合作社所要求的技能,以更有效地履行其责任。教育和培训之所以重要,还因为它为合作社领导人提供了一个可以了解其社员需要的极好机会,按照这种途径帮助他们进一步评估合作社的活动,提出改进或提供新服务的方法,鼓励合作社的社员和领导人之间开展双向有效的沟通。

教育原则的意义还在于促进合作社各利益团体之间的合作,使社员、管理机构、经营者和全体职员能形成一股共同的力量。他们在合作社经营方针上能基本达成一致意见,能及时了解相关信息,这就有利于合作社目标的实现。

与教育同等重要的是合作社的有效信息服务。各利益团体对信息的需要是不同的,多数合作社能够提供信息以满足不同的需要。但往往被忽略的是社员对信息的需要,社员得不到有效的信息服务,往往成为市场的牺牲品,因此信息服务应特别关注社员的需要。信息对合作社自身经营也十分重要,及时了解掌握市场信息和同行业的产品信息,有利于合作社准确把握经营方向,改进和创新自己的产品和服务;同时,合作社自己的产品和服务的营销也需要进行信息宣传。合作社不赞成商业广告式的宣传,认为商业广告多含有欺骗成分,合作社服务对象的社区性或行业性也使得无差异的广告宣传成为浪费,合作社更偏好利用合作社的出版物和印刷品进行信息宣传。

总之,合作社的教育、培训和信息机制对于合作社目标的实现具有不可替代的功能,已成为保证合作社正常运作的内在要素,是实现合作社宗旨的必要手段,它通过创造一种合作社文化,来提高广大社员的综合素质,也直接实现着文明的合作社制度的目标。

2. 激励贡献的机制

合作社的经营管理需要借助激励机制。人们参加合作社,总希望获得的激励大于作出的贡献。也只有当合作社对社员的激励大于其贡献时,参加合作社才具有吸引力,合作行为才具有效率性,合作社的发展才具有持久性。合作社的激励措施既包括对社员的激励,也包括对合作社经理人员和雇员的激励。

对社员的激励。合作金融组织通过一些优惠的业务服务和适宜的治理结构,满足社员日益增长的物质利益需求和精神需求,使信用社对于他们具有更强的吸引力,使他们与信用社建立并保持广泛、持久的业务联系。

其一,信用社向社员提供便利的金融服务,有时甚至包括非金融服务,满足社员的生产经营需求和生活需求。

其二,在盈利分配上,采取社员导向型策略,按照社员与合作金融组织的交易量及社员对合作金融企业股金贡献的大小进行盈余分配。这种分配策略是合作金融组织激励机制的核心所在。合作金融组织中的交易额可以表现为贷款额,也可以表现为存款额,主要依据资金的稀缺情况不同和资金定价策略的不同而定。在资金过剩、贷款供过于求的情况下,社员从信用社借款就被看成是对合作社的贡献,信用社盈余也是从贷款利息收入中来,所以按交易额返利就是按社员与信用社发生的贷款额为标准返还利润。在资金稀缺、贷款供不应求时,贷款本身就体现着信用社对社员的服务和贡献,社员在信用社中的存款则体现着对信用社的贡献,按交易额返利一般就按社员在信用社存款的平均余额为标准返还利润。按交易额返利与商品销售回扣制度相似,社员与信用社交易额越大,对信用社贡献越大,返利受益也越大。这种返利方式与股份金融企业按股份大小分配利润的方式有所区别,体现出一种新型按劳分配制度,因而对社员有着较大的诱惑力和激励作用。按交易额返利的具体形式也受到信用社资金定价方式的影响。如果信用社存款利率和贷款利率都较高,则应按社员的贷款额返利,因为信用社这时的盈利来源于贷款利息收入。如果信用社存贷利率都按市价进行,则返利可按社员与信用社存贷平均余额之和来分配,因为对信用社来说,社员的存款和贷款都是贡献。如果信用社按市价吸收存款,贷款则实行低利率借出,那么返利应以存款量为准,因为在贷款利率低于市场利率的情况下,社员从信用社借出资金越多,意味着从合作社得到的利益越大,激励补偿已得到体现。

关于对社员股金贡献的激励补偿。社员入股组建合作社,股金可看成对合作社的贡献,因而应采用一定形式对其补偿。但合作社的股金毕竟不同于股份公司的股份，它只是少量的、象征性的，通常被看作社员的入社费。因此，社员股金可以不分红、不付息。如果股金要分红或付息，其比例要受到严格限制，这是罗虚戴尔原则也是国际合作社联盟在历次合作原则中所明确强调的。股金补偿方式有如下三种组合：股金保息并分红、股金保息不分红及股金分红不付息。如果分红转增股本，则还有第四种组合：股金分红不保息。但不论何种方式，盈利中用于付息或分红的比例都受到严格限制。如美国法律规定，用于股金分红的部分不得超过信用社税前利润的7%，日本则限定为8%。在一些合作经济制度建立和发展较晚的国家、东欧前社会主义国家、中国及一些经济欠发达国家，对社员股金采取了有利于吸收新社员的股利政策，要么分红，要么还保息。此外，合作金融企业还从每年盈余中按一定比例提取公益金，进一步改善社员公共福利；并提取一定比例的不可分割的公积金，用于合作社的进一步发展，谋取社员的长期利益。

其三，合作金融机构特有的治理结构，使社员感受到自我价值实现，获得因主人翁地位而带来的心理满足，从而对社员产生一种精神上的激励。合作社作为一种自助的团体，为社员提供了参与团体经营、实现群体归属感的机会；合作社实行民主管理、一人一票，为社员提供了实现民主、平等理念的条件；合作社实行自主经营、自我管理，为社员提供了实现自身经济利益的决策机会以及实现经济上的自由、互助互爱的条件；合作社尊重社员产权，社员通过社员大会行使对合作社的决策权和监督权，可感受到自己是真正的合作社主人。

对员工的激励。早期信用社和当代一些小规模的信用社，服务品种简单、业务量小，信用社员工（包括普通职工和经理人员）多为志愿工作者，兼职为信用社服务，不从信用社提取报酬，不存在利益激励机制问题。当代多数信用社经营规模都较大，为社员提供的业务品种日新月异，这些新型业务使得信用社的经营管理日渐复杂，客观上要求一个更为专业高效的管理层，职工们也需要掌握越来越多的新技能、新知识。原先从社区或村镇社员中产生的志愿工作者不能适应新形势的需要，许多信用社便从社会上招聘职工和经理。在这种情况下，信用社对员工的激励措施与商业银行大体类似，如：目标激励,将员工个人目标与信用社目标结合起来,持续地调动员工积极性;奖惩激励,根据对经营目标的考核结果,给予员工适当的奖励或处罚;人本激励,尊重员工的劳动,多吸收员工入社,增强社员主人翁地位。

3. 相互监督和相互竞赛的机制

制度经济学认为,合作社这种团队生产难以产生较高的效率,因为团队生产中每个成员的报酬与其劳动贡献相关度较低,存在一种干好干坏差别不大的机制。这就使每个成员都有一种偷懒的动机,尽量使他人多付出劳动,而自己"搭便车",由此带来道德风险问题。合作社受"搭便车"问题的困扰,只能是低效率直至瓦解。

合作经济学的研究成果证明,在一定条件下,合作社的团队生产完全可以解决"搭便车"问题并产生不低于私人生产的效率。这些条件包括完备的监督和对产出的完备的计量考核。关于完备的计量考核,现代电子化手段和科学计量方法的广泛运用已使解决这一问题不再成为难题。关于监督,有两种形式:一种是由第三方(监督者)所进行的监督。在合作经济组织中,这种监督形式通过明确产权结构使成员拥有剩余索取权并辅以市场竞争或竞赛机制解决。另一种监督则来自于合作团队的成员自己,可称为相互监督。互相监督机制是在教育机制不能有效地实现社员自我约束(即道德失效),激励贡献机制不能有效地激励社员和员工(即激励缺陷)时发挥作用的。①

一些合作学者总结合作社实践,认为相互监督机制是通过批评和自我批评的过程完成的。社员之间的批评和社员的自我批评是以合作社内部的平等为基础,并且成为这种关系的一种具体体现,它的最主要的目的就是促使每个社员都做好本职工作。批评与自我批评可以涉及与合作社生产经营活动有关的各方面内容,可以通过固定或不固定的会议完成,也可以通过非正式的谈话完成。但不论其内容如何,形式怎样,批评和自我批评的态度一直是合作社所强调的:它要求在平等、公平、客观而不是刺耳、威胁和指责的气

---

① 张军. 合作团队的经济学. 上海:上海财经大学出版社,1999.

氛下进行,这一过程应成为"自然的过程",而不是"人身攻击"。[1]

事实上,合作团队生产不仅存在着"搭便车"的可能,而且存在着利用竞赛机制激励成员努力工作的可能,或者至少存在可以利用互相竞赛来配合或替代互相监督的条件。马克思说:"在大多数生产劳动中,单是社会接触就会引起竞争心和特有的精力振奋,从而提高每个人的工作效率。"[2]可见,人们在团队生产中能够产生竞争心,且精神振奋,从而为团队生产超越私人生产而具有更高效率提供了可能。资本主义生产关系下的团队生产对劳动者来说是一种无奈和痛苦,合作制却使愉悦而高效的团队生产从可能变为现实。因为合作社是社员自愿组织的,在合作社中,人与人之间的关系是平等的,只有在自愿、平等、互利的基础上结成的团队生产,才有可能产生团结一心、争先恐后的劳动竞赛。新古典经济学从"经济人"的立论出发,用博弈论反向证明了竞赛机制对克服员工偷懒行为的有效性。[3]

4. 约束机制

合作社为完成其目标,不仅对社员、雇员、经理实行一系列的教育、激励、监督和竞赛的机制,合作社法人自身也要遵循和制定一系列约束机制和发展机制,以有效地保障合作组织经营宗旨的实现。合作金融机构的约束机制主要有监管机构的约束和行业自律两方面。

其一,监管机构的约束。

监管机构是指政府对合作金融企业进行监督、管理的机构。有些国家通过中央银行对合作金融组织进行监管,有些国家单独设立监管机构或与中央银行分工监管。监管内容主要有:市场准入与退出监管,日常运营监管,中央银行金融调控和监管。

中央银行通过货币政策工具如再贴现率和存款准备率的调整来影响合作金融组织的可贷资金,通过信贷政策约束合作金融组织的贷款投向、贷款规模、贷款利率和贷款期限结构。一些发展中国家还实行较为硬性的信贷约

---

① 丁为民.西方合作社的制度分析.北京:经济管理出版社,1998.

② 马克思.资本论(第1卷).北京:人民出版社,1975:362—363.

③ 张军.合作团队的经济学.上海:上海财经大学出版社,1999:63—64.

束,如实行信用社存贷款双向控制、信贷定向配给等制度。此外,有的国家还将合作金融组织作为政府的工具。

中央银行通过制定合作金融机构资产负债比例管理办法,以负债制约资产规模,以风险制约资产结构。如制定科学的存贷款比例、中长期贷款比例、资产流动性比例、备付金比例、同一贷款人比例等,防止合作金融组织资产过度扩张,以降低经营风险。市场经济较为发达、商业金融竞争比较激烈的国家一般规定:存贷款比率不得超过 70%,中长期贷款比率不得超过 30%,资产流动性比率不得低于 25%,备付金比率不得低于 5%,单户贷款比率不得超过 50%。1997 年中国人民银行发布《农村信用合作社管理规定》,要求信用社年末贷款余额与存款余额的比例不得超过 80%,流动性资产余额与流动性负债余额的比例不得低于 25%,对同一借款人的贷款余额不得超过本农村信用社资本总额的 30%。荷兰拉博银行的流动性资产比率规定不低于 18%。德国联邦金融监管局规定,信用合作社的风险资产不能超过资本总额的 12.5%,外币资产与外币负债的差额不能超过银行自有资本的 30%;合作金融机构放款总额不得超过自有资本的 18 倍;同时,对长短期资产进行对称管理,长期放款和投资要有长期资金来源作保证;储蓄存款的 60% 可以作为长期信贷资金,20% 可作为短期信贷资金;任何一笔大额贷款不得超过自有资本的 75%;5 笔最大的大额贷款之和不得超过自有资本的 3 倍;所有大额贷款之和不得超过自有资本的 8 倍。[①]

近年来,各国中央银行还参照《巴塞尔协议》,确定本国合作金融组织资本与风险资产的比率。多数国家确立以 8% 这一国际通用比例为标准,有些国家从合作金融组织的性质和现状出发,规定了一个较低的比率。

其二,行业自律。

合作金融机构的约束机制除监管当局的依法监管外,行业协会在信用社自我管理、自我发展中也发挥着重要作用。各类信用合作协会均由其会员社以及会员社的会员在自愿原则下组建,并以各自相互独立的社团名义发挥其

---

① 何广文. 合作金融理论与实践. 国家哲学社会科学课题研究成果,1999.

对会员的代表、服务、协调、交流等作用，对外是信用社的代言人，对内为会员提供各类服务。信用社行业协会作为行业自律组织，是整个合作金融管理体系中非常重要的组成部分。

以美国为例，信用合作协会对外以信用社代言人身份发挥其代表信用社利益和要求的作用：一是保持信用社的特点；二是立法监督与革新；三是政策分析和研究；四是代表并维护信用社的利益；五是协调行动，保持一致性；六是参加政府事务会议。信用合作协会对内协调、指导信用社政治活动，为信用社提供产品及服务，进行信息交流及公共关系协调，开展职业教育与消费者教育，进行行业调查及发展战略和规划研究。在对信用社内部和外部服务、指导、协调等项工作中，行业协会发挥着对信用社发展方向、管理原则、经营方针等方面的自律约束作用。

在国际范围内，为使更多人接触到信用社的思想和理念，关注世界性信用社运动的组织结构变化，更好地满足新兴发展中国家和发达国家的信用社需要，全美信用社协会在 1970 年发起成立了信用社世界理事会（World Council of Credit Union，WCOCU），这是目前国际信用社体系的最高组织，其目的在于协助会员组织扩大、发展信用社及相关机构以及使其一体化，让它们成为人们经济与社会生活中的有效工具。信用社世界理事会作为思想及信息交流的论坛，推动全体会员的发展，代表会员的利益，并根据会员的需要扩大合作金融服务的范围，推动世界信用社运动的整体进步并维护其长久的统一。

5. 发展机制

合作金融机构只有持续地、稳健地发展，才能真正地、长久地实现合作的目标。合作金融机构的发展机制是多方面的，合作金融企业的治理制度、经营方针和管理制度、分配制度等都会对信用合作组织的发展产生影响，其较为直接的几个方面有：

努力提高金融电子化水平。金融服务手段的电子化程度直接决定着金融机构的成本和效率，在竞争日益激烈的环境里，各类金融机构都十分注重利用现代科技手段，改进服务方式，提高服务效率，提高规模经济效益。但信用社普遍规模较小和多级复合法人体制的特征,使其在进行电子化建设方面,会遇到比商业银行更多的操作困难和所有权障碍,减慢了先进科技手段的普及使用进程。先进科技手段是促进信用社发展的动力,但若不能很好地解决信用社体制方面的问题,信用社的发展就会远远落在商业银行后面。

全面开展业务服务,壮大自身实力,提高赢利能力。合作金融组织要通过增加业务种类、扩大业务范围、壮大资金实力、添置设备、培训职工等,从内涵和外延两个方面提高经营能力。在经营传统存贷款及结算业务的同时,积极开拓新业务领域,如代理证券买卖、代理发行债券、代办保险业务、参与银团贷款、同业资金拆放、办理外汇业务、办理担保见证业务等,甚至还可以参股投资其他企业,朝着全能银行或金融百货公司方向发展。同时,配合成本费用的控制、资产质量的优化等来实现合作金融企业经营规模的扩展和经营成果的扩大。

妥善处理好短期利益和长远发展的关系。在分配方面,合作金融企业要正确处理和及时调整合作社与社员、与合作社职工三者之间的经济利益关系。既要有利于激励、稳定和壮大社员队伍,又要能够充分调动合作社职工的积极性和创造性,同时还要有利于合作社的长远发展。要克服分配过程中的短期行为,建立必要的积累机制。通过章程或法规,明确必须从利润中提取的积累资金的比例,确保合作金融组织能够稳定地、持续地健康发展。

(二) 合作金融企业的经营效率比较

合作金融制度与商业银行制度是现代金融系统的两大体系。如果合作金融制度比商业银行制度更有效率,为什么它未能取代商业银行制度? 如果不是,为什么它亦未被商业银行制度所替代? 两者的长期并存说明有其各自的优势领域。那么,合作金融制度和商业银行制度各自在哪些领域有效率,在哪些领域无效率?

从制度上分析,合作制金融并不比股份制金融拥有明确的优越之处。现代企业理论认为,成功的企业形式应具有较低的交易费用同时又具有足够激励的产权结构。合作金融产权及相应的经营管理制度分析中难以找到合作制具有较高效率的论据,但在交易费用因素中合作金融具有明显的优越性。

对金融交易费用的比较分析表明:在农村,土生土长的信用社具有与生俱来的信息成本优势,农村是信用社最适宜生存的土壤。在城市,商业银行优势突出,信用社的生存环境受到许多挑战和约束,但信用社在具有信息成本优势的区域或领域仍能获得成功。[①]

在我国,与国有大银行相比,信用社最本质的比较优势,首先就是它的产权组织结构。其次是交易成本低的优势——它的机构精干,管理层次少,加上独立自主经营、激励机制的作用强,使得信用社的办事效率高,在提供金融产品和金融服务方面,它能够有效地避免诸如与国有银行打交道需要付出的一大笔公关、打点费用,这在市场竞争中是一个非常重要的优势。再次,信用社信息对称程度高,交易透明度大,这种市场效率的优势是大银行比不上的。它土生土长,与客户双方直接联系,相互情况都了如指掌。信用社有"三熟"的优势:人熟、地熟、事熟,这就有利于减少信息不对称所带得的风险。所以,信用社的金融资产质量总体上高于国有独资大银行的资产质量。第四,信用社经营灵活,有适应客户多样性的优势。信用社服务对象具有"三化"特点:个性化,小型化,特色化。由于个性化,标准件就用不上,小型化,大银行就瞧不上,所以只有信用社才能适应这种需要。它在客观上适应了以知识经济为基础的新经济的发展,消费个性化、生产小型化。在这类客户群的市场上,大的竞争不过小的,慢的竞争不过快的。[②]

规模经济和范围经济是研究合作金融机构经营效率的重要变量。实证研究证明,合作银行存在总的规模经济性。因此,在这些机构中存在着通过扩大业务量来降低平均成本的机会;合作银行的特定产品中,抵押贷款、消费者贷款和投资性业务存在规模经济性,非抵押贷款存在规模不经济。在把贷款与投资活动相结合时,合作银行能获得微弱的范围经济。合作银行分支机构之间业务上的紧密协作有利于降低成本。

---

① 岳志. 论合作金融制度的效率. 金融时报,2001－11－10.
② 参见2000年9月江其务在全国微小银行塑造和发挥比较优势经验剖析论证会上的发言概要《正确认识微小银行的比较优势》。

（三）合作制金融机构是农村主体金融机构建设的理性选择

中国是否具备搞合作金融的现实可能性？这是一个自 1996 年改革以来持续十年的争论。有学者认为，由于中国从来就没有办成过真正的合作金融组织，因而可以倒推出中国不存在合作金融的制度土壤。也有学者认为，中国的确没有办成过真正的合作金融组织，但是，如果制度土壤发生结构变化，则没有理由否认其未来不具备自发形成合作金融的可能性。[1]

合作金融是人民群众在借贷领域的资金互助，只要存在生产经营活动，它就永世存在于民间。合作金融的存在和发展是永恒的。任何遏制合作金融发展的行为都是违背客观规律的。[2]

现代合作金融制度研究表明，合作制金融机构在农村具有优势，应是我国农村金融主体机构建设的唯一选择。农村信用合作社改革一定要坚持合作制方向，按照现代合作金融制度要求逐步规范。[3]

中国是发展中国家，而且选择了市场经济体制，既然合作金融在发达国家有存在的空间，在中国也有存在的空间。但在理想化指导下成立和发展起来的农村信用合作社，有合作之名，无合作之实。这不仅表现在它们的组织形式、服务对象、经营目标、运作机制、收益分配等方面与合作金融的标准有较大的距离，而且也没有享受政府的优惠政策，相反，在政策上几乎与商业银行受到了同样对待。所以要拓展我国合作金融的存在空间，必须培育"合作"的经济基础、思想基础和制度基础，必须有政策导向。在主客观环境逐步成熟的条件下发展我国的合作金融事业，合作金融事业自然就会走上健康成长的道路。[4]

合作金融、合作经济是社会主义市场经济的一种好的组织形式，通过合作制，私有与公有、小规模与大规模、小生产与社会化大生产、社会主义与市

---

① 陆磊，丁俊峰. 中国农村合作金融转型的理论分析. 金融研究，2006(6).

② 路建祥. 合作金融发展的永恒性. 中国农村信用合作，1997(7).

③ 岳志. 论合作金融在社会主义初级阶段的必要性及地位. 合作经济研究，1988(5).

④ 曾康霖. 我国农村金融模式的选择. 金融研究，2001(10).

场经济这些看起来相矛盾的东西联系在了一起。合作社是一种能够兼顾公平与效率的经济组织。发展合作金融，不仅能促进经济的发展，也能推动社会的进步。[1]

我国农村信用社的发展历史充分证明：什么时候坚持了合作制，什么时候就能快速发展；反之则遭受挫折和损失。合作制已不简单地是一种经济组织形式，它已经成为农村信用社生存壮大的根本保证。没有它，信用社就成了迷失的航船，被波涛汹涌的金融大潮无情地拍打冲击，只有合作制这盏灯塔，才能指示它驶向光明的彼岸。[2]

---

① 吴晓灵.有关合作金融发展的认识与政策支持问题.金融研究,1997(2).
② 刘钟钦,冯赫.合作制是农村信用社改革的根本方向.农业经济问题,2000(7).

第五章

当代国际上合作金融理论研究
和制度建设的若干动态

第一节　当代西方发达国家合作金融机构的挑战与创新

一、合作金融的变革与变异

纵观我国百年来合作金融思想理论和实践,合作金融事业从无到有,从政府严厉禁止到过分热心扶植,以至于信用合作社成为各类政府实现不同目标的工具。信用社的每次制度变迁都是由政府强制推行而非合作社社员的自主行为,合作社的发展历经曲折,山重水复,命运多舛,但最终迷途知返,回归本源。

百年来合作金融制度建设及展业思想学说和主张,虽不能说是百家争鸣,却也可谓五光十色,更时常带有阶级性色彩。民国时期合作经济的理论来自西方国家的合作思想学说。新中国改革开放前时期合作经济理论来自两个并存的理论体系:一是 20 世纪三四十年代从西方国家引入的合作经济理论,并一直延续到 50 年代中期;二是从当时苏联引入的社会主义合作思想,并且逐步取代西方合作经济思想。在实践上,按照西方市场经济条件确立的合作社的组织管理原则逐步被按计划经济原则确定的信用合作社和人民公社所代替,并最终完全取消信用合作社的基本属性,以与人民公社"一大二公"原则相适应。改革开放以来,在按社会主义市场经济理论指导经济改革的背景下,合作金融理论研究系统地运用市场经济原理和国际通行的合作原则,来全面深入地探索合作金融制度的特性及其在当代金融市场中的确切地位,正本清源,确立了我国合作金融机构改革发展之路。

在当代,合作思想者想使合作运动脱离初期的社会改造的理想而作为单纯的经济制度或企业形态加以研究,但相关理论至今尚未成体系。我们对待合作金融,应当用发展的、动态的观点,不能用片面、静止的观点和形而上学的态度。合作金融作为企业组织形式,是与一定时期的生产力发展水平相适应的。合作制创立时的社会经济状况与我们今天所处的高度信用化、货币化、信息化的新时代已相去甚远,仍然停留在过去的水平上认识合作金融,是不科学的。在适应社会经济环境变化的过程中,合作金融本身也在发生着变化。国内外合作金融发展的新趋势、新变化、新策略清楚地表明,合作金融的内容和特征并没有一成不变,它的外延和具体表现形式是丰富多彩的。为适应市场日益激烈的竞争和公正合理地体现合作者的财产权益,合作金融正从生产要素中劳动的联合走向劳动联合同资本联合相结合,又进一步向各生产要素的联合扩展。这个变化,正逐渐地在合作金融运行中表现出来,如许多合作金融组织在贯彻社员优先原则的同时,也面向社会开展商业性业务;在企业法人治理结构中,股权决定和一人一票的原则正在结合起来;在财务分配中,按股权结构量化的情况也在一些地方受到重视;一些有实力的合作银行的运行机制同股份制商业银行已很相似;等等。有趣的是,在股份制经济的发展趋势中,也在出现与此相向发展的变化,股份经济也从资本的联合走向资本联合与劳动联合相结合。由于这些变化,人们发现合作经济和股份经济在各自发展中相互借鉴,在自我抛弃中不断完善机制。从各方面看,合作经济与股份经济之间,已没有不可逾越的鸿沟。中国近年来股份合作经济的兴盛,正是世界范围内这种发展趋势的典型表现。

世界合作金融的发展历史表明,决定和推动合作金融发展变革的基本因素,主要是生产力的发展水平、市场经济的发育水平和社会经济的运行管理体制等。由于经济发展和市场机制发展中必然存在的非均衡性,不同国家、不同时期,合作金融都会有不同的表现形式。合作金融的这些发展变化是顺应社会经济发展的需要而出现的,正是因为顺应了环境变化和市场需要,合作金融才在竞争激烈的市场经济中立于不败之地,才得以发展到今天如此宏大的规模。只有从发展的观点来理解合作金融的基本内涵,才能把握它的本质。

关于合作金融的变异,人们常议论的是如下三方面:

1. 追求盈利的倾向加重。最初的合作金融组织是一种互助互济的经济组织,其宗旨是为社员提供各种金融服务,以维护社员利益,求得社员共同发展。但当代合作银行在坚持向社员提供服务的同时,开始出现注重营利的倾向,而且这种倾向越来越明显——参与国内甚至国际金融市场的角逐,进行资本经营,发行、买卖债券,追逐利润。例如,法国三家合作银行的净盈利率同三大商业银行只相差 0.1%,这足以说明合作银行营利倾向的加重趋势。

2. 民主管理原则逐渐削弱。民主管理原则是合作社原则的一项核心内容,是社员主人翁地位的集中体现,也是社员对合作金融业务和服务进行充分利用的有力保证。一人一票制、理事和监事由社员大会选举产生等内容,为各国合作社所遵循。但在实践中,合作社的民主管理原则却逐渐被削弱,主要表现有:其一,少数合作社的投票权在"一人一票"的基础上参考入股数予以适度调整,这是对股份制"同股同权、同股同利"原则的有限度借鉴,也是对合作制"一人一票、平股平权"原则的扬弃。其二,经营管理权限向专业人员集中,产生"内部人控制"现象。早期的合作金融机构由社员共同出资,共同经营,社员普遍享有管理权限,通过社员大会进行决策表决,其意志和利益也得以充分体现。随着经营规模的扩大,社员受自身才能限制,将管理权限交由专业人员。而专业管理人员可能会出于赢利需要,放弃对社员应有的资金支持,从而损害社员利益,使社员民主管理原则受到削弱。虽然所有权与经营权分离有助于提高合作金融机构的经营管理水平,但也是对最初民主管理原则的偏离。

3. 互助意识淡化,竞争意识加强。传统的合作金融组织,主要向社员提供融资服务,以解决社员生产过程中的诸多困难。由于其生产经营不以赢利为目的,政府应提供一些优惠措施进行扶植与支持,因此它不参加竞争,也不具有竞争的实力。随着合作金融规模的扩大和商业化经营趋势的加强,合作精神与机构互助意识开始淡化,竞争观念加强,主要表现有:进行业务品种和服务项目的创新,以更好的服务吸引投资者;经营范围综合化,经营区域扩大化,提供更加广泛的金融服务;服务对象上,已不限于传统的社员,而是任何符合条件的客户;参与国际竞争,争取更大生存空间。

西方合作银行之所以会发生这些变化,原因主要有:

1. 国家对合作银行的资金扶植和优惠政策减少,促使合作银行超出传统的限制扩大会员的范围,以期增强银行自身的资金基础,并促使其更大规模地面向社会公众动员资金,甚至走向国际市场进行筹资活动。合作银行不断推出新的筹资手段,创造新的业务品种,以增强对客户资金的吸纳能力,扩大资金来源的渠道和规模。法国农业信贷银行就是在国家资助不断减少的背景下创造出了存折账户、住宅储蓄、劳工储蓄存折等吸收存款的新形式。筹资范围的扩大和筹资手段的多样化本身就意味着合作银行日益参与到金融业务的竞争之中,加之国家政策优惠的减少,更推动着合作银行在竞争中萌生出越来越明显的营利动机。

2. 农业在国民经济中的地位下降,资金需求相对减少。西方各国工业化和城市化的进程,使得农业在国民经济中的地位相对下降,农村人口急剧减少,由此引起农业领域资金需求的不足和合作银行资金的相对过剩。在这种情况下,合作银行不得不为其相对富裕的资金寻求出路,一方面扩大会员的类别或贷款对象,甚至面对非会员开展贷款活动,另一方面超出传统的存贷业务而将大量资金用来从事多种经营。这就必然会使合作银行的互助性质日益淡化,并使其越来越呈现出综合银行的特征。

3. 社会资金供求关系发生变化,以及来自商业银行的竞争加剧。20 世纪 60 年代后,西方发达国家资金供不应求的情况逐渐被资金过剩所代替。在吸收的资金大量过剩的情况下,原本不在商业银行视野之内的广大农村地区和小工商业领域也逐渐纳入其业务竞争范围。这就必然使合作银行日益感受到来自商业银行的竞争压力。面对商业银行的进逼,合作银行不可避免地被卷入同商业银行的竞争中。为了不致在竞争中遭受被淘汰的命运,合作银行必须注重经济效益,必须采用最新科技成果和装备经营业务,提高服务质量;必须开辟服务项目,增加业务品种,扩大服务对象,以便在稳住老客户的同时争取更多的新客户;必须超出传统业务的限制而将触角延伸到金融业务的各个方面,甚至同商业银行在国际范围内进行竞争。所有这些最终必然引发合作银行性质的异变及其与商业银行的日益趋同化。

4. 合作银行规模扩大,经营管理方式发生变化。合作银行产生之初,银行规模普遍较小,管理起来较为容易,因此一般采取"自己管理"的民主管理方式,即社员选举管委会,管委会具体负责银行的经营活动。但是,随着自下而上组织系统的形成,合作银行的规模越来越大,尤其是随着合作银行经营活动的日趋复杂和市场竞争的加剧,对经营管理的要求愈来愈高。在这种情况下,即使管委会的一般成员也往往不了解银行的活动,不精通管理技术,无法在重大问题上作出决策,因而客观上要求经营管理的专门化和职业化。于是合作银行原来"自己管理"的模式逐步被打破,开始雇佣专业管理人才进行经营,合作银行内也逐渐形成一个"管理阶层"。银行规模的扩大和经营管理方式的变化必然导致合作银行宗旨和原则的异化。原因在于:首先,合作银行专业化和职业化的管理者从自身利益出发,不得不考虑银行的整体利益和发展前景,经营重点将不可避免地从向社员提供服务转向追求利润最大化;其次,为了实现盈利目标,专业的管理者会更加注重参与国内国际商业竞争,从而必然使合作银行从资金互助团体愈来愈转变为带有强烈竞争取向的商业性金融机构;第三,合作银行的规模越大、层次越多,管理者和社员的距离就越远,社员在合作银行中的发言权就越小,这也会导致社员对银行关心程度的降低和民主管理原则的弱化。[①]

合作银行自19世纪中期在欧洲产生至今已有一百多年的历史。一百多年来,随着西方各国经济环境的变化,合作银行一直在发生着演进或变化。人们常说:存在决定意识,制度环境决定制度安排。从合作金融的上述变化可以看出,国外合作金融在长期发展过程中,其经营范围、经营方式越来越接近商业银行,这些变化是合作金融适应经济环境,提高自身生存与竞争能力的必然表现。只要其基本的经营宗旨和经营原则不变,合作金融的本质就不变。

二、当代西方发达国家合作金融机构的创新战略

20世纪是风云变幻、变革和发展的世纪,也是合作社全面创立和发展的

---

① 谢太峰. 当代西方国家合作银行的发展与变化. 金融研究,1997(11).

世纪。进入 21 世纪，变革仍在继续，竞争更加激烈。合作社要生存和发展，首先要适应其生存和发展的环境。当代，金融业生存和发展的环境因市场经济体制的变化、电子技术的革命和现代化通信手段而发生了广泛而深刻的变革，这些变革给合作金融机构带来严峻挑战。如金融自由化和城镇化建设带来的政府对农村和农业扶持的减少，使合作社所依附并在其中发挥作用的经济体制受到削弱；先进的通信手段的广泛运用使资本快速在世界流动，寻求最佳的投资项目；金融电子化运营和管理使得小额零售业务通过批量化、标准化操作而降低了成本，使大型商业银行顺利进入原本小型金融组织如信用社才有低成本优势的业务领域。同时，舆论也质疑社员民主管理的企业不如投资者管理的企业更有效率。凡此种种挑战，都迫使合作金融企业采取各种有效措施加以应对，如借鉴最大的竞争对手——股份制企业的某些管理方式。为鼓励合作社变革创新，同时对变革加以规范和指导，国际合作社联盟曾先后三次修改合作社原则。其基本内容如自愿入社、民主管理、限制股金红利、盈余按交易额分配等原则则保持不变。在当代，西方发达国家合作金融机构的创新战略主要有：

1. 努力实现生产、经营、管理手段和方式的最优化。其目的在于，既要全力获取最佳利润，为社员谋取最大利益，又要大力提高对于市场的应变能力和同私营大企业竞争的能力。其途径是：首先，尽力采用当代高科技设备，改善合作社的物质技术基础；其次，把面向市场作为合作社经营决策考虑的重要因素；再次，选贤任能，雇佣富有才干和创新精神的经理及其他工作人员为合作社服务。另外，还要加强对信息资源的开发和利用。

2. 改善合作社内部的民主权力结构。其目的在于提高合作社经营管理决策的效率和效果。其途径是：在合作社的经营管理决策方面，扩大合作社领导阶层随机应变的决策权。建立一个在决定政策纲领方面为民主制而具体执行过程又是集中制的混合决策型的民主权力结构。这实际上就是为了适应市场经济的发展需要而对合作社传统的"一人一票制"民主原则的一大修正。当代，越来越多的人对这种修正予以认可，认为社员出资多即表示对合作社贡献大，理应获得相应多的报酬，享有更多的发言权。荷兰及其邻国的一些信用合作社就实行一人多票的办法。法国的大众银行也是如此。美国的信用合作协会等组织中也开始引入一人多票的做法。他们认为,在生产力高度发达的今天,合作社要保持竞争力,就应能更有效地吸引社员的关注,因而按惠顾比例加权的原则似乎比一人一票更为公正。一些国家逐渐开始引进股份合作原则,规定一人可以多股,但每个入股者的最高入股数不得超过规定额度。同时原则上也实行一人一票制,但考虑到股数较多的成员的利益,规定其持有票数可适当增加,但一人不得超过三票。另外,加大按股分红的比重,并吸收非社员入股,但有所限制。如:日本农协分正式社员与准社员,正式社员有选举权和被选举权,而准社员则没有;美国则分普通股和优先股,前者有选举权和被选举权,而后者没有。

3. 制定合作社组织发展的新目标、新形式。其目的在于最大限度地提高合作社的生存发展能力。其途径有三:一是合并和集中。发达国家的一些小型信用合作社,纷纷走向合并之路,其目的就是通过合力产生竞争优势。合并不但是扩大合作金融企业规模和经营范围、提高合作金融企业竞争力的一个便捷途径,而且可以改变一国金融市场或一定地域范围内金融市场的市场结构,提高一个合作金融企业的市场份额,并使其取得或加强市场优势地位。集中包括两种情况:其一是两个或两个以上相互独立的合作金融企业合并,引起金融市场竞争者的消亡和减少;其二是一个具有法人地位的合作金融企业,通过购买股份或资产、订立合同或是通过其他直接或间接的方法取得对一个或一个以上其他合作金融企业全部或部分的控制。它在名义上虽然没有造成任何竞争者的消亡,但在事实上减少了金融市场上的竞争者,使金融市场结构趋于集中。在某种意义上讲,合并与集中可以被认为是一种横向的一体化过程。二是纵向一体化。这是具有相同销售市场的主体,通过建立共同的合作性合作金融企业的方式,结成利益共同体。通过合并、集中与纵向一体化,基层合作金融组织数量不断减少,而平均拥有的资产负债规模和社员数量不断增加,从而走上规模化经营之路。合作金融组织联合体合并与集中的趋势也特别明显。它们之间一般都通过下一级向上一级持股的方式,以利益为纽带,形成一个不可分割的整体,组成了合作金融集团,既调动了各层次合作金融机构的积极性,还发挥了整体功能。德国的德意志银行集团、加拿大帝雅鼎信用合作社、荷兰合作银行就是典型的例证。三是鼓励合作社成员的后代加入合作社。目前发达国家合作事业已经进入第四代历史时期。资本主义经济的高度发展,不仅使农业人口大幅度下降,也使合作社成员的后代对合作社事业的热情下降。这使发达国家合作社事业的发展面临着后继无人的危机。为此,很多发达国家都在采取措施教育合作社成员的第三代、第四代能像他们第一代、第二代那样热心效忠于合作社事业,加入合作社,发展合作社。①

4. 创新资本战略。② 在 20 世纪 70 年代以前,银行业的经营与竞争是高度管制的,原因在于 30 年代的大危机后,人们普遍认为应该实行严格的分业经营、地域限制和利率管制。随着通货膨胀效应、金融市场全球化和技术创新,这一管制框架逐渐瓦解。在放松管制的同时,为了维护金融交易和金融体系的安全性,各国和国际组织都出台了新的监管制度,其中最具约束力、最为广泛接受的是 1998 年《巴塞尔协议》关于资本充足率的规定。

20 世纪 80 年代各国实行的大幅度放松管制直接导致了银行业的综合经营,形成了一个包含所有金融服务的竞争性"大金融"部门。在此期间,银行面临如何重组资本结构,以实现向全能银行转变的问题。银行开发了各种战略以满足不同子市场内客户群体的需要,通过金融创新提供多样化金融产品。

进入 21 世纪,国际商务迅速增长,境外业务程序的简化和信息技术大发展促使银行业的国际化和国内竞争的加剧,这进一步加强了对国际监管和对金融交易者监督的双重需要。2012 年巴塞尔银行监管委员会发布《新资本充足率框架》,新的国际监管规则进一步提高了要求。同时,经济一体化需要金融机构在区域内外的强化和发展,由此也导致金融服务产业的重组和并购。这些并购潮造成大量的新自有资本需求,所以资本结构创新成为当前全世界范围内信用合作社管理层所面临的挑战。信用合作社在资本结构创新实践

---

① 参见李志强所著《当代世界合作社运动的困境和出路》。
② 考特 BTD. 合作制还是商业化:信用合作社资本结构创新的实证分析. 陆磊编译. 金融研究,2002
  (1).

中与社员、资本市场、横向联合和合作伙伴中的关系,以及在信用合作社的不同融资形式下,如何建立体现合作制原则的方法论框架,都具有重大理论和现实意义。

一般来说,传统信用合作社的资本战略往往在于两方面:一是如何最优运用自有资本(合作股金),二是如何进行盈余公积再投资。因此,在实践中,信用合作社的主要资本战略实施在于如何获得盈利,并如何说服社员把盈利用于再投资。但银行部门的快速演化导致了信用社资本结构实践方式的多样化,资本结构创新是新形势下的必然选择。从实践上看,信用社的资本结构创新主要有以下方式:

第一,B 股。

20 世纪 80 年代,监管当局的放松管制逐步导致了对更高的"资本/风险资产比率"的要求,以保护第三方。因此,所有的信用社都提高了盈余公积,并制定了系统性再投资战略。部分信用社通过发行 B 股融入了新资本(所谓 B 股是根据信用社的不同经营业绩状况,分档次支付固定收益的股票)。

第二,债券。

部分信用社倾向于发行债券作为金融杠杆。一般来说,在信用社的资产负债表中,此类债券与商业银行债券不同。根据合作制模型,向社员发行的债券被视同集体资本,因而被设定为低风险证券。出于同样考虑,信用社相对审慎的运作降低了信用社对高风险、高成本的金融工具(杠杆收购、垃圾债券等)进行融资的可能性。发行债券补充资本金有助于保持现有信用社机构的无形资产价值。有的合作银行采取了向机构融资的方式,原因在于"合作银行"这一品牌本身就意味着潜在市场份额。

第三,混合证券。

混合证券的大规模运用是金融市场上的新生事物,个别信用合作社发行了记名、无表决权、固定回报率 7% 的永久性优先股。也有信用社向信用社社员和合作银行雇员定向发行社员证,其具有变动的累积回报率。

第四,信用社一体化与资本市场融资。

一些地区性信用社联社与相关机构组成信用联社集团,采取发行合作投资证的融资形式,把所持有的各家法人信用联社联合发行的合作投资证在交易所挂牌,通过股票市场融入资本;另外一些地区联社则采取了仅仅面向社员发行无表决权的次级合作证的形式。作为信用联社集团,则通过合并来体现其国际化战略。但是,合作制理念与资本市场价值最大化理念在中期很可能会发生冲突。随着信用社逐步偏离合作制轨道,社员自身也可能希望信用合作社从合作制中走出来,以获得更高的投资收益。

第五,非合作化。

比利时的席拉银行与比利时信贷银行合并案例的战略意义远高于资本意义。两者的合并造就了比利时最大的银行机构,占据该国银行业市场的25%和保险市场的10%的份额。在合并后,信用社成为金融控股公司,股权和收益则基于其资本运作效率。从积极的观点看,席拉银行成为一家投资基金,持有特定机构的股份;从另一方面看,这也标志着比利时已经彻底放弃传统合作制模式——"合作"金融机构的发展转而依靠其在证券市场的操作。通过证券市场出售原本不可流通的合作股份,可以最大程度实现信用社的市场价值,并为合作性金融业务的开展提供更多的金融资源。在中国台湾,亦有官员提出由银行或金融控股公司并购信用社,以求获得规模经济和多元化金融服务,但这往往牺牲了经济弱者的金融舞台。

三、有关信用合作社面临的挑战与机会的论述

加拿大多伦多信用合作社主任乔治. S·梅(George S. May)曾深刻论述加拿大合作社组织发展中的挑战与机会:

(一) 影响未来发展的环境因素

当信用社还是小规模的、地方性的机构的时候,大的经济环境对它们的活动的影响是有限的。比起具有竞争性的收益率来,社员的义务是一个更强的促动。信用社的收益率也极富竞争力,因为它们那些受到限制的服务、对志愿者的利用、较少的房产和广告费用,都意味着信用社与其他金融媒介比

起来在资金的边际成本方面有着很大的优越性。但是随着信用社的成熟,随着经济环境的更加动荡,外部因素成为影响信用社的一股相当大的冲击力。影响信用社未来的重要因素有四个:

第一是计算机和通信技术的发展。金融服务业受这些发展的影响实际上比受其他方面的影响更大。计算机的广泛应用、卫星通信日益突起、零售交易中的销售点终端机、有线电视的广泛采用以及在线银行业务系统的发展改变了金融服务环境的特点。这不仅为资金电子转账提供了可能,甚至使处理银行与家庭或办公室之间的绝大部分业务成为可能,还扩大了进行有效金融服务所需要的专门技能的种类。计算机和系统化的专业知识成为金融管理的关键。拥有能适用于地区和全国的某些系统是信用社成为优秀社的核心所在。

第二是法律和规章制度的环境。政府政策法规的趋势是要把银行、信托公司、信用社以及其他金融机构放在更加公平的地位上,使它们在金融市场上展开更多的竞争。这将加剧信用社的竞争压力。在一些地区,信用社仍受到限制性法规的制约,这就需要不断发展积极的方案以实现与其他机构的平等。目前,政府对信用社的管制和繁琐的监督有加重的趋势,影响到信用社应该在多大程度上由集体自我管理。信用社领导已开始认识到更需要加强自我管理,这就必须在观念上来一个转变,即从传统的地方信用社自治的观念转变为所有信用社互相依存的观念。

第三,竞争的环境正在发生很大变化。竞争越来越多地来自于那些传统上被认为是属于其他部门的机构。大的百货公司正在提供金融和保险服务,汽车交易商和其他的家用大件商品出售者则提供租赁金融业务。一旦银行成了靠山,更多其他类型的机构就会越来越多地提供商业放款和投资资本。这种发展反映出金融媒介、保险、证券数据处理以及其他一些产业之间传统界线的崩溃。展望未来,在这种变化的市场中,单一目标的金融合作社难以进行有效经营。人们希望金融服务应当连同大批量的其他消费品和服务一起被提供。对于信用社来说,这就产生了一个涉及商行与其他部门的区分的问题。传统的合作信条需要在实践中接受锻炼。

第四个因素是态度看法和价值观念。信用社仍然可以从广大群众对其的了解中得益——广大群众认为信用社由地方所有和控制，并关心其社员的需要。社员还要求从他们的信用社那里得到非常方便和高水平的服务。

（二）理论模式的突破

合作社面临着理论上和实践上的难题，即它们是否可以超越韦伯所谓通用的官僚主义模式以及米切尔的"铁的寡头统治规律"所指的若干现象。韦伯的模式强调科学决策，按照功劳安排职务，依靠成文的规章制度办事以及合理划分等级制度。他声称，根据对工会和欧洲的社会主义党派的历史和现状的周密调查发现，即便最强烈支持民主的那些组织，最终还是遭到了少数人控制。这两种见解都已产生重大的影响，这两种论调对于信用社是否能够实现它的人道的和民主的目标都是相当悲观的。

实际上，在加拿大的合作社部门内大量存在韦伯和米切尔模式所指出的问题。这在相当大程度上反映出这样一个事实，即合作社相对来说很少重视组织设计方面的创新。在创造多种可选择的合作社组织形式方面，需要重大的理论突破和大量的试验。

理论界都更赞成建立较为民主的和分享的组织。对于合作社来说，这是一种发展，这种发展在未来还有相当大的潜力，因为它们补足了合作社的社会准则和目标。具体来说，在社员参与管理方面、改变官僚主义决策方面、建立垂直的组织系统方面已出现了较多的创新。

在社员参与管理方面，一些较大的信用社已采用邮寄无记名投票方式选举委员会，发展理事和代表；拥有分支机构的信用社正在运用分委会这种形式；还有的合作社采用新的通信技术用于社员教育和参与——有些信用社已开始采用人机对话式电视系统就重大政策问题向社员进行民意测验，定期向社员报告近期的政策问题，以及在理事会召开之前请求大家提出建议。但这些方式在改善各个信用社社员参与的广度和深度方面的作用是有限的。

如果希望增加社员的参与程度，就要在那些集中地占有了较多的社员生活空间的团体活动中寻求一些社员可以参与的方式。这可能意味着从单个合作社或信用社到整个合作社的运动。加拿大合作社已付出极大的努力,以重新唤起人们推进合作运动的动力。这是在"加拿大合作社未来发展规划运动"支持下进行的。这一规划的目标一是要帮助合作社在它们所处环境中获得一个较好的评价,二是要确定合作社据以发展的方向。这一规划的目的之一是要展望合作社部门在今后20年里的发展。这种展望将不仅反映现存的领导关系,而且试图提炼总结出所有现存的合作社的愿望和抱负。这样就把地方上各种合作社中的积极分子——社员和职工,董事和管理人员,年轻的和年老的,男的和女的,跨阶层地联合在了一起。

改变官僚主义方面的创新。官僚主义模式依赖于管理和领导阶层的状况。当一个意外的事件发生时,必须上报领导层讨论决策,等到答复到达营业部门时,常常是时过境迁了。这导致人们开始寻求一种能够在较大程度上实现自我管理的新的组织范例。研究表明,雇员非常乐意工作中称心如意;不过,他们同时对于自己能够对公司决策有较大影响力并且对公司政策和方针知道得更多,表现出极大兴趣。有一家信用合作中心社在1978年就开始了"工作生活质量"计划,这一计划并没有取代原有的管理,也没有降低社员和代表们在建立组织化的管理方面的能力。它只是创造了一个较为公开的环境,在这种环境里,管理问题可以得到较为广泛的讨论,决策也是在大量调查研究的基础上作出。实施这一计划后,雇员反映工作更为称心,并且增进了对中心社目标的理解。如果信用社要在急剧变化的环境中站稳脚根并有效地经营,很明显,这些都是必要的因素。

建立垂直的组织系统方面的创新设计。基层信用社、省级信用中心社、全国性的联盟构成加拿大的三级组织结构。这就形成一个独立的、有自身目标的系统。"系统"一词在这里既表示整个系统的目标是共同的,也表示该系统内各个部分是互相依赖的。组织上和技术上的发展已使得孤立的信用社实际上是不可能存在的。在现在和将来,信用社都要互相依赖才能发挥职能;此外,在实现共同目标方面,它们也要互相依赖。

合作社的多级制与其他形式的企业组织形式形成对比。在其他形式的企业寻求创造明晰的由上至下控制模式的地方,信用社组织则认为需要颠倒过来设计,创造一种各层次之间协商性的体制。这是和较新的一种组织理论相一致的。

在一个分享系统内创造协商性制度的过程中,承认互相依赖就必须放弃每个参与者的主权。由于这种原因,是否应该将其视为垂直组织结构还是一个问题。控制权虽在上级,而信用社组织方式——与内部组织理论的新观念一致——则强调在创造一种协商性制度的过程中每一级都在发挥各自不同的作用。

例如,在加拿大的实践中,这是一个一整套过程,包括与中心信用社定期商讨以保证 11 个自治组织(同在一个独立系统中且互有联系)的协调规划。该过程的开头是举行一次预期的计划会议,会议参加者包括来自所有中心信用社的代表。这些讨论是纲要性的并由主要领导人负责掌控,以便各部门经理能够准备起草计划,然后这些计划再由董事会复议。同时,还要与各个中心信用社的管理人员进行详细的磋商。所有这些信息经过统一协调之后,再将计划呈送加拿大信用合作总社董事会来最后批准。这是一个实实在在的横向的过程,是平行的组织结构而不是垂直的组织结构。

信用社对于组织方面的难题正在寻求若干可行的方式,并试图超越概念上的和民主进程的限制。只有通过采用这些方式,信用社才能实现它们的目标,使自己仍具有适应性、创造性并符合社员需要。在这样做的过程中,信用社的创新会有助于发展一种组织理论,使这种理论更为适应合作社组织的特殊要求。[1]

在美国,每年都有几十万人为了改善生活而参加合作社。如今美国合作社社员占美国总人口的 40%。新的服务,增加了社员资格的价值,使这些合作社成长迅速。如美国信用合作社的社员的快速增长就是通过开展新的业务实现的,如房屋抵押、业务贷款、退休养老计划以及电子银行。消费者认为,与营利性银行相比,信用合作社能够以较合理的价格提供比较好的服务,因此倍受青睐,加入信用合作社的人也因此愈来愈多。

---

① 罗伯特·罗林斯等.合作社的未来.岳志译.香港:雅艺出版设计公司,2002.

关于信用社的作用、战略及展望，美国人布莱恩（Brian）论述道：信用合作社是一种非盈利的合作金融机构，这个机构是一种私人的合作，除了它归集体所有以外，它还像银行一样地工作。这个机构是唯一的，在为其成员的利益而经营。北卡罗来纳州的全州顾客信用社是美国规模最大的信用社，这是全心全意为消费者服务的金融机构，提供家庭抵押业务、私人贷款、信用卡、有息和无息的支票账户，为汽车、洗衣机筹集消费资金等所有业务。这个信用社在教育界和职工界很有市场，信用社知道顾客是什么人，他们喜欢什么，他们的薪金是多少，他们在哪里工作，他们住在什么地方以及他们需要哪种金融服务等。该社有一个良好的理念：在了解市场方面，走在目标的前面。成功必须具备三个条件：（1）必须提供优质金融服务——质量；（2）必须公平合理地制定你的服务价格——不是最低的价格，而是合理的价格；（3）必须以一种方便的方式提供这些服务。①

① 李树生，岳志等. 金融革命. 重庆：科技文献出版社重庆分社.

第二节 西方经济学关于合作金融的研究

19 世纪中叶至 19 世纪末,西方经济学关于合作金融的理论研究主要着重于:(1)合作金融原则的界定;(2)合作社社员权利和义务的确立;(3)合作金融组织任务的规划、业务的发展。20 世纪初到第二次世界大战期间主要着重于:(1)合作金融立法研究;(2)合作金融组织与政府的关系;(3)合作金融组织在整个金融体系中的地位和自身组织体系的设计完善;(4)合作金融组织协会和联合会的建设;(5)合作金融原则的补充和修订。二战以后着重研究:(1)合作金融组织资产的保全、经营风险的防范;(2)合作金融业的集中、联合与合并;(3)合作金融组织业务的创新与国际化发展;(4)合作金融组织与其他合作经济组织的关系;(5)合作金融企业发展的最适规模研究和金融深化度研究。[①]

在传统上,西方经济学对合作社的研究,一般主要集中在工人合作社领域。这是因为,工人合作社表现为规范的工厂模式,便于西方经济学从微观角度进行实证研究和抽象研究,包括供给与需求、成本、竞争、垄断、厂商理论、公共品、市场失灵以及失业等。但是,从 20 世纪 90 年代以来,研究的重点领域逐步转向以农业为主的第一产业和以金融为主的第三产业。原因在于,工人合作社没有继续发展,甚至出现萎缩的状态,一些大的工人合作社甚至改制为公司,或者破产、解体。而第一产业和第三产业的合作社却出现强劲的发展趋势,甚至走向了垄断地位,如农场主合作社、电力合作社、金融合作社、旅游合作社。并且,这些合作社迅速形成垄断,能够与私营经济抗衡,甚至还处于优势。这就为理论研究提供了新的领域和课题。

---

① 何广文.合作金融发展模式及运行机制研究.北京:中国金融出版社,2001.

一、市场经济与转轨经济中信用合作社的经济与财务模型

(一) 社员或投资者的观点

假设在一个竞争性市场经济中,存在上市公司和合作社两类企业,通过比较各自的总体回报以发现各自的比较优势。

第一,投资于上市公司的激励。

根据资本资产定价模型(CAPM),投资者的预期总收益为:

$$E(ROE) = Rf + b(Rm - Rf) \qquad (1)$$

其中,Rf 是无风险资产回报率,如 5～10 年期国债回报率;(Rm－Rf) 是投资于普通股的风险溢价;b 是企业的风险系数。

第二,社员投资于信用合作社的激励。

作为信用社社员,一方面,他们可以享受参与信用社运作所带来的有形和无形收益 Reu,另一方面,可以获得有限金融收益(分红)Rlf。

因此,社员的总体合作收益为: $E(GCR) = Reu + Rlf$。

从更为广义的角度考虑,合作制的集体性质可以给社员带来合作性规模收益 Rc 和社区收益 Rs,因此社员总收益变为:

$$E(GCR) = Reu + Rlf + Rc + Rs \qquad (2)$$

通过简单比较(1)和(2)式,个体可以决定自己的投资行为。

(二) 企业观点

同样,引进企业的基本财务模型:

ROE＝ROA＋FIE

FLE＋D/E(ROA)－Kd(1－t)

Ke＝E(ROE)

其中,Ke 是资本成本,Kd 是债务融资成本。就信用社而言,由于存在盈余公积机制,资本成本为 0,因而在使用社员自有资金方面更具优势。

二、合作金融机构的规模经济和范围经济的实证分析

规模经济(Economics of Scale)是研究经济组织的规模与经济效益关系的一个范畴。银行规模经济就是指随着银行业务规模、人员数量、机构网点的扩大而发生的单位营运成本下降、单位收益上升的现象。

范围经济(Economics of Scope)是研究经济组织的经营范围与经营效益关系的一个概念。银行范围经济问题就是研究银行经营专业化或综合化与其成本、收益的变动关系。如果说银行规模经济理论主要研究银行经营的纵向界限,那么银行范围经济理论则主要研究银行经营的横向界限。或者说,规模经济理论回答银行"做多大"即总量问题,范围经济理论则回答"做什么"即结构问题。二者相辅相成,是研究银行经营效率的核心变量。

在充分竞争的市场体制下,信用社最适经营的区域,以及业务范围的张缩所引起的边际收益或边际成本的升降,与信用社不同的资产组合方式密切相关。因此,实证的分析方法更能准确描述规模经济和范围经济的程度并揭示出具有现实意义的数据。

国外对合作金融机构规模经济和范围经济的研究也是在 20 世纪 80 年代以后才逐渐开展起来的。

自 1980 年以来,西方银行业已经见证了一系列解除管制的法案。金融电子技术的飞跃发展和外部环境的迅速变化,导致了新的竞争压力的出现,这已经改变了存款机构的产品组合和产量—成本结构,而且引起了人们在一个快速解除管制的市场环境中对于小型存款机构生存竞争能力的关心。国外许多相关研究都涉及多产品存款机构(商业银行、储蓄贷款协会、储蓄银行和信用社)的成本结构问题。然而,事实证明,关于规模和产品多样性对成本的影响问题还没有结论。尽管许多研究认为规模经济只是适用于小银行,但是一些报告也认为在大银行中规模经济也很普遍。例如,克拉克(Clark,1988)

在一篇回顾存款机构产量经济性的文章中认为,显著的全规模经济只适用于相对较小——总存款额少于 1 亿美元的存款机构,而且得出结论认为小的储蓄机构必须提高它们经营的范围和规模以增大生存的机会。另一方面,古普和沃尔特(Gup & Walter, 1989)争论说,同大的竞争对手相比,小的存款机构更能够取得盈利——由于它们生产的是完全不同的产品,而并非互相替代的产品,因此产品适用于不同的顾客群。其他的一些学者,比如亨特和泰姆(Hunter & Timme, 1986)、亨特等人(Hunter et al, 1990)和诺拉斯等人(Noulas et al, 1991)认为,有一些最大的银行和金融组织取得了规模经济。

也有人认为规模经济性在银行业中是不存在的,如麦斯特(Mester, 1987)以及勒孔特和史密斯(Le Compte & Smith, 1990)。然而也有一些论文持有相反的意见。在所有这些文章中,只有 H. 扬恩·吉姆(H. Youn Kim)论述了全球的规模经济性,虽然论述有限,但很重要。塞贝诺因(Cebenoyan)还论述了银行业的规模不经济性。

关于规模经济和范围经济的现有结论不适用于小型的存款机构,至少有两个原因:第一,这些结论未能区分大小型的存款机构,隐含的假设是这些机构面临相同的市场和成本结构。麦克阿利斯特和麦克曼纽斯(McAllister & McManus, 1993)已经对不同例子中存在的在银行经营规模分析中使用对数式成本函数的情况提出了警告。卢格和伊万斯(Luger & Evans, 1988)也认为在美国不同的地区,企业的生产函数是不一样的。第二,竞争经常发生在有相同的市场对象的机构之间。小型和大型的存款机构倾向于在不同的市场中专业化,暗示着它们的生产程序和成本结构是不同的。

后期的研究者拉苏尔·瑞兹瓦尼安、塞叶德·麦迪安和伊利亚斯·伊利亚夏尼(Rasoul Rezvanian, Seyed Mehdian & Elyas Elyasiani, 1996,以下简称 RSE 三人组)在两个方面与以前的研究不同:首先,它估列了一系列成本函数式来测量合作银行的规模经济和范围经济。据资料显示,美国没有其他的研究是针对合作银行成本结构的调查。以前,人们使用的数据是在解除管制之前的,而 RSE 三人组的论文所使用的数据是在解除管制之后的,这使得他们这篇论文更具说服力。

另一组值得一提的文章是由默里和怀特（Murray & White，1983）研究发表并在 1986 年为 H. 扬恩·吉姆扩展为（以下简称 MWH 三人组）关于多产品信用社的规模经济和范围经济的研究报告。他们以英国哥伦比亚信用社的资料为依据分析得出的一些结论，与 RSE 三人组报告的结论互为对照，互相补充。

此外，阿斯加尔·扎尔库希（Asghar Zardkoohi）和詹姆斯·考勒瑞（James Kolari）于 1990 年和 1994 年发表了两篇密切相关的研究报告，分别研究了芬兰的储蓄和合作银行的规模经济和范围经济，以及它们的分支机构的规模经济和范围经济，也得出了大体一致的结论。下面分别介绍。

（一）RSE 三人组的实证研究过程及结论

RSE 三人组研究报告的题目是《小型存款机构的规模经济和范围经济——来自美国合作银行的实证分析》。文章的主要内容分为五个部分：第一部分简要论述合作银行业；第二部分阐述测量规模经济和范围经济的方法论；第三部分描述数据，并定义投入和产出；第四部分讨论评价程序和展示实证结论；第五部分给出了相关结论。

第一，合作银行业。作为研究对象的合作银行是在马萨诸塞州开展业务的存款机构的共同体。1989、1990、1991 年分别共有 95、90、90 家合作银行。这些机构的平均规模（总资产）分别是 0.832 亿美元、0.804 亿美元和 0.847 亿美元。根据规模区分，1989 年，有 3 家合作银行的总资产超过了 3 亿美元，1 亿～3 亿美元之间的有 16 家，少于 1 亿美元的有 76 家。1990 年和 1991 年，总资产超过 3 亿美元的合作银行减少到了 2 家，1 亿～3 亿美元之间的有 17 家，少于 1 亿美元的有 71 家。

不同于其他的存款机构，合作银行在特点和组织上还是很相像的。比如，它们全部是国家特许的互助机构，接受联邦存款保险公司（FDIC）承保，无最小控股限制，在波士顿联邦储备银行的监管下经营。1989—1991 年之间，这些机构的分支机构情况如下：45 个银行无分支，25 个银行有一个分支，20 个银行有两个或更多的分支机构。

合作银行因为在联邦存款保险公司投保,所以受其监控,同时要求它们必须是中央合作银行的成员。中央合作银行的责任是提供高于联邦存款保险公司投保额的存款保险,监管各合作银行的财务状况,在金融危机时,支持和重组会员银行。同时它也是会员银行的流动性来源。

通过对合作银行资产负债表的检查发现,其资金来源和资金运用是高度专门化的。比如,其最主要的资金来源是定期有息存款和储蓄存款;同样地,在资产方面,合作银行平均总收入的73.73%来自家庭或个人的不动产贷款。这些合作银行处在一个相同的监管环境中,因此,在对它们进行成本结构分析时,不再考虑组织形式和地理区域的不同。

这就会产生一个有关合作银行的准确的目标函数的问题。与其他以利润最大化和成本最小化为目标的商业银行和其他许多存款银行不同,合作机构,像合作银行、互助储蓄贷款协会和信用社,其目标集中于为成员提供借贷服务的最大化。因此,这些机构可能不去选择追求利润最大化或成本最小化的目标,因为这些机构的存款者和借贷者同时也是所有者。借贷者所付的贷款利息尽管是这些机构的一项收入,但也是借贷者或者说所有者的成本。同样地,存款人所得的利息对这些机构来说既是成本,也是收益。在这种情况下,存款和贷款利率就不同于追求利润最大化和成本最小化的机构。然而,在互助储蓄银行、互助储蓄贷款协会和信用社的成本研究中,追求成本最小化的目标也是一个基本的假设,因为在这些机构中,经理人而非所有者才是真正的决策制定者。史密斯争论说,在一般情况下,一个信用社的目标依赖于以往传承下来的资产负债表的组合结构以及合作金融组织本身对借贷者取得融资利益的偏好。他指出,在信用社的目标函数中,成本最小化是一个最基本的因素。麦斯特(1989)也持有同样的观点,表示没有发现任何证据反对互助储蓄贷款机构是成本最小化者。因此,这篇文章将坚持成本最小化假设。

第二,模型。关于银行业的规模经济和范围经济的研究已经表明,存款机构的成本函数可以用一个对数式的成本函数曲线表示。根据这些文献的结论,假设合作银行是以多重投入和多重产出的成本最小化为目标的企业,

它们的成本函数采用自然对数形式:

$$\ln C = A + \sum_k B_k \ln Y_k + \sum_l C_l \ln P_l + 1/2 \sum_k \sum_z D_{kz} \ln Y_k \ln Y_z$$

$$+ 1/2 \sum_l \sum_g E_{lg} \ln P_l \ln P_g + \sum_l \sum_k F_{lk} \ln P_l \ln Y_k \qquad (1)$$

在这个成本函数中,$\ln C$ 表示总成本的自然对数,$\ln Y_k$ 是第 k 次产出的自然对数,$\ln P_l$ 是第 l 次投入价格的自然对数,系数 A、B_k、C_l、D_{kz}、E_{lg} 是要估计的参量。之所以选择这种对数的函数形式,是因为在对成本结构和产品技术的自然属性稍加限制方面,它显得更灵活一些。在许多有关金融机构的成本研究中,经常应用对数形式。

一个很好的成本函数在价格上是线性的齐次的。这预示着 $\sum_l C_l = 1$,$\sum_l E_{lg} = 0$,$\sum_l F_{lk} = 0$。而且,对称的情况要求 $E_{lg} = E_{gl}$ 且 $D_{kz} = D_{zk}$。对称性和齐次性是强加于这个模型之上的。通过谢彼得的原理,在总的成本中单位投入的份额是:

$$S_p = \partial \ln C / \partial \ln P_l = C_l + \sum_g E_{lg} \ln P_g + \sum_k F_{lk} \ln Y_k \qquad (2)$$

等式(1)和等式(2)是成本系统中要估计的两个等式。下面对范围经济和规模经济的测量是基于这种成本系统上的。

其一,对总的规模经济的测量。

当合作银行的所有产品以同样的速度增长时,如果总产品成本增长的比例小于产量增长的比例,就可以说合作银行存在规模经济。

根据汉诺克(Hanoch)、潘萨和威利格(Hanoch, Panzar & Willig)的研究,总的规模经济可以用成本函数中的规模弹性来表示:

$$SE = C(Y,\ P) / \sum Y_k MC_{y_k} = 1 / \sum_k Ey_k \qquad (3)$$

在这里,MC_{y_k} 表示边际成本,$Ey_k = \partial \ln C / \partial \ln Y_k$,是第 k 次产出的成本弹性,要求出第 k 次产出的成本弹性,可相对每次产出,通过对对数成本函数求微分得到。

$$Ey_k = \sum_k B_k + \sum_k \sum_z D_{kz} \ln Y_z + \sum_k \sum_l F_{kl} \ln P_l$$

如果 SE＞1，显示存在整体的规模经济；如果 SE＝1，规模收益不变；如果 SE＜1，表明规模不经济。

其二，对特定产品的规模经济的测量。

如果在其他产品产量固定的情况下，在银行的产品集合中的特定产品产量的增长导致了平均成本的下降，特定产品的规模经济性就产生了。从经验上来说，在对数成本函数的构架中，由于计算特定产品的规模经济需要假设至少一种产品为零产出，所以不可能计算出这种特定产品的规模经济。然而，潘萨和威利格得出了下面近似的测量等式方程，并被金和麦斯特所应用：

$$PSSEy_k = (ICy_k/Y_k)/MCy_k = (ICy_k/C)/Ey_k \tag{4}$$

在这里，$ICy_k = C(y) - C(Y_1, \cdots, Y_{k-1}, 0, Y_{k+1}, \cdots, Yn)$，表示产量 Y_k 的不断增长的成本，ICy_k/Y_k 表示 Y_k 不断增长的平均成本，MCy_k 是第 k 次产量的边际成本，$Ey_k = \partial \ln C/\partial \ln Y_k$，是第 k 次产出的成本弹性。在等式(4)中，通过计算不断增长的平均成本和边际成本的关系，特定产品的规模经济就可以得出了。如果在给定产量的情况下，边际成本小于(大于)平均不断增长的成本，平均成本就是不断下降(上升)的，因此，$PSSEy_k ＞ 1 (PSSEy_k ＜ 1)$ 预示着第 k 次产出的规模经济(不经济)。

其三，对总的范围经济的测量。

如果单独生产一组产品的总成本大于联合生产同样的产品的成本，范围经济性就显示出来了。潘萨和威利格认为下面的比例可以作为两种产品情况下对范围经济的测量：

$$SC = \{[C(Y_1, 0) + C(0, Y_2)C(Y_1, Y_2)]/C(Y_1, Y_2)\}$$
$$= \{[C(Y_1, 0) + C(0, Y_2)]/C(Y_1, Y_2)\} - 1 \tag{5}$$

在这里，SC＞0 意味着总的范围经济的出现。

一个经常出现的关于对数成本函数的问题是，用这种成本函数，如果任意一个产出为零，成本就不能被计算了。为了克服这种难题，研究者用了考勒瑞扎尔库希(Zardkoohi)的方法。在等式(4)的每一个单独的零产出的组中,用最小的产出取代零产出(即假定零产出为某一最小值且大于零)。为了使这种程序适用于潘萨和威利格的范围经济的定义,研究者认为总成本的增长是由于每个产出的增长:

$$\Delta C_1 = C(Y_1^{min} + \Delta Y_1, Y_2^{min}, Y_3^{min}, Y_4^{min}) - C(Y_1^{min}, \cdots, Y_4^{min})$$

$$\Delta C_2 = C(Y_1^{min}, Y_2^{min} + \Delta Y_2, Y_3^{min}, Y_4^{min}) - C(Y_1^{min}, \cdots, Y_4^{min})$$

$$\Delta C_3 = C(Y_1^{min}, Y_2^{min}, Y_3^{min} + \Delta Y_3, Y_4^{min}) - C(Y_1^{min}, \cdots, Y_4^{min})$$

$$\Delta C_4 = C(Y_1^{min}, Y_2^{min}, Y_3^{min}, Y_4^{min} + \Delta Y_4) - C(Y_1^{min}, \cdots, Y_4^{min}) \tag{6}$$

在这里,min 刻画了例子中的最小的产出价值。相似地,通过联合 Y_K,生产 Y_1 的成本的增长是:

$$\Delta C_{1,\cdots 4} = C(Y_1^{min} + \Delta Y_1, \cdots, Y_4^{min} + \Delta Y_4) - C(Y_1^{min}, \cdots, Y_4^{min})$$

因此范围经济可以用下式测量:

$$SC = [(\Delta G_1 + \Delta G_2 + \Delta G_3 + \Delta G_4)/\Delta G_{1,2,3,4}] - 1 \tag{7}$$

总的范围经济在 SC > 1 时是存在的。

其四,特定产品的范围经济。

如果单独生产某一特定产品的成本大于联合生产这个产品的成本,则存在特定产品的范围经济。特定产品范围经济可以用下式计算:

$$PSCOy_k = \{[C(Y_1, \cdots, Y_{k-1}, 0, Y_{k+1}, \cdots, Y_k) +$$

$$C(0, \cdots, 0, Y_k, \cdots, 0, \cdots, 0) - C(Y)]\}/C(Y) \tag{8}$$

如果 $PSCOy_k > 0$,则在产量为 Y_k 时,特定产品范围经济存在。

第三,数据和模型说明。这份研究所用数字来源于联邦存款保险公司,是 1989—1991 年的收入和情况报告的记录。在对存款银行成本、产出和投入的定义中,经常被研究者们采用的是两个简明的方法:中间法和产出法。本次研究采用中间法,所以产出用收益资产的美元价值来测量。在这种方法中,总成本定义为产品成本和利息费用之和。

产出的四种产品为：消费贷款（Y_1）、不动产贷款（Y_2）、证券（Y_3）和其他收益资产（Y_4）。投入分为三类：劳动（X_1）、资本（X_2）和借入资金（X_3）。劳动可以用全职雇员的数量来测量，资本可以用营业场所和固定资产的账面价值来测量，借入资金可以用有息存款和其他借入资金的数额来测量。

要素价格可以定义为：劳动力的价格 P_1 是总的工资和红利收益对 X_1 的比率，资本的价格 P_2 是总的营业场所和固定资产费用对 X_2 的比率，借入资金的价格 P_3 是定期存款年利息和费用以及其他的借入资金的费用对 X_3 的比率。

第四，评估程序和结果。包括在等式（1）中的成本系统和包括在等式（2）中的两个比例，可用回归方法来预测。既然对数成本函数不适用于零产出，在对零产出作了两次观察后，用例中数据的平均值除以每次观察值，所得变量加入成本方程中，预测的系数（1989—1991）和它们的 t 次值与统计吻合得较好。在所有的 3 年中，总的 F 值是很显著的，而且 R^2 的值高于 0.94。这预示着对数式成本函数方程是合理的，独立的变量可以很好地测出总成本的变化。

总产品和特定产品的规模经济：数据测试进一步表明对各种规模的银行来说，1989—1991 年规模经济的变化是显著的。对小型和中型的储蓄贷款协会进行研究，勒孔特和史密斯也发现了同样的结论。沃尔肯和纳瓦蒂尔（Wolken & Navratil）发现，不管它们选择什么样的产出，信用社总是存在着显著的规模经济。弗莱德（Fried）通过检验信用社的效率发现，它们可以通过从潜在的会员中选择吸收更多的会员，并且每个会员可通过发展更多的客户来改善它们的经营状况。

特定产品中，消费贷款有着明显的规模经济性，1989—1991 年的不动产贷款也是如此。生产消费者贷款的边际成本如果小于平均增长成本，那么随着消费者信贷数量的增加，平均成本会下降。1989—1991 年的抵押贷款也是如此。证券和其他收益资产的产品特定规模经济都是小于 1 的，意味着这些服务的规模不经济，即在某些情况下，规模经济是负的甚至是不可能的。

对不同资产规模范围经济的估计显示，除了资产规模在 2 500 万美元以下的银行之外,不同规模等级的合作银行在 1989—1991 年间显示了范围经济。

数据表明,四种共同产品(消费信贷、不动产信贷、证券和其他收益资产)的联合生产与单独生产相比,成本会下降很多,这样合作银行可以通过生产的多样化来降低生产成本。资产少于 2 500 万美元的合作银行是一个例外,对这些银行来说,联合生产四种产品的成本比单独生产四种产品的总成本要高,对这类合作银行来说,这显示了范围不经济性。

对 1989—1991 年的特定产品范围经济的估计,表明的特定产品范围经济的数据是杂乱的,从 1989 年的消费贷款和 1990 年的不动产贷款和其他收益资产可以看出范围经济的存在,1991 年所有的估计值是正的,表明在 1991 年所有的产品都显示出了范围经济性。

第五,结论。1989—1991 年间的合作银行的成本结构可用一组对数成本函数来估测检验。这些最终结果表明了投入和产出价格变量之间的相关系数如预期一样是正的。在这所有的三年中,调整了的 R^2 值高于 0.94,表明恰到好处。

对规模经济进行的研究的结论表明了在这三年期间,对各种规模的合作银行来说,规模经济是存在的。因此,在这些机构中存在着通过扩大产量来缩减平均成本的机会。这一结论支持以前的经验证据,即在相对较小的存款银行中存在规模经济。特定产品规模经济的程度表明合作银行可以通过提高抵押的水平和消费者贷款、缩减证券和其他收益资产来获得成本的改进。

对范围经济进行研究的结论表明,除了最小规模的银行,范围经济在所有的三年时间中是正的,但其程度是十分微弱的。

合作银行的范围经济和规模经济的实证结论,引起了人们对这些机构现行经营状况和经营策略的注意。合作银行较小而且有一个不能多样化的资产组合。把这些研究结论考虑在内的话,可以很明显地看出,同较大的和相对多样化的存款银行相比,这些机构的成本是很不利的。为了充分利用规模经济和范围经济,这些机构需要提高它们经营的规模和范围。

(二) MWH 三人组的实证研究过程及结论

MWH 三人组研究报告的题目分别是《多产品金融机构的规模经济和范围经济——对英国哥伦比亚信用社的研究》(默里·约翰. D、罗伯特. W·怀特,1983)、《多产品金融机构的规模经济和范围经济——来自信用社的进一步的实证分析》(H. 扬恩·吉姆,1986)。默里和怀特(1983)通过信用社里的多产品特性,为英国哥伦比亚信用社(BCCU)分析了其规模经济和范围经济。不过他们的分析还是有局限的。例如,在多产品公司中存在着两种规模经济,多种产品带来的效率和单一产品带来的效率是否相同? 默里和怀特对规模经济的估计是通过分析多产品的经济得出的,在他们的分析中,并没有对特定产品的规模经济加以讨论。进一步讲,默里和怀特是利用成本互补性这一概念来衡量范围经济的,然而,成本互补性对范围经济的存在来讲,只是一个局部性而非全局性的检验。此外,区分清楚总的范围经济和特定产品的范围经济也是必须的。吉姆的论文重新检验了信用社里存在的规模经济与范围经济这一命题,扩展了由默里和怀特发展的模型,并提供了一些新的经验证据——第一部分扩展了默里和怀特的模型,并重新检验了多产品信用社里的规模经济与范围经济;第二部分是对经验结果的描述;第三部分是结论。

第一,模型详解。在对信用社产业的规模经济与范围经济的分析中,默里和怀特以一个多产品的成本函数开始其研究。他们用三个变量来代表信用社的产出:抵押贷款(Y_1)、非抵押贷款(Y_2)、超过最小流动性需求的投资(Y_3),所有产出均以所获得资产的美元价值来衡量。默里和怀特的模型里的投入是资本(X_1)、劳动力(X_2)、活期存款(X_3)和定期存款(X_4),以及相对应的价格 W_1、W_2、W_3 和 W_4。下面是默里和怀特对于信用社多产品经营过程的描述。

假设某信用社的多产品的成本函数为:

$$\ln C = \alpha_0 + \sum_1 \alpha_i \ln Y_i + \sum_k \beta_k \ln W_k + 1/2 \sum_i \sum_j \sigma_{ij} \ln Y_i \ln Y_j$$
$$+ 1/2 \sum_k \sum_l \gamma_{kl} \ln W_k \ln W_l + \sum_l \sum_k \delta_{ik} \ln Y_i \ln W_k \qquad (9)$$

这里，$\sigma_{ij} = \sigma_{ji}$，且 $\gamma_{kl} = \gamma_{lk}$，为了与运作良好的产出结构相符合，这一成本函数必须满足一定的约束条件。

根据潘萨和威利格（1977）的研究，一种有局限性的关于多产品公司的全规模经济或总规模经济的衡量指标，可以用规模弹性 SL 来表示：

$$SL = C(Y, W)/\sum_i Y_i MC_i = 1/\sum_i \eta CY_i \qquad (10)$$

这里，MC_i 是第 i 个产出的边际成本，$\eta CY_i = \partial lnC/\partial lnY_i$，是第 i 个产出的成本弹性，则从多产品成本函数中所得到的第 i 个产出的成本弹性可以表述为：

$$\eta CY_i = \alpha_i + \sum_j \sigma_{ij} lnY_j + \sum_k \delta_{ik} lnW_k \qquad (11)$$

大体上说，这里的 $Y_i = W_k = 1$，全规模经济约简为 $SL = \sum_i \alpha_i - 1$。

由于产品 $i \in N$，则特定产品规模经济 SL_i 被巴摩尔（Barmol）、潘萨及威利格（1982）定义为：

$$SL_i = IC_i(Y, W)/Y_i MC_i(Y, W) = (IC_i/C)/\eta CY_i \qquad (12)$$

这里 $IC_i(Y, W) = C(Y, W) - C(Y_{N-i}, W)$，且 $C(Y_{N-i}, W) = C(Y_1, \cdots\cdots, Y_{i-1}, 0, Y_{i+1}, Y_N, W)$，因此，$IC_i(Y, W)$ 是第 i 个产品的递增成本。它的定义为：当其他产品参数不变时，将 i 产品从零产量增加到相应水平产量时，公司所要承担的成本变化。用式（12）对特定产品的规模经济与范围经济进行估计，需要对递增成本进行计算，这又要依次对成本函数在零产出水平时进行计算。对许多公司来讲，要对成本函数进行一个长期的推断，这就远远超过了样本产出所估计的范围。同时，根据所显示的巨大的标准差来看，对特定产品的规模经济与范围经济的估计值也经常是不可靠的。因此，在这里的研究中，选择的是 10% 的样本平均产出，而不是选择一个在样本范围内的参考点。相应地，源于多产品成本函数的特定产品规模经济被表述为：

$$SL_i = \{exp(\alpha_0) - exp[\alpha_0 + \alpha_i ln\varepsilon + 1/2\sigma_i(ln\varepsilon)^2]\}/\alpha_i exp(\alpha_0) \qquad (13)$$

这里，$\varepsilon = 0.1$ 被用来代替 0，因为 ln0 是无意义的。

特定产品规模经济的概念能很容易地被推展到一系列产品。假设 $T \in N$,描述特定产品规模经济的程度可表述为:

$$SL_T = IC_T(Y, W)/Y_T MC_T(Y, W) = (IC_T/C)/\sum_i \varepsilon T \eta CY_i \quad (14)$$

这里 $IC_T(Y, W) = C(Y_{N-T}, W)$。$Y_{N-T}$ 是与 T 产品关联时,产出为零的产品组成的矢量(即在计算 T 时,所有输出为零的产品所组成的集合)。因此,$C(Y_{N-T}, W)$ 表示单独产出 $(N-T)$ 系列产出时的成本。根据成本函数的估算(式 13),关于 Y_i 系列产出和 Y_j 系列产出的特定产品规模经济可以被表示为:

$$SL_{ij} = [\exp(\alpha_0) - \exp(\alpha_0 + \alpha_i \ln\varepsilon + \alpha_j \ln\varepsilon + 1/2\sigma_{ii}(\ln\varepsilon)^2$$
$$+ 1/2\sigma_{jj}(\ln\varepsilon)^2)]/\exp(\alpha_0)(\alpha_i + \alpha_j) \quad (15)$$

根据潘萨和威利格(1981)的研究,表示范围经济程度的变量 SC 被描述为:

$$SC = [\sum_1 C(Y_i, W) - C(Y, W)]/C(Y, W) \quad (16)$$

SC 描述由于联合产出而导致的成本节省(增加)的百分比,它为正或负取决于存在范围经济或存在范围不经济。如果产出中没有联合产品,SC 将为零。在近似值点,估计信用社的全范围经济的程度可以表述为:

$$SC = \{\exp[\alpha_0 + \alpha_2 \ln\varepsilon + \alpha_3 \ln\varepsilon + 1/2\sigma_{22}(\ln\varepsilon)^2 + 1/2\sigma_{33}(\ln\varepsilon)^2] +$$
$$\exp[\alpha_0 + \alpha_1 \ln\varepsilon + \alpha_3 \ln\varepsilon + 1/2\sigma_{11}(\ln\varepsilon)^3 + 1/2\sigma_{33}(\ln\varepsilon)^2] +$$
$$\exp[\alpha_0 + \alpha_1 \ln\varepsilon + \alpha_2 \ln\varepsilon + 1/2\sigma_{11}(\ln\varepsilon)^2 + 1/2\sigma_{22}(\ln\varepsilon)^2] -$$
$$\exp(\alpha_0)\}/\exp(\alpha_0) \quad (17)$$

保罗尔等人(Baulol et al, 1982)指出,多产品成本函数要体现范围经济性的一个充分条件就是产品之间存在成本互补性,成本互补性意味着任一产品的边际成本将会随着其他产品产出的增加而减少。根据多产品成本函数,我们大致得出边际成本弹性:

$$\partial\ln MC_i/\partial\ln Y_i = 1/\alpha_i[\delta_{ij} + \alpha_i(\alpha_j - \Delta_{ij})] \quad (18)$$

这里当 i = j 时,Δ_{ij} = 1;当 i ≠ j 时,Δ_{ij} = 0。应注意负的交叉边际弹性 $\partial lnMC_i/\partial lnY_i(i \neq j)$ 意味着在任何两种产品间存在成本互补性。

范围经济能被扩展至系列产品,假设 T∈N,与 T 相关的范围经济被定义为(潘萨和威利格,1981):

$$SC_T = [C(Y_T, W) + C(Y_{N-T}, W) - C(Y, W)]/C(Y, W) \qquad (19)$$

T 和 N－T 代表产品组 N 的不关联集合,$C(Y_T, W)$ 和 $C(Y_{N-T}, W)$ 分别代表生产 T 组和 N－T 组产品的成本。因此,当联合生产比独立生产更便宜时,特定产品范围经济才存在,与 Y_i 相关的特定产品范围经济被表述为:

$$SC_i = [exp(\alpha_0) + \sum_j \neq i\alpha_j ln\epsilon + 1/2\sum_j$$
$$\neq i\sum \sigma_{jj}(ln\epsilon)^2) + exp(\alpha_0) + \alpha_i ln\epsilon + 1/2\sigma_{ii}(ln\epsilon)^2) -$$
$$exp(\alpha_0)]/exp(\alpha_0)(6-20)$$

第二,实证结果。默里和怀特通过英国哥伦比亚信用社的跨部门数据估计了多产品成本函数。H. 扬恩·吉姆利用这些估计参数来检验该信用社的规模经济与范围经济。全规模经济样本评估值为 1.073,这表示就一般信用社而言,存在温和的规模经济。默里和怀特发现,几乎所有的信用社都可以存在全规模经济。

相对一般信用社而言的特定产品规模经济。Y_1 的值为 1.007,表示抵押贷款中存在适度的规模经济。由于 Y_3 的值为 0.997,这表示投资活动几乎都能得到固定的规模回报。Y_2 的值小于 1,这表示非抵押贷款服务中存在规模不经济。指出 Y_1 的规模经济程度要大于 Y_2 和 Y_3 可能很重要,这也表明信用社相对于 Y_2 和 Y_3 来说,有动机去扩展它们的抵押贷款。

对信用社的不同产出组合的特定产品和全产品的范围经济是存在的。如果信用社能联合产出 Y_1、Y_2 和 Y_3,那么按照全产品范围经济所给的 0.27 的弹性,它就将节省 27% 的开支;如果 Y_3 与 Y_1 和 Y_2 组合在一起,它将节省 11%。值得指出的是,全产品规模经济的节省程度要大于特殊产品的节省程度,这表明信用社通过全产品的联合产出比现存单一产品的联合产出节约更多。

关于范围经济的发现指出，大的、多产品的信用社比小的、单一产品的信用社更具有成本节约效率，这也与平常的估计相一致。如果生产是独立的，信用社能从集中投入和更有效地利用投入产出产品中获得范围经济。这种效率可能是由于对投入的共同运用，或交易成本、信息成本以及其他使联合投入变得困难的市场摩擦等因素而引起的。

保罗尔(1977,1982)的研究显示，范围经济、非抵押业务方面特定产品的非规模经济性的存在，并不能证明每条产品线上平均递增成本的下降。因此，这些发现使人们相信普通的信用社在规则缺乏的条件下不可能发展成为自然垄断。这就意味着信用社市场可以容纳多个信用社的同时存在。

第三，结论。研究发现，英国哥伦比亚信用社存在适度的全规模经济，也显示了与抵押贷款和投资活动相结合的特殊产品存在温和的规模经济，但是关于非抵押贷款则存在规模不经济。然而，分析发现，当把贷款与投资活动结合起来时，英国哥伦比亚信用社能获得全产品以及特定产品的范围经济。更进一步，关于非抵押贷款的特定产品存在规模不经济以及同时存在范围经济的这一发现，使得人们对英国哥伦比亚信用社能发展成自然垄断的可能性产生了怀疑。

(三) 阿斯加尔和詹姆斯的研究结论

阿斯加尔和詹姆斯以芬兰的合作银行和储蓄银行为研究对象。值得注意的是，芬兰是一个相对狭小的资本市场，银行机构一直支配着芬兰的金融市场。同时，芬兰自20世纪70年代开始放松管制，允许众多储蓄银行和合作银行与商业银行一起平等面对客户，开立商业账户，向国外扩张及开办证券经纪业务；价格方面也放松了利率管制，允许银行在利率和手续费方面展开竞争。这些因素使得芬兰合作银行的成本结构经过了市场竞争的考验和调整，其研究结果也更具有普遍意义。

阿斯加尔和詹姆斯对芬兰储蓄银行和合作银行规模经济和范围经济的研究结论与前述大体相同，值得一提的是他们还研究了分支机构的规模经济和范围经济。

对 1988 年拥有 615 家分支机构的 43 家芬兰储蓄银行进行大样本的研究,显示其存在着范围经济与规模经济的实证证据。相对于全国性来讲,这些储蓄银行在地理范畴上是地方性和局部性的。与许多早先对分支银行的研究不同,涉及经营成本和产出的独立分支机构的详细数据可以从这些机构的内部记录中获得。在这项研究中,自然对数成本模型被用来预测独立分支机构的规模经济与范围经济。其产出就是总储蓄和总贷款,投入为劳动力价格、资本价格和存款价格,这些变量都被包括进该模型。该自然对数与成本分摊方程式以及一个指明存款为经营成本函数的方程同时运行。此外,分支机构运作成本的组织影响也得到了检验。

研究结果表明,首先,相对大的分支机构比小的分支机构更有效率,但这一效率随着其规模超过 2.5 亿芬兰马克而消失;其次,分支机构的成本效率可以通过加入相对较大的分支机构组织而得到改善——然而,最大的组织成本的节省是最初的 5 家分支机构在业务上的密切协作,此后,其成本节省将会随着机构数目的增加而减少;第三,单个的分支机构不存在范围经济。

总而言之,这些结论显示,对局部和地方性的分支行来说,最有效的成本结构是利用在一个由 5 个或更多的分支机构组成的网络中的那些相对较大的分支机构。杜卡斯(Ducas)和斯威瑟(Switzer)对合作银行分支机构的研究显示,在芬兰存在一些过度设立分支机构的现象,这一发现与先前讨论的降低分支机构的趋势是相一致的。

第六章

合作社本质论和方法论

第一节 合作社的本质论

一、合作社的本质

1980 年在莫斯科召开的国际合作社联盟第二十七届大会上，通过了《合作社的本质问题》的决议。决议认为：作为一种社会和经济制度的合作事业，它不是建立于某个特殊的观念或社会理论之上，而是建立于若干思想和观念的一种集合体上，包括：互助；为了增强力量，团结一致而采取比较松散的联合形式；损益公平分摊，自力更生；组织大家共同商量问题；在人与钱的关系上，人处于领先地位；一个没有剥削的社会；甚至对乌托邦的向往；等等。人们常常用一些警句来表达其对合作组织的看法，如，"人人为我，我为人人。""不要施舍，不要利润，只要服务！""消灭中间人！""按照成本作价。""人们为自己经营业务。"……日本合作运动领袖和缔造者贺川丰彦把合作运动说成"兄弟会经济"。目前合作运动流行的观念是：或多或少的一群人，怀着在民主和自助的基础上共同行动的信念，以取得某种服务或经济上的安排。这既符合社会的愿望，也对所有参加者有利。

决议认定：为了适应合作运动当前和将来所处的重大形势，对合作理论所作的解释必须是广义的有灵活性的，而不应当是狭义的严格的。不过在那些本质的不能让步的要素上，仍必须与原来的一致。换句话说，丢弃那些特征，那个组织就不能看成是合作社了。如在所有制和经营管理上的民主原则，就是最本质的特征，尽管在解释和实际运用上可能未见得一致。同样，一个企业如果坚持着无限制的过度的分红做法，就不能看成是一个合作社。

有人认为：小规模经营可能是真正的合作组织形式，而当它变得扩大时，就好像不是一个真正的合作社了。其实，这是非本质的表面的因素，规模大小并非决定性因素，尽管在大组织里想做到合意的到会人数会有困难。十个穷渔民可以组织合作社，共同利用渔网打鱼，并在市场出售；而五百个渔民同样可以组成合作社，利用大船和昂贵的捕鱼装备去捕鱼出售。两者都是真正的合作社，虽然在经营管理方面，大社要复杂些，困难些。

法律上的要求和企业的结构，可能歪曲了合作社的真正本质。实际上合作社的结构近于社团，而不是企业。换句话说，合作社是按法律规定，像公司企业一样组织起来的，可当它按照社会团体这一观念来工作时，才显露出其真正的本质。一个普通的企业可以与股东分离经营业务，但一个合作社却不可以离开社员这个实体而存在。

合作社的某些本质使得一些概念在合作社内有不同的含义。如"分红"这一概念，在企业和在合作组织就显然不同。在一个公司里，大量的盈余带来可观的资本分红，但合作社的分红就不会那么多。此外，关于利润、竞争、股息以至于登广告等，都受到合作社性质和目标的影响而改变了其原有涵义。未来合作社的发展和生存，在很大程度上将取决于恪守合作社固有特征的情况。

合作社的本质可以有各式各样的说法。一个最令人满意和有用的定义，是法国著名合作理论家查理·季特（Charles Gide）所说的："所谓合作社乃是人们以经营企业的方式，谋取共同的经济、社会、教育效益的一种组织。"

合作运动是世界上最大的社会经济运动。在世界不同地区的合作社，有各种不同方面的表现：除了铁路系统外，很难设想有哪一种经济机能在世界上某些地方，不能采用合作社的形式去承担。商品的生产与分配、农业、供销、信用、运输、制造、银行、保险、住宅、森林工业、渔业、各种服务业，合作组织都可以经营。全世界有 50 个最大的银行系统，其中 5 个是合作社办的，分别位于法国、德国、荷兰和日本。

在所有国家，在每个经济和文化类型中，在地球上任何有人类居住的地方，都可能找到合作社组织。合作事业这一概念含有多方面性与普遍性，从而世界上某一地区某一类型的合作工作者在访问另一国家另一种截然不同的合作组织时，都能够很快地理解其活动情况。

从企业的规模来看，从小的到大的到最大的，合作组织的范围极为广阔。有数以万计的小规模合作社，其社员人数不及百人，甚至不到十人；也有很多中型合作社和一些从人数或企业周转来看都属大规模的合作社。在部分国家里,合作体制是相当于政府的庞大的经济组织。没有一个理想的合作社的规模,不过一般人总是认为规模小点的合作社比较容易管理。合作社一旦打下了坚实的基础,就会具有显著的复原力和持久力。

二、合作社的未来

从更广阔的视角来看,合作社作为一种经济组织,本身必须进行组织创新和结构调整以适应外部环境的变化。正因为如此,美国农业中出现的"新一代合作社"受到了众多学者的重视和研究,如默里·福尔顿(Murray Fulton,2000)指出,"新一代合作社"既是适应现代农业变化的一个调整,也是对合作社内部制度安排的缺陷进行的创新和改革。

20世纪末,美国农业文化中的合作社组织里出现了两种现象:一个现象是传统合作社通过退出、重组和转移来适应财产方面的限制,这些调整似乎对合作社市场份额的增长有正面的影响。另一现象即新一代的萨皮鲁 III 型合作社的诞生,这是一种具有附加值的营销式合作社,这种组织结构试图通过发展资产评估机制,创建财产权清算所、基础资本计划,以及消除外来免费搭车现象的社员政策,增加股份的流动性,从而改善合作社机制上的一些障碍。这两种合作社正日益采取以攻为守的战略。尽管建立合作社的非经济原因也不应淡化,但从经济学上讨论合作社未来发展的潜力、财产权关系、交易成本以及不完善的合约方法,都表明了美国农业文化中的集体行为仍应存在。总之,为纠正市场失灵而向进攻型战略和结构转移或重组的合作社,其未来是很有希望而又充满挑战的。"新一代合作社"被认为是合作社制度在当前条件下创新的典范。但"新一代合作社"是否效率最高,制度安排上有无改进,已成为摆在新制度经济学家面前的一道难题。[1]

---

[1] 根据迈克尔.L·库克 1995 年 12 月所著 *American Journal of Agricultural Economics*(刘宇译,《美国农业合作社的未来:新制度方法》。

在迈向 21 世纪之际,美国的合作社运动经历了翻天覆地的变化。人们为了更好地掌握自己的生活,每年都有几十万人参加合作社组织。在美国以及世界各地,合作社通过向他们的社员提供新的业务机会,不断地增加社员资格的价值,要使合作社企业真正成为强大的、独立的国家经济成分,并为广大民众所认知。如今,美国大部分民众都以为,国家经济是由三个部分组成的:第一种经济成分是由投资者所支配的营利性部门;第二种经济成分是官方部门,包括地方、州及联邦政府;第三种经济成分是非营利性部门,如红十字会、大学以及宗教组织。在合作工作者看来,建立在合作社原则和价值基础上的合作社,应当成为国家的第四种经济成分。合作社建立在业务基础之上,它服务于经济;同时,合作社又面向广大民众,服务于社会。只有通过不断地向社员提供新的服务,以及不断地发展新的业务范围,才能不断增加社员资格的价值,最终实现不断壮大合作经济的目的。

对人类来讲,新世纪所面临的最大的挑战是财富的集中。这种趋势对经济自由和政治自由来说都存在着潜在的危机。合作社是组织业务,是实现经济自由的一条很好的途径,自助、自担责任、公正、平等、团结以及民主,这些合作社的价值具有市场优势,并使合作社的业务不同凡响。

事实证明,与其他类型的经济组织相比,公众更为信赖合作社。在合作社,资金的拥有者和使用者是统一的,这就为合作社发展业务带来优势。如很多家庭对于合作社的幼儿园非常信赖,家长们的这种取向又会影响他们的孩子。这种忠诚度的获得来自于合作社的道德观念:忠诚、开放、社会责任以及关心他人。合作社的价值观念使其业务不同凡响。

新的世纪里,合作社需要在世界范围内发扬光大自己的价值。合作社的发展历史表明,必须建立一个为他人着想的机构,必须寻求为现实社员及潜在社员提供服务的途径,让大家携起手来,通过开拓新的合作社事业,来实现和增加社员资格更大的价值。

从罗虚戴尔最早的开拓者到美国电子合作社的新社员,合作社的发展拥有 155 年的历史。合作社帮助人们实现了经济目标,改善了生活条件,使人们对生活有了更多的把握。合作社威力就在于共同的理念,合作社的每一个社员都应以此为荣,都应坚信合作社是引导经济、改善生活的一条最佳途径。不管面临怎样的问题、挑战和机会,办法总会有,那就是合作社的办法。这就是合作社的威力所在,这也正是人们加入合作社、寻求他们的合作社社员资格价值的原因所在。①

关于国际合作社运动的挑战与未来,国际合作社联盟主席罗伯特·罗德里格斯 1998 年在加拿大合作社协会全国代表大会上发言评述道:

> 无论在发达国家,还是在发展中国家,在经济全球化和商业自由化导致的市场大战里,都普遍感受到合作社未来的不确定性。经济全球化和商业自由化对合作社的影响看起来要比对其他部门大得多。实际相反,世界新的经济环境对经济中的所有部门均发挥着同等的影响,或许对私人公司更为严重,特别是那些由投机资本运作的公司。所以,经济的全球化并不意味着合作社的终结,相反它会带来空前的、必须加以利用的机会。这就意味着需要增加合作社效率,需要承认合作社产品和服务特别是对社员要富有竞争力的观点。迎接这种挑战,必须通过对合作社运动的行为,从意识形态和经营观点两方面进行深层的变革。

(一) 新的潮流

合作社制度作为资本主义和社会主义之间促进社会经济发展的第三条道路的时代已经结束了。新的潮流正流淌于新的堤坝之间。一边是共同的市场,合作社必须以富于进取的形式插入进去,以竞争性的价格及优质产品和服务争得空间。合作社必须具有追逐利润的商业优势——这似乎像是对合作社价值的一种亵渎,但并非如此,利润才是新潮流的基础。另一边是个人的幸福,社员的福利——没有利润,就无法为社员服务。合作社的方向是:在市场上公开竞争,以便为社员提供服务。一边是市场,另一边是社员福利。

---

① 参见保罗·黑曾著,周连云译《美国新一代合作社及其新型业务》。

这就是合作社企业需要发展的新的理念。

(二) 新的经营理念

合作社领导人和学术界正在讨论许多想法,一些新思想正被付诸实践。良好的经营必须决策敏捷。它意味着当机会来临时,合作社的经理不必与社员磋商就可进行交易,这似乎是对合作社民主的一个否定。但如果每一次机会都必须与社员磋商,决策必然迟误。

一种方法能使快捷与民主共存,即对经理授权。这种程序也改变了合作社的领导概念。以往人们认为,一个好的领导人是与社员协商,了解社员整体的想法,据此作出决策。但这样的时代已过去了。新的领导人有责任了解先辈的思想,并向跟随者展示未来的方向。他的新责任是使跟随者相信未来的发展方向,进而听取他们的意见,并通过反馈,使他们确信合作社需要追寻的特定道路。如不能成功地使社员相信其观点,领导人必须离职,因为要么他不是合适的领导者,要么他已经落伍于时代。赖在其职位上,命令和强迫社员,意味着不受欢迎的独裁、滥用权力,这必将意味着合作社制度的终结。

合适的领导人,除了其他众所周知的品质外,还需要勇气,抛弃坏的职员,抛弃坏的同事,抛弃坏的经理,抛弃坏的合作社。要促进合作社的合并和收购,必须要有勇气。一个合作社在市场经济中可能只是一条小鱼,而合作社作为一个体系,相互间的合作就会使无数小鱼联合成为一条大鱼以吃掉其他小鱼,壮大自己。合作社银行必须相互团结,包括当它们在其母国缺乏合作伙伴时,可在不同国家间联合。中心的思想是增加附加值、纵向化和整体化,因而单纯的合并是不够的,需要有更多的勇气去促进与相似部门的战略联盟,只要这种联盟也能为合作伙伴带来利益。实用主义是这一点的基础。昨天是合作社"敌人"的公司,明天也能成为"盟友"——如组织一个合资企业。但合作者一定不能失去对合作社的控制。同样,当合作社已按"自治和独立"这一新的合作社原则建立,并在寻求社会外部的资本化新形式时,也不能失去对合作社的控制。

合作社经营的职业化是另一个关键点。人力资本的投资很重要,尤其是在商业经营领域。在一个没有边界的世界里,合作社需要既懂得谈判理论和贸易,又具有国际商业法律、税收方面专业知识并熟悉世界贸易组织规则的经理。

(三) 新的问题

在合作社积极投入市场竞争时,出现了这样一种情况:合作社体系的每一环节都在按照其特定的需要来诠释合作社的原则,这可能会导致合作社体系未来的真正分裂。每一合作社部门将具有各自的理论,这将是很可怕的事情,因为它将意味着合作社的完整、巨大力量的终结。为防止这种灾难,有必要致力于不同合作社部门之间的整体化。当然各合作社部门必须使它们自己具有特色,从而具有更优的竞争形式。但在国家和世界范围内,这些部门必须更加相互了解,互相帮助。这样整体化才能以理论上的完整意义出现,这就要强调在合作社运动所有的参加者中,有一个强有力的交流体系。唯此,成功的经验才会为所有人承认,全球化才会在合作社体系内彻底进行。此外,必须寻求同政府的伙伴关系,合作社旗帜中如保护环境、食品安全、收入分配以及同失业作斗争等内涵,也是社会总体利益的目标,它们也是任何严肃的政府所追求的目标,因而合作社体系是它们理想的合作伙伴。同时,合作社教育问题也需要特别关注,对领导者、工人和同事的教育,能使之更清楚地理解合作社的独特之处,特别要强调对年轻人和妇女的合作社教育。没有他们,合作社运动就不会持久,就没有未来。

做好这些,合作社将会繁荣并在市场上获得更大的空间。但对合作社来说,这仍然不够。

全球化是一个动态的过程,有两种结果已经显现出来:失业的增长和经济力量的集中。这两者都是对民主具体的威胁;失业者成为滋生对民主政府不满和反抗的巨大温床;大型经济集团的力量会导致政府反民主地做出决定。

对此,合作社是一个答案:一方面它们创造就业,另一方面,它们是财富集中的经济对手。因此,它们开始具有新的作用,即帮助捍卫民主。合作社的社会经济作用,事实上承担了作为民主进而和平的卫士的责任。

这是一个真正的事实,而不是一个罗曼蒂克的姿态。创造就业和分配收入是合作社活动的一部分,如同合作社通过效率和竞争力获得市场。这是世界第二次伟大的合作浪潮——合作社硬币的另一面,而第一面是合作社的诞生,它是对 9 世纪中叶工业革命对民众掠夺的回答。

所以,必须为这支为和平而战的大军骄傲。他们在每一城市、每一国家、每一大陆,服从同样的道德规范、同样的基本价值理论。而且,有了这种骄傲、荣誉和无所畏惧,就能面对当前的困难并克服它们,从而留给子孙一个更平等和公正的世界。①

美国罗伯特·罗林斯(Robert Rawlins)认为,合作社的未来有赖于用技术强化人本。由于传统上与社员所有者的密切联系,在高度竞争的全球市场中,合作社在采用新技术开发未来具有附加值产品和服务方面有着极难得的机会。

未来的成功取决于合作社将劳动密集型与技术密集型二者相结合的程度。合作社将从以劳动密集为基础转变为以技术密集为基础来适应社会转变,华盛顿约翰·希尔(John Hill)博士的观点是:技术密集的便利离不开劳动密集的质量。但如果没有技术,大规模的、个人可得到的服务只能给竞争对手利用技术提供类似的低成本产品和服务打开大门。合作社的力量和传统在于它把人们的要求始终当成自己的责任和愿望。所以它们的未来取决于保持这种传统,使基层合作运动的方向紧紧围绕着社员的需要,强化与社员的关系并提供有价值的产品。

如果合作社能保持住这些权益,灵敏地调节人本与技术的平衡,并适当地利用好这种平衡关系,它们就能从容地利用特殊的机遇来建立与人们长期的历史性的关系。合作社一定要成为它们的农民社员的领路人,在将科技应用于社员的各种产业方面提供更好的计划服务。将来,合作社与社员必须更准确地进行市场定位,更加注重培训,并对合作社进行再造,逐渐灌输一种更

---

① 参见国际合作社联盟主席罗伯特·罗德里格斯于 1998 年 6 月 24 日在加拿大合作社协会第三次全国代表大会上的讲话,刘惠译。

重要的观念即联合劳动。①

合作社的新生在于社员、新的融资方式、开发新业务，这是美国劳温. A·弗里贺(Dr. Lavern A. Freeh)博士的观点。

对合作社来说，这是一个挑战的年代，但也是令人振奋的年代。逆境总是趋向于使合作社更加强大。合作社从斗争中认识到，合作社的力量在于它们的社员。今后，合作社的艰巨任务是找到一些新的、有效的并且是富有意义的方法去观察、服务于社员，并使社员关心他们的合作社，不然，他们就会逐渐地离开合作社。这是一个真正的难题，也是一个利用合作基础和创造才能同社员们建立一个销售和采购关系的特大时机——这一关系在各方面都是前所未有的。如果不能提供别人所提供的那种价格和服务，合作社的"社员/所有者/顾客"将会投奔他处。如果合作社在高度竞争的环境中要与非合作企业竞争，那就更应把重点放在制定正确稳妥的战略和业务计划的开拓上来，并要雇佣高质量的管理人员和职工。今后几年内合作社的艰巨任务是在确定战略规划和雇佣、培训以及补充高质量的管理人员和职工方面，领先而不是落后于非合作社竞争者。

合作社需要在设备、信息系统、市场规划以及其他领域进行长期投资，以在现存市场中进行竞争并扩大业务。为必需的项目和各种良机开拓筹集资金的新方式，以扩大资金来源的基础，也是未来的一项重要任务。②

---

① 岳志译自《农民合作社》，1985 年 7 月。
② 岳志译自《农民合作社》，1985 年 4 月。

第二节　西方经济学对合作社的研究方法

西方发达国家的合作社经历了长期的持续发展,并且日益显示出顽强的生存活力和新的特色,从而引起西方学者的广泛关注和深入研究。20世纪90年代以来,西方经济学中的合作社经济理论有了较大发展。

一般认为,关于合作社的经济学研究开始于20世纪40年代,大致可以分为两个阶段。第一阶段是20世纪40—80年代,经济学家应用新古典经济学方法沿三条主线分析合作社:一是作为纵向或垂直一体化组织;二是作为一个企业或厂商;三是作为通过集体或联合行动联结起来的厂商之间的联合(联盟)。第二阶段是20世纪80—90年代,经济学家应用新制度经济学研究合作社问题。90年代以来,合作社的理论研究有了更快的发展,以新制度经济学为主的大量新方法、新理论(委托代理理论、产权理论、交易费用理论、博弈论等)用于研究合作社,对前期理论进行了拓展。[①]

一、对合作社的厂商微观理论分析

把合作社作为一个企业或厂商是叶梅利亚诺夫(Emelianoff,1942)和恩克(Enke,1945)在研究消费合作社时提出的。他们把经典厂商理论应用于合作组织,提出如果合作社使合作社生产者剩余和成员消费者剩余最大化,那么合作社成员和社会福利都将被最大化,并首次提出合作社"决策者"(类似于企业"总经理")概念。赫尔姆伯格(Helmberger)和霍斯(Hoos,1962)、K. E. 布丁(K. E. Boulding)都支持这一观点。主张合作社不是纯经济学观点的

---

① 本节部分内容根据陈家涛所著《合作经济的理论与实践模式》、王洪春所著《中外合作制度比较研究》相关章节整理。

厂商的学者,包括伊米诺夫(Iminov)、罗伯特卡(Robotka)、菲利普斯(Phillips)。主张合作社兼具两者特质者有索斯尼科(Sosnick)等人,中国台湾学者黄建森主张将合作社视为特殊厂商,认为可以借助经济学理论分析成本收益,但要注意合作社与利润型厂商在不同市场结构与长短期均衡方面存在的显著差异,因为合作社是提供非营利性经济服务的一种组织,合作社具有特定的经营目标。

最早运用新古典经济学方法对合作社进行实证分析的是本杰明·沃德(Benjamin Ward, 1958)。他认为,私营企业是以利润最大化为目标,而合作社是以工人收入最大化为目标,所以在发展与扩展的动力方面,合作社就略低一筹了。为了实现收入最大化,根据收益递减规律,合作社倾向于使用更少的工人,生产更少的产品,对外部的变化缺乏灵活的反应,甚至会出现价格上升、产量回落的局面。此后,有的学者把合作社的这种价格上升、产量下降的现象称为"沃德效应"(Ward Effect)或者"有悖于常理的供给反应"(Perverse Supply Reaction)。近年来,许多学者对这个模式进行了补充或者质疑。例如,帕努·卡尔米(Panu Kalmi, 2003)提出质疑:合作社不会出现价格上升、产量回落的局面,但是关于合作社对外界变化缺乏灵活反应的观点倒是中肯的。

关于合作社目标的其他观点有:

合作社的最大化目标可能既不是利润,也不是收入,而是就业。克雷格·本和蓬卡沃·约翰(Craig Ben & Pencavel John, 1993)对美国西北部 11 家生产胶合板的工人合作社 1968—1986 年有关数据研究后得出结论:股息最大化和就业最大化都只能作为特殊案例来处理,不具备普遍性;收入、工作时间和就业都属于合作社的追求目标,在统计学上有显著意义;相比较而言,合作社更重视就业而不是收入。

合作社的经营目标是在特定条件下形成的。彼得·博盖陶夫特(Peter Bogetoft, 2005)提出,在信息不对称、成本不确定、平均收益低下的条件下,相对于农场主个体而言,农场主合作社是一个很好的选择,合作社具有降低成本的功能。

合作社不适合追求利润最大化。E.格里费尔和 C. A.诺克斯·洛弗尔（E. Grifell-Tatje & C. A. Knox Lovell，2004）在假定合作社追求股息最大化的前提下，对西班牙 59 个合作社的 1994—2001 年财务制度进行了研究，结果表明，股息最大化的变量会导致合作社内部劳动力配置的无效率。

沃德（1958）、多姆（Domr，1966）、塞克斯顿（Sexton，1966）、普特曼（Putterman，1980）等人利用新古典经济学方法来探讨合作组织资源配置的效率问题。这些研究试图说明，至少从长期来说，资源的配置在合作社里是可以实现其静态效率的，对成员的劳动激励可能会达到市场雇佣条件下的水平。

但阿尔钦和德姆塞茨（Alchain & Demesetz，1972）研究发现，对于合作组织而言，实现上述激励水平和生产效率的条件并不容易满足，因此对劳动的衡量是不完全的，于是他们发展了关于合作组织变迁的理论。后来，霍姆斯特龙（Holmstrom，1982）通过构建一个简单的团队生产模型，讨论了平均分配条件下合作组织的效率问题。结果表明，在一个封闭的，即预算平衡的合作组织内，"搭便车"可能导致诸如劳动力等生产性投入的供给不足。无论是米德（Meade，1972）、阿尔钦和德姆塞茨（1972），还是霍姆斯特龙（1982），他们的研究都将合作社生产的低效率归咎于团队内部在收入分配上采取的分享或平均主义原则，而这又被认为是公平和公正的体现。因此，一些学者便从非经济因素来解释合作社的内部激励结构及其性质，多姆（1966）和普特曼（1980）详细地讨论了这些问题，而麦克兰德（Maclend，1988）通过构建模型论证了平均分配原则可以和效率相容。

一些学者围绕合作社是追求单一目标函数最大化的独立厂商的假定，改进了前期的研究。费纳曼和法尔科维茨（Feinerman & Falkovitz，1991）从另外一个视角，用新古典理论构造了一个生产和消费服务皆由合作社提供，且社员的生产决策与消费行为同时被确定的模型。在给定具有代表性社员的效用函数情况下，该类型合作社的目标即最大化社员的总福利，以色列的莫沙夫（Moshav）即是该类合作社的典型。罗耶和巴扬（Royer & Bhuyan，1995）利用新古典理论分析了投资者导向型企业和农业营销合作社，通过一体化整合进入下游加工阶段的激励和影响。他们对合作社纵向一体化激励的市场力量的解释,完善了交易成本和不完全合约方法。

一些学者把合作社看作一个追求效用最大化的群体的联合,从而形成联盟。

祖斯曼(Zusman,1992)利用契约理论构建了描述合作社企业制定集体抉择规则和内部法规的模型。该模型解释了合作社在信息不完全、不确定、有限理性以及议价成本控制等条件下,如何选择和制定其内部法规与集体抉择规则,进一步解释了合作社面临异质性成员群体时如何设计集体选择规则。随后祖斯曼和罗瑟(Rausser,1994)采取合约研究方法构建了一个在集体行动组织中不同参加者之间的讨价还价博弈模型,把集体行动组织视为 n+1 个人的模型,推出合作社回应社会力量和不同利益群体的影响方案。

福尔顿和维尔卡曼(Fulton & Vercammen,1995)利用新古典理论构建了非一致性定价计划的模型,使用这种定价计划的合作社可以减小因实行平均成本定价所导致的经济无效率,还推导出在社员异质性的情况下,采用简单非一致性定价计划可能的稳定均衡状态及分配效应。根据推导的结论,合作社应该采用非一致性定价计划。

维尔卡曼、福尔顿和海德(Hyde,1996)利用标准新古典理论构建了营销性合作社非线性定价模型。该模型推导出营销性合作社在会费定价上受社员异质性和信息不对称影响且社员剩余最大化的情形下,应该选择何种定价计划。该模型进一步加深了学界对于农业合作社非一致性定价计划影响力的理解,阐明了非一致性定价计划是如何缓解因一致性定价规则所致的经济无效,但作者在分析过程中低估了不同管理结构和投票方法对于定价规则选择结果的影响力。

亨德里克斯(Hendrikse,1998)构建了投资决策的博弈论理论模型,该模型以组织形式(合作社还是投资者导向型企业)的选择为关键战略变量。该模型推导出在何种条件下,合作社能成为有效率的组织形式,并指明了在何种条件下合作社和投资者导向型企业可以在一种可持续均衡状态下共存。同时该模型还推导出合作社和投资者导向型企业各自在决策过程中接受或拒绝一项好的或坏的项目的可能性,这一点使其比先前的理论工作更具有创造性。

二、合作社与竞争、垄断、寡头的关系

合作社是在与市场的对抗中产生和发展起来的,初期的合作社主要是满足社员自己的需求,自给自足为主,所以是消极对抗市场竞争。而随着合作社的壮大,合作社开始主动参与竞争,成为市场竞争中的一股重要力量。所以,西方学者也开始逐渐用主流经济学的方法分析合作社与竞争、垄断、寡头等方面的关系。

1. 竞争。面对市场竞争,合作社一方面不得不在竞争中争取主动。如,在竞争日趋激烈的全球市场中,合作社必须达到基本的效率,这也是驱动合作社走向兼并和合并的动力。另一方面,又不得不调整内部关系以适应竞争。如,砍掉一些非盈利的项目,改变甚至取消向社员提供的某些服务。同时,许多合作社,尤其是大型合作社为了吸引和雇佣优秀的管理者,不得不改变传统的不雇佣外来管理者的做法,而开始为外来管理者支付具有竞争力的薪金[布鲁斯.L·安德森和布莱恩.M·赫尼汉(Bruce L. Anderson & Brian M. Henehan),2003;布鲁斯.J·雷诺兹(Bruce J. Reynolds),2003]。所以,合作社也加剧了竞争。贝费特·坦巴克(Befit Tennbakk,2004)运用混合市场模型(mixed market model)研究后认为,挪威农产品过剩,可以用营销合作社与批发商之间的竞争来解释。

不过,正是由于合作社的竞争力不断增强,一些学者和代表商业企业的行业协会等,开始对享受政府税收等方面优惠政策的合作社参与市场竞争是否公平,提出了质疑:第一,在私营企业与合作社的市场竞争过程中,政府应当充当中间调停人的角色,而不应当偏向于合作社[罗杰·科尔(Roger Kerr),1999];第二,既然合作社已经能够与私营企业竞争和抗衡,那么,合作社所享受的优惠政策就应当取消;第三,新西兰的罗杰·科尔认为,既然合作社已经越来越采取企业化的经营模式,那么,就应当把合作社改制为企业或

者公司,一些国家的大型合作社就已改制为公司。

2. 垄断。有竞争就可能导致垄断。罗纳德. W·科特里尔(Ronald W. Cotterill,1997)根据"竞争标尺理论"(Competitive Yard-stick Theorem)提出,农业合作社在竞争中的行为模式是:首先形成寡头,从而有力地阻止其他同类生产者进入市场;然后对于已经进入该市场的生产者,竞争策略主要是进行非价格方面的垄断竞争。

一般情况下,垄断的名声不太好,至少比竞争的名声要差一些。但是有的学者认为,垄断对于维持合作社的生存相当必要。很少有农场主合作社的成员(农场主)考虑用其他的制度代替合作社的垄断制度,因为他们知道,其他任何一种制度都会使得他们陷于更加糟糕的处境(布鲁斯. L·安德森和布莱恩. M·赫尼汉)。

但是,有许多学者也指出,合作社垄断形式的出现,使得自由竞争的市场出现双层价格体系,尤其是在农产品领域最为明显——第一层是受到政府保护,尤其是得到税收优惠的合作社垄断价格,第二层是合作社之外的价格。所以,垄断经营也为消费者带来不应有的损失。

3. 寡头垄断。寡头有不同模型。从经营目标方面分类,市场中的寡头可以分为纯寡头(pureoligopoly)和混合寡头(mixedoligopoly)。纯寡头是指竞争中出现的寡头都是私营企业。混合寡头是指寡头当中有以利润最大化为目标的私营企业,也有以福利最大化为目标的其他实体,如合作社。在农业领域,甚至会出现双头垄断(duopoly),即以一个私营企业为一方、一个合作社为另一方的垄断,并且这是一种混合垄断。一般认为,合作社由于受到产权模糊和不稳定(社员可以撤资)、投资不足(福利最大化造成)、免费"搭车"等不利因素的制约,而使得自己的竞争力弱于私营企业。但是,康斯坦提诺斯·詹纳卡斯(Konstantinos Giannakas)和默里·福尔顿(2005)认为,在这种"寡头垄断并且是双头垄断"的模式下,作为以社员福利最大化的合作社尽管迫于对方的竞争压力,但仍可以利用产品在内部卖给社员(可以降低成本)等优势,推进技术创新、降低成本、降低价格,从而在增进本社社员福利的同时也增进整个社会的福利。

卡拉和扎戈（Karantininis & Zago，2001）构建了一个博弈理论模型，以研究内生性社员制度和异质性社员制度对于社员及合作社行为的影响。作者推导出在双寡头垄断市场下农民加入合作社的条件、合作社最优的社员规模、社员异质性对于最优社员规模的影响，得出与封闭成员资格的合作社相比，开放成员资格的合作社可能不占有优势的结论。

阿尔贝克和舒茨（Albck & Schuhz，1998）运用标准的产业组织理论来发展古诺（Cournot）双寡头垄断市场上合作社和塞克斯顿模型，得出合作社将占有很高的市场份额。然而，这些结果仅在他们的假定范围内适用。塞克斯顿（1990）利用新古典理论构建了一个描述农业营销产业空间竞争的模型，比较了不同市场结构和企业行为模式下加工企业的价格范围，得到合作社加工者在买方寡头垄断市场中的价格—产出均衡，并阐明了在这种市场中开放成员资格的合作社可以促进竞争。

另外，合作社与商业经济周期（business cycle）的关系也有了新的发现。人们一般认为，合作社与商业经济周期是一种反向的关系，或者说合作社是反商业周期的，即在经济繁荣时期，合作社的发展就萧条，在经济萧条时期，合作社的发展就繁荣。20世纪90年代以来，学者们进一步研究发现，情况并不完全如此。雷莫德·罗素和罗伯特·汉尼曼（Raymoad Russell & Robert Hanneman，1992）对以色列工人合作社进行研究后发现，以色列工人合作社的发展与GDP增长率之间的关系的确是一种反向发展的关系，但是与失业率却是正向发展关系。某合作社银行一位副总裁李·埃斯滕森（Lee Estenson，1996）撰文写到：某些新出现的风险投资型合作社和加工业合作社，由于没有形成良好的财务杠杆结构，而在经济萧条期解体了。

合作社的特殊所有权结构具有缓冲、化解外部环境压力，保持内部稳定性的功能。例如，曼纽尔·努·伊兹尼克尔和约瑟·莫亚诺·富恩特斯（Manuel Nu ez-Niekel & Jose Moyano-Fuentes，2004）提出，合作社所有权的制度机制能够通过把外部商品供应者内在化（internalizing）的方式，与这些供应者建立更紧密的联系，并用这种方法获得基本的资源。通过运用这种方式，合作社能够把自己与外部恶化的环境相隔离，与其他组织的竞争相隔离。

所以,一方面,合作社在任何经济背景下都具有更强的生存力;另一方面,在崇尚相互竞争的思想环境里,合作社与其他组织相比,会得到更少的外部支持。两位作者还以西班牙在 1944 年至 1998 年的橄榄油制作工业发展历程作为案例:在这段时间里,西班牙从专制统治走向民主制度,从半自足的经济变为广泛自由的国际经济,其他组织都在经济上和思想上受到影响,唯独合作社相对隔离于外部竞争的变化。当然,合作社也有内在的弱点。如,巴基耶加. A 和德弗雷加. G(Bacchiega A. & DeFraja G.,2004)认为,控制其他变量之后,同样一个投资者,在一人一票决策机制的合作社里的投资额,会少于施行按投资比例行使决策权利的机制的企业里的投资额。

把合作社作为通过集体或联合行动联结起来的厂商之间的联合(联盟)的代表人物有康登(Condon,1987),维他里亚诺、尤金和迈克尔·延森(Vitaliano、Eugene & Michael Jensen,1983)等。他们建立了一个理论框架,用以证明财产权的控制与合作社组织间的关系。

维他里亚诺(1983)认为合作企业作为经济组织,其剩余索取权被限定在合作社合约框架下的提供惠顾的代理群体中,不仅不能开放交易,而且成员对合作企业没有独立所有权,只拥有大致相同份额的货币价值的求赎权。同时,由于合作组织成员无法以市场价格卖出股份,其时间预期被降低。

三、合作社的委托代理关系

在 20 世纪 90 年代,将合作社视为合同契约的观点受到了学界的注意。该理论认为合作社利益相关者之间的关系是契约性的,实际上是建立在委托代理理论、交易费用理论、不完全合约基础上的松散结合,这些理论的共同点在于其契约性。相比较 80 年代中期的理论模型,90 年代早期的学者构想了许多更为复杂的框架,但未涌现新的理论。同时期,以契约性为出发点的实践研究也逐渐兴起。但是,直到 90 年代末,有关契约联结的正式理论才开始出现。

埃勒斯和汉夫(Eilers & Hanf,1999)利用委托—代理理论,探讨了农业合作社中最优契约设计这一问题。针对合作社控制和组织设计中的一个问题,作者引发了一个启发性讨论,即农业营销型合作社中,"谁为委托人,谁为代理人"。其结论表明,委托—代理理论是分析合作社激励问题的一项有用的工具。

亨德里克斯和费尔曼(Veerman,2001a)运用不完全契约理论的产权形式,阐释了对于农业营销型合作社而言,何种治理形式能最大程度地获取投资利润。随后,亨德里克斯和费尔曼(2001b)运用另外一种新制度经济学方法——交易成本理论来研究农业营销型合作社中投资限制和控制限制之间的关系,清晰地解释了交易成本理论、治理结构概念和财政理论,并阐明了这些理论在农业合作社中如何运用。

把合作社作为纵向或垂直一体化的代表人物有菲利普斯(1953)、罗伯特卡(1957)等。罗伯特卡建立了垂直一体化框架,认为合作社是一种经济现象,是独立的经济主体之间不完全的经济联合,是业务的联合而不是人的联合。因此,合作社是一种纵向一体化形式,其内部是委托—代理关系,社员对合作社的贡献、在合作社中的投票权以及从合作社返还的收益都与惠顾比例一致。亨德里克斯和毕曼(Beeman,2002)探讨了生产者治理结构的选择问题。其运用产权不完全契约理论,分析了在多层级网链结构中,产权结构对于投资的影响;推导出在何种市场和激励结构下,生产者通过自投资进行下游产业融合可以带来更多收益;运用博弈理论模型,推导出不同投资情况下最优的产权结构。

20世纪80年代,随着交易费用理论、博弈论等一些新制度经济学方法的应用,一些学者开始使用这些方法理论研究合作社问题。艾克斯罗德(Axelord,1981)研究表明,在有限次的重复博弈中,合作行为频繁出现。克雷普斯、米尔格龙、罗伯茨和威尔森(Kreps,Milgrom,Roberts and Wilson,1982)的声望模型证明合作行为在有限次博弈中会出现。到了90年代,合作社的理论研究有了更快的进展。乔. M·格特曼(Joel M. Guttman,1992)认为,在合作社内部,工人的报酬不仅仅是其投入的函数。比如,在以色列的基布兹(Kibbutz)内,净收入在成员之间平均分配,无论其成员对集体的贡献如何。在这种情况下，存在着严重的"搭便车"问题：当工人的收入与其贡献无关时，为什么他们还自愿合作为集体的产出贡献力量？格特曼通过采用对策性匹配博弈发展了两种排除这些非合作结果的方法，给自愿合作以更有力的解释。埃申堡和罗尔夫（Eschenburg & Rolf, 1992a, 1992b）则认为合作社对市场的代替并不是取消了市场，而是外部市场内部化，即"合作社内部市场"。大卫. W. K、利昂. A、马库斯. C（David W. K., Leon A. & Markus C., 2007）克服了静态合作博弈的参与者能作出具有约束力协议的假定，从动态博弈的视角，讨论了时间不间断的决定性动态环境下，合作博弈和成功的合作社联盟所取得的动态平稳，可达到多赢的帕累托最优局面。

四、合作社的公共品属性

合作社是公共企业还是私营企业？合作社提供的产品是公共产品还是私人产品？在合作社的早期阶段，合作社的推行者是把合作社当作一种具有多重社会目标的公共企业的。这个问题在当时还没有引起理论上足够的重视。

合作社经历了150多年的顽强抗争，不仅生存下来了，而且得到了很大的发展，这说明合作社具有内在优势。合作社的公共品属性问题是由曼纽尔·奥尔森（Maneur Olson）最早于1965年提出来的。恰好也是在1965年，布坎南发表了俱乐部产品理论（James M Buchanan, 1965）。俱乐部产品理论显然为合作社进行理论分析提供了一个理论框架[兰德尔. E·托杰森、布鲁斯. J. 雷诺兹和托马斯. W·格雷（Randall E. Torgerson, Bruce J. Reynolds & Thomas W. Gray, 1997）]。大约到了20世纪80年代，有的学者开始进一步探讨这个问题；在90年代，这个问题进一步显现出来了。佩特里·奥利拉（Petri Ollila, 1983）指出：在斯堪的纳维亚，农业合作社具有公共机构的许多功能，如帮助政府协调农村规划，均衡农产品的供需关系。

瓦伦·高里、詹姆斯·塞尔康和罗德里戈·布里斯（Varun Gauri, James Cercone & Rodrigo Brice, 2004）通过对哥斯达黎加1990—1999年10年健康

保健合作社的数据分析,发现合作社诊所只要有适当的管理制度和刺激制度,就能够把公共单位和私营单位的优点结合起来,提供更好的服务,即合作社兼有公营单位和私营单位的优势。合作社制度是处于集体主义和个人主义之间的一种制度,它力图摒弃两者的缺点,汲取两者的优点,关键就在于如何寻找这个平衡点。

布鲁斯.J·雷诺兹(2000)论证了合作社的某些基本原则具有帕累托改进效应。如,农场主合作社对各个社员的农产品进行质量定级,如果能够促进销售并且也有利于消费者购买,这就会引导非合作社成员的农产品生产者也申请定级。不过,约翰.M·斯塔兹(John M. Staatz, 1987)也指出,农场主合作社行为的公共品性质,必然导致非合作社成员的人们采取"免费搭车"的行动。

五、合作社生命周期理论

20世纪60年代,汉姆伯格(Hehnberger)推测农业工业化进程将会导致农业合作社的消亡。与之相对应,亚伯拉汉姆森(Abrahamsen)反唇相讥,认为随着农业工业化进程的推进,农业合作社将日益成为"农户的一体化机构"。

之后,对农业合作社这种企业组织形式的诞生、发展、衰落、消亡,又出现一些关于合作社演变的"生命周期"理论:[1]

1."波浪"理论——首先是由汉姆伯格阐述的:"当看到农业合作社建立的狂潮后,特别是在萧条时期,面对接踵而至的是农业合作社倒闭的波浪时,我们不必感到惊异。"

2."终结"理论——是由里维(Levcy)根据努尔斯(Nourse)在1942年的评论所提出的:"一旦他们获得了所需要的条件,竞争者就可以调整他们的价格或改善他们的服务,农业合作社最终将成为多余:农业合作社已经完成了使命,考虑到它现在已经过时了,其成员就会终结它的存在。"

---

[1] 根据迈克尔.L·库克著、刘宇译《美国农业合作社的未来:新制度方法》整理。

3."引导者"理论——是由里维在对汉姆伯格1964年所作的一篇关于农业合作社结构的论文进行分析时明确提出来的:"一个成功的农业合作社的真实存在造就了竞争者之间更高的效率,因此,即使价格和服务调整已经完成,这种组织仍将被保留,以发挥'引导者'的作用。"

4."肃清"理论——史坦兹提出:"在一个静态或不景气的市场上,农户们将会产生一种激励,通过农业合作社来建立前向一体化,以避免市场上的投机行为可能造成的损失。"

5."五阶段"理论——迈克尔.L·库克(1995)提出农业合作社诞生、发展、消亡的五阶段模型。

第一阶段。建立农业合作社的经济原因有二:一是由于过度供给导致价格下降,个别生产者需要制度机制来将经济均衡地纳入他们的控制之下;二是由于市场失灵出现机会主义推波助澜的情况时,个别生产者需要以制度机制相抗衡。价格受到压抑或者市场失灵,都会刺激生产者作出集体反应。一般而言,农业合作社形成过程的第一阶段从性质上来说是一种防御型的被动姿态,它们那种集体主义式的企业家精神动力根源于其生存—防御意识之中。

第二阶段。由于供给过剩诱使价格下降,为恢复均衡而建立的合作社往往寿命不长,对其成员的生计所造成的经济影响亦微乎其微。另外,为了解决市场失灵所建立起来的合作社在进行市场营销或分发收益时,其获得的价格甚至比寡头垄断者/寡头买方垄断者还要占优势。由于利益通常超过成本,因而它们可以从初生阶段逐渐发展起来。

第三阶段。农业合作社在其成长的第二阶段上,成功地纠正或改善了市场失灵的负面影响。因此,竞争对手的战略行为开始加以修正。在这一阶段,农业合作社与其他竞争者之间的价格差别甚微。农业合作社的成员逐渐开始考虑与合作社之间交易的短期成本,这些交易成本曾经在"与垄断者/买方垄断者"斗争的激烈氛围中被忽略,而现在却变得重要起来。这些成本产生的根源,在于一个定义模糊的"用户与投资者"的财产权集合。这些含义模糊的财产权导致了对剩余权利和决策控制的冲突——尤其是当农业合作社的组织结构变得日益复杂的时候。由合作社的单一用户驱动特点所造成的剩余权利和决策控制上的冲突分为五大类问题。

其一，"搭便车"问题。当财产权无法交易、无安全性，或未分配时，便产生了"搭便车"问题。在此情况下，当前的成员或非成员出于个人利益推动使用资源，财产权未曾充分、明晰地界定，且在执行中也无法确保当前的成员顾客或者非成员顾客负担全部成本，或获得他们创造的全部利润。当新成员同老成员一样，有同样的资助权、同样的剩余财产权，并且每单位资金投入有权获得同等报酬时，就会出现"搭便车"现象。由于老成员的回报率被稀释了，会促使他们放弃对其所在的合作社投资的努力。

其二，水平线问题。如果一位成员对某项资产所产生的净收益的剩余要求权的期限短于该项资产的生产使用期，就会出现水平线问题。这个问题产生的原因在于对剩余财产要求权转移的限制以及缺乏通过二级市场转移这种权利的流动性，水平线问题派生出的投资环境将会压抑成员为增加机会作出贡献的积极性。

其三，投资组合问题。由于缺乏买卖剩余收益要求权的转让、流通及评估机制，阻碍了成员调整其在合作社中的资产组合，也无法满足他们个人的风险偏好。因此，成员所持的投资组合是次优的，那些被迫接受超过其风险偏好的成员会迫使合作社的决策者重新调整其投资组合。风险减少的投资组合意味着预期回报率的降低。

其四，控制问题。在一个合作社中，为了防止成员、董事会（即委托人）、经理阶层（代理人）之间出现利益分歧，就会相应地出现代理成本，从而产生控制问题。在农业合作社中，不存在由公共交易的股权工具所造成的外部压力及信息披露，由于搜集与监督信息的工具不健全，当合作社规模和复杂性增大时，这一问题的严重程度就进一步加深了。

其五，影响成本问题。如果一个合作社的章程允许它从事多方面的经营活动，那么成员之间不同的目标就会导致产生破坏力影响的活动。当组织决策影响到分配或成员间的其他利益或组织内部的构成成分时，以及当为谋求私利而受到影响的私人或团体试图使决策对他们有利时，组织中就会出现施加影响的活动。影响成本的大小取决于：（1）是否存在一个集中权威；（2）支配决策的程序如何；(3)合作社成员利益上的亲和性或冲突性有多大。

第四阶段。当合作社的决策者意识到这些特殊的财产权问题时，他们逐步明白了如果合作社决定解散的话，就会丧失掉正的"准租金"。在此期间，沉淀成本、竞争标尺论、引导者理由——所有这一切都成为战略决策的核心要素。在这一阶段管理合作社极富挑战性。但农业合作社在对定义模糊的财产权限制与独特的机遇这两者之间此消彼长的转换作出日益复杂的分析后，它们的选择将缩小到三种：退出、继续或者过渡(即转移)。

第五阶段。其一，退出。在退出选择中又存在两种类别：清算或将其重组为一个以投资者为导向的企业。业绩不良的合作社选择清算或与其他合作社合并，而业绩优秀的合作社选择重组为投资者导向的企业。

其二，继续。在这一阶段，合作社往往要采取以下两种方式中的一种：不重组为投资者导向的企业而寻求外来股本，或者执行内部产生资本的比例战略。从外部谋求股本的方法会导致以下结果：成为公众持股的子公司，如与其他合作社建立的合作企业，与非合作社建立起的合作企业，与各种合伙人建立起来的有限责任公司。换句话说，战略联盟是作为股本募集战略在使用，按照比例战略对合作社加以组织是为了贯彻这样的原则——"财务责任要按比例分摊"。这将导致的政策及战略包括：基础资本计划，比例投票制，缩小产品范围，在营业单位基础上实行联营以及以营业单位为基础获取资本。因此，一种名为赞助人所有企业的新模式已得到许多美国农业合作社的重视。

其三，转移。第三种选择即是过渡到新一代的萨皮鲁 III 型结构的合作社。萨皮鲁 III 型组织是一种具有附加值的营销式合作社，部分消除了第三阶段所描绘过的五种财产权限制。这种组织结构试图通过发展资产评估机制，创建财产权清算所、基础资本计划，以及消除外来免费搭车现象的成员政策，增加股份的流动性，从而改善上述提到过的障碍。

6. 威廉姆森(1979)的交易成本理论表明，合作社组织的形成可以是为了要完成半标准品交易的一种合作网络关系。在合作的网络下，社员不需要担心厂商剥削，因为有合作社出面商定价格，而厂商也不需要担心产品的品质，因为有合作社的管控,从而使得交易的成本得以降低。

扎耶克 & 奥尔森(Zajac & Olsen,1993)认为,从交易成本来解析相互依赖行为有两个缺点:(1)交易成本的观点只限于从合作的成本极少化着眼,忽略了对双方共同价值的追求。也就是说,双方采取合作的时候只看到成本的节省,却忽略了因为合作所创造的利润;(2)交易成本的观点太过于强调组织之间合作时的结构,忽略了合作过程中的价值创造与分配。也就是说,社员之间因为合作所产生的利润,应该有一个机制进行合理的分配。从这样的逻辑分析,合作社组织的发展可以分为三个阶段:[1]

第一,初始阶段(initializing stage)。

本阶段的关键事项在于:权衡从事交换的项目,推估从事交换的未来利益,澄清双方交换的决策因素,进行初步的交换尝试,对于双方利益的沟通与协商。当这些问题都比较清楚了之后,合作的双方会进行第一阶段的交换并建立起交易的规范,而以上这些事项,在交易成本的理论中也已经提及,更重要的是从事交易的双方会更精确地计算从相互交易的过程中所产生的利益有多少,让买卖双方有更多的了解。

第二,过程阶段(processing stage)。

在这个阶段双方会建立一个能够创造价值的合作策略,而关键的工作就在于处理价值创造的过程中双方正式与非正式的相互义务,使得双方有一个明确的规范。同时,在这个阶段中,合作的双方透过单一管道进行交易,透过不断的相互交易使得利益清楚地浮现,所以,参与合作的人会要求分配利益。但是因为个人利益的分歧,所以会形成组织内的冲突。冲突的程度越大,利益就越容易被稀释,所以,组织必须想办法找出冲突的来源(也就是利益的分歧点)。

而除了找出利益的分歧点之外,合作组织还必须要发展出互信(trust)的机制。因为互信,所以合作的各方对于未来才会产生信心,使得合作的伙伴

---

[1] 黄铭章.从交易成本、交易价值的创造与分配的观念解析合作社组织生存与瓦解.合作发展(台湾),第 233、234 期.

降低对于未来的不缺定性。而且互信也是解除冲突的机制,唯有在互信的基础上,合作组织才能继续延续下去。

第三,再建构阶段(proconfiguring stage)。

经过过程阶段的发展,在本阶段通常会接近合作期的终点,合作的各方会重新定义其相互合作的策略——可能会延续合作的关系,也可能因为在合作的过程中所创造的价值不如预期而结束合作的关系。然而合作关系的结束,并不意味交易双方永远没有再合作的机会,只是合作关系会回到前面两个阶段而已。

合作社是一个典型的相互依赖的组织,社员经过这种网络得以降低交易过程中所付出的成本,但经过合作过程所创造出来的利益分配却是经常导致合作社瓦解的原因。为了维持合作组织的稳定与成长,管理人员要做好以下工作:塑造并维持成员间的信任气氛,合理分配利益,设计适当的管理机制。

综合而言,在 20 世纪 50 年代之前,合作社的力量是微不足道的。西方经济学对合作社往往只是表示赞赏,或者批判,并不进行实证研究。但是在 50 年代以后,合作社出现了突飞猛进的发展,尤其是发达国家的农业合作社已经在农业领域占据优势地位。于是,西方经济学开始研究合作社经济成功的原因,以及如何进一步发展合作社经济,实现合作社经济的可持续性。具体地说,合作社理论研究从阐述存在的必要性转向合作社组织制度研究,涉及成员利益的异质性、激励与约束规则的设计、治理结构的选择、管理者(作为代理人)的行为等方面。近十几年研究的核心是合作社的绩效或效率,大多数的研究成果表明合作社通常被认为是低效率的,但实证研究的结果并没有提供确切的解释和公认的结论,同时实证的结果也没有证明合作社普遍比其他类型的组织效率低。研究也发现,合作社具有私人企业无法比拟的一些优点,虽然人们并不奢望把所有的私人企业改造成为合作社,但是,合作社越来越成为私人企业发展和完善的“参照物”。在这种情况下,合作社及其理论对西方经济学也反过来产生一定的影响,如主张实施员工持股计划的利润分享理论、分享经济理论、经济民主思想、经济合作主义等。

参考文献

1. 马歇尔. 货币、信用与商业. 北京：商务印书馆,1986.
2. 寿勉成,郑厚博. 中国合作运动史. 南京：正中书局,1937.
3. 平乔维奇 S. 产权经济学. 北京：经济科学出版社,1999.
4. 陈家涛. 合作经济的理论与实践模式. 北京：社会科学文献出版社,2013.
5. 郭铁民,林善浪. 中国合作经济发展史. 北京：当代中国出版社,1998.
6. 何广文. 合作金融理论与实践. 国家哲学社会科学课题研究成果,1999.6.
7. 邱兆祥. 组建城乡合作银行的三点意见. 上海证券报,1995.
8. 曾康霖. 经济金融分析导论. 北京：中国金融出版社,2000.
9. 曾康霖. 金融理论与实际问题探索. 北京：经济科学出版社,1997.
10. 丁为民. 西方合作社的制度分析. 北京：经济管理出版社,1998.
11. 史纪良,张功平. 美国信用合作社管理. 北京：中国金融出版社,2000.
12. 石秀和. 国外合作社简介. 北京：中国商业出版社,1989.
13. 何广文. 合作金融发展模式及运行机制研究. 北京：中国金融出版社,2001.
14. 金德尔伯格 P. 西欧金融史. 北京：中国金融出版社,1991.
15. 张军. 合作团队的经济学. 上海：上海财经大学出版社,1999.
16. 李树生,岳志. 发达地区信用社改革研究报告. 国务院农村政策研究中心发展研究所 1987 年 5 号课题.
17. 克拉潘. 现代英国经济史. 北京：商务印书馆,1986.
18. 马居歇 N 等. 法国农业信贷银行. 北京：中国农业出版社,1988.
19. 刘诗白. 产权新论. 成都：西南财经大学出版社,1993.
20. 范尼克 J. 工人参加管理的经济. 现代国外经济学论文选（第 9 辑）. 北京：商务印书馆,1986.
21. 艾勒曼 D. P. 民主的公司制. 北京：新华出版社,1998.
22. 石秀和. 论合作经济的性质及其发展前途. 财贸研究,1991(4).
23. 洪远朋. 合作经济的理论与实践. 上海：复旦大学出版社,1996.
24. 晓亮. 论联合起来的个人所有制. 天津社会科学,1996(5).

25. 应宜逊. 农村信用社要坚持走合作制道路. 浙江金融, 2000(1).

26. 程金伟. 银行合业经营制度"内在不稳定性"的演变. 金融研究, 2001(2).

27. 杜恂诚. 20 世纪 20—30 年代的中国农村新式金融. 社会科学, 2010(6).

28. 格斯阿迪特 H. 西欧及北美国家合作银行组织的结构及经营方式.

29. 阿瑟沃弗 K, 亨尼森 E. 德国合作社制度的基本特征. 农村经济, 1997(8).

30. 管爱国, 符纯华. 现代世界合作社经济. 北京: 中国农业出版社, 2000.

31. 黄少安. 合作经济的一般规律与我国供销社改革. 中国农村经济, 1998(7).

32. 黄少安. 产权经济学导论. 济南: 山东人民出版社, 1997.

33. 普特曼 L, 克罗茨纳 L. 企业的经济性质. 上海: 上海财经大学出版社, 2000.

34. 刘东. 交易费用概念的内涵与外延. 南京社会科学, 2001(3).

35. 张五常. 契约经济学. 北京: 经济科学出版社, 1999.

36. 张镜予. 中国农村信用合作运动. 北京: 商务印书馆, 1930.

37. 迪屈奇 M. 交易成本经济学. 北京: 经济科学出版社, 1999.

38. 李建德. 经济制度演进大纲. 北京: 中国财政经济出版社, 2000.

39. 范恒森. 金融制度学探索. 北京: 中国金融出版社, 2000.

40. 吴藻溪. 近代合作思想史. 上海: 棠棣出版社, 1950.

41. 戈思特. 世界合作金融. 周建卿, 赵森严译. 台北: 台湾商务印书馆, 1979.

42. 路建祥. 新中国信用合作发展简史. 北京: 中国农业出版社, 1981.

43. 张功平等. 合作金融概论. 成都: 西南财经大学出版社, 2000.

44. 菲吕博顿 E. G, 瑞切特 R. 新制度经济学. 上海: 上海财经大学出版社, 1998.

45. 张华. 农村信用社经营管理. 成都: 西南财经大学出版社, 1999.

46. 李树生, 岳志. 合作金融概论. 长春: 吉林人民出版社, 1989.

47. 岳志. 现代合作金融制度研究. 北京: 中国金融出版社, 2002.

48. 杨培伦等. 合作经济的理论与实践. 北京: 中国商业出版社, 1989.

49. 徐更生. 国外农村合作经济. 北京: 经济科学出版社, 1987.

50. 王洪春. 中外合作制度比较研究. 合肥: 合肥工业大学出版社, 2007.

51. 杨德勇. 金融效率论. 北京: 中国金融出版社, 1995.

52. 杨连江, 张明明. 马克思、恩格斯、列宁、斯大林论合作社. 北京: 中国商业出版社, 1985.

53. 马卡林科. 论合作社会主义. 北京: 北京大学出版社, 1987.

54. 何光, 唐宗焜. 中国合作经济概观. 北京: 经济科学出版社, 1998.

55. 张贵乐, 于左. 合作金融论. 大连: 东北财经大学出版社, 2001.

56. 邹进文, 王芸. 国民政府时期乡村经济建设思潮研究. 中南财经政法大学学报, 2006(4).

57. 抗日战争时期陕甘宁边区财政经济史料摘编. 西安: 陕西人民出版社, 1981.

58. 抗日战争时期晋察冀边区财政经济史料选编. 天津: 南开大学出版社, 1984.

59. 许毅. 中央革命根据地财政经济史长编. 北京: 人民出版社, 1982.

60. 刘仁荣. 湘鄂赣革命根据地财政经济史料摘编. 长沙: 湖南人民出版社, 1989.

61. 岳志. 现行行社体制的弊端与漏洞. 金融研究, 1988(1).

62. 岳志. 论我国合作金融组织的信用创造. 金融研究, 1988(9).

63. 郑启福. 民间合会的法律规制研究. 北京: 法律出版社, 2013.

后 记

列宁说过：我们应当记住这一点。合作社是必须加以珍视和利用的极大的文化遗产。

梳理不同时期合作金融的思想学说和展业政策主张，以史为鉴，对于当代合作金融理论研究和发展实践，都具有一定意义。

编写中国合作金融思想学说史，在国内似无先例。本人才疏学浅，从事此项工作实属力不从心，因此，本书对中国合作金融思想学说的介绍，可以说是挂一漏万，错误在所难免。今不避浅陋，付之梨枣，实为抛砖引玉。信用合作社是合作社的一种，合作社的一般理论对于学习研究合作金融具有指导意义，因此本书对现代西方经济学有关合作社的研究成果进行了综述，列在末章。本书是在曾康霖教授的督促指导下完成，谨向敬爱的曾老师致谢！向导师邱兆祥教授和优质内容互联平台"考拉看看"联合创始人、"考拉财经"主编马玥女士致谢！纪崴先生、张哲强先生和出版社编辑李巧媚女士对本书内容多有指教，文中参阅了大量国内外学者的研究成果，有些内容甚至未能注明出处，谨此一并致谢！文中的错误仍由本人负责。

岳 志

2016 - 10 - 28